아이는
책임감을
어떻게 배우나

PARENTING WITH LOVE AND LOGIC

This edition issued by contractual arrangement with NavPress,
a division of The Navigators, U.S.A.
Originally published by NavPress in English as PARENTING WITH LOVE
AND LOGIC, Copyright © 1990, 2006 by Foster W. Cline, M.D. and Jim Fay.
All rights reserved.
This Korean Edition Copyright © 2010 by Bookline Publishing Co.,
Seoul, Republic of Korea.
This Korean edition is translated and used by permission of NavPress
through arrangement of rMaeng2, Seoul, Republic of Korea.

본 저작물의 한국어판 저작권은 알맹2 에이전시를 통해 NavPress와
독점 계약한 도서출판 북라인에 있습니다. 신 저작권법에 의해 한국 내에서
보호받는 저작물이므로 무단 전재와 복제를 금합니다.

아이는
책임감을
어떻게 배우나

| 포스터 클라인, 짐 페이 지음 | 김현수 옮김

세상의 모든 부모와 아이들, 나의 스승이셨던 그 모든 분에게,
그리고 늘 나를 지지해 주는 나의 아내 허미에게
|
포스터 클라인

나의 아내 셜리, 사랑과 지원과 지혜로
언제나 나의 원동력과 힘의 근원이 되어 주는 그녀에게
|
짐 페이

글머리에

아이의 10년 후를 결정하는 힘, 책임감

수백 년 동안 새내기 부모들은 어떤 전례를 통해서 좋은 자녀교육법을 배워 왔다. 바로 자신의 부모가 자신을 키울 때 썼던 방법들을 자신의 아이들에게도 적용한 것이다. 하지만 그런 접근법은 오늘날에는 통하지 않는다.

자녀교육에 실패한 사람 중에는 이렇게 말하는 사람들이 많다. "정말 이해할 수가 없어. 우리 아버지는 이렇게 하면 통했는데!" 물론, 그랬을 것이다. 하지만 지금은 많은 것이 달라졌다. 인권의 혁명적 변화, 커뮤니케이션의 폭발적 증가, 인터넷, 휴대폰, 핵가족으로의 변화 등과 다른 여러 가지 요소들로 말미암아 우리 아이들이 삶을 바라보는 방식은 급격하게 달라졌다. 요즘 아이들은 빨리빨리 성장하도록 강요하는 세상을 살고 있기 때문에 현실의 엄청난 역경과 압박을 극복하는 방법도 일찍 터득할 필요가 있다. 치솟는 이혼율, 한부모 가정의 증가, 재혼 가정 등의 영향과 가족 내의 여러 변화는 너무나 극적이었다. 요즘처럼 복잡하고 급변하는 세상을 살아가는 아이들을 키우려면 부모들이 새로운 방식을 배워야만 한다.

이것이 사랑과 원칙의 기술parenting with love and logic이 필요한 이유다. 왜 사랑과 원칙일까? 효율적으로 자녀를 교육하는 부모들은 늘 사랑을 중심에 둔다. 그 사랑은 관대하기만 한 사랑도 아니고, 불손함을 참아 주는 사랑도 아니다. 하지만 그 사랑은 아이가 실수를 하도록 허락하고 그 결과를 감당하도록 지켜봐 줄 수 있을 만큼 강한 사랑이다. 실수에는 그에 상응한 결과가 따르기 마련이다. 아이의 실망과 좌절, 고통을 이해하고 헤아리는 부모의 마음과 그 결과가 더해질 때 마음을 움직이고 생각을 바꾸는 힘이 생긴다.

이 책은 두 부분으로 나뉘어 있다. 1부에서는 긍정적인 자아상의 정립, 부모와 아이 문제의 분별, 싸움을 거는 말과 생각을 부르는 말, 선택권의 부여, 행동의 결과에 대한 공감 등을 중심으로 사랑과 원칙의 기술에 대한 개념을 설명할 것이다. 이들 개념은 모두 효율적인 자녀교육의 구성 요소에 해당한다. 또 1부에는 사랑과 원칙이라는 뼈대에 살을 붙여 줄, 한 입 크기의 정보도 함께 실려 있다.

2부에는 좀더 실용적인 전략을 담았다. 부모들이 아이들을 키우면서 겪게 되는 일상적인 문제에 대처할 만한 기술을 41개 항목으로 정리해 놓았다. 이 진주알 같은 비결들은 1부에 소개한 자녀교육의 개념을 토대로 만들어진 것이므로 반드시 1부를 먼저 읽고 이해한 뒤에 활용해야 한다.

사랑과 원칙의 기술은 언제나 효과가 있는 보증수표는 아니다.

어떤 방식도 그런 것을 보장할 수는 없다. 하지만 사랑과 원칙의 기술은 대부분의 상황에서 큰 효과를 볼 수 있는 방식이다. 또 모든 것이 총망라되어 있지는 않을지라도 그만하면 완성도가 꽤 높다고 말할 수 있다. 그러니까 부모 자식 간에 있을 법한 모든 상황을 빠짐없이 실어놓은 두꺼운 장서는 아닐지라도, 거의 모든 상황의 가장 효과적인 대처 방안을 이 책에서 찾을 수 있을 것이다. 부모들은 따뜻한 사랑과 확고한 원칙을 갖고 자녀를 성공적으로 기를 수 있다. 꼭 어떤 문제 하나를 완전히 해결하지 못하는 경우가 생기더라도, 일단 그런 자세가 몸에 배면 다른 대부분의 문제는 아주 쉽게 다룰 수 있게 된다. 이 책은 아이들이 한해 두해 나이를 먹어감에 따라 성숙해질 수 있도록 하는 부모의 양육 태도에 초점을 두고 있다. 아이들은 부모의 모습을 보며 스스로 생각하고 선택하고 문제를 해결하며 살아가는 법을 배운다. 즉 아이들은 부모의 모습을 보며 책임감을 배울 것이고, 그것이 곧 자녀교육의 시작이며 끝이다. 우리가 아이들에게 책임감을 가르칠 수 있다면, 우리는 부모 역할을 거의 다 한 셈이다.

   즐겁고 생산적이며 책임감 있는 어른의 삶. 부모가 자식에게 줄 수 있는 선물 중에 이보다 더 값진 것이 있을까? 우리는 사랑과 원칙의 기술이 그 선물을 당신 것으로 만들어 줄 거라 믿는다.

포스터 클라인, 짐 페이

차 례

007 글머리에 | 아이의 10년 후를 결정하는 힘, 책임감

 책임감을 키우는
사랑과 원칙의 기술

018 아이를 키우는 일, 그것은 악몽이 되었다

019 나의 사랑스러운 아기 천사는 어디로 갔나

021 사랑과 원칙의 기술은 육아의 기쁨을 되돌려 준다

023 좋은 부모는 무엇이 아이에게 가장 좋은지를 배운다

026 아이에게 독이 되는 사랑

031 따뜻함과 엄격함의 균형을 이루는 카운슬러형 부모

033 실패할 기회가 없으면 성공할 기회도 없다

034 실수할 기회를 주는 것이야말로 훈육의 기본이다

036 사랑과 보호와 보살핌은 어떻게 다른가

039 책임감은 가르치는 게 아니라 체험으로 익히는 것이다

041 책임감 있는 아이는 자존감이 있다

042 아이의 강점을 믿어 줄 때 아이의 책임감도 자란다

044 세발탁자는 세 다리가 모두 튼튼해야 한다

055 칭찬과 격려는 어떻게 다른가

058 높은 자존감은 성취를 통해 만들어진다

061 부모가 행복해야 아이도 행복하다

064 아이는 실수를 통해 배운다

066 엄마, 저 혼자 하게 해주세요

069 아이에게는 아이의 문제가, 부모에게는 부모의 문제가 있다

073 이상적인 사랑과 원칙의 두 가지 규칙

081 문제, 문제, 누구의 문제일까

084 생각을 부르는 말로 행동 범위를 제한하라

085 아이에게는 튼튼한 안전벽이 필요하다

087 아이는 외부의 목소리보다 내면의 목소리를 통해 배운다

092 위협은 악순환을 부른다

097 대들게 하지 말고 생각하게 하라

100 금세 무너뜨릴 약속은 하지 마라

102 선택권을 주면 통제권을 얻는다

103 통제권은 내줄수록 더 많이 얻게 된다

104 아이가 커갈수록 아이의 통제권도 더 커져야 한다

108 이길 수 있는 싸움에 집중해야 통제권도 확고해진다

118 선택권을 준 다음에는 조용히 지켜봐야 한다

126 협박이 아닌 진짜 선택권을 줘야 한다

129 성공의 비결은 결과에 대한 공감이다

131 행동의 결과를 통해 아이는 자성과 성찰의 기회를 갖는다

133 자연적인 행동의 결과가 가장 좋다

137 때로는 직접 행동의 결과를 부여해야 한다

139 그 자리에서 바로 한다고 효과적인 것은 아니다

141 부모의 공감은 '그래도 괜찮다'는 사랑의 표현이다

148 조명, 카메라, 자녀교육 액션!

149 연습, 연습, 또 연습해야 한다

150 사랑과 원칙의 기술에서 벗어난 사례들

158 시작하기에 결코 늦은 때란 없다

Part2 사랑과 원칙의 실전 전략

163 아이들은 용돈 관리를 통해 경제적 책임감을 배운다

167 때로는 60초짜리 따끔한 질책이 필요하다

169 아이가 잠드는 시간은 아이와 친밀한 교감을 나눌 수 있는 기회다

171 대장 노릇하는 아이 뒤에는 명령하기 좋아하는 부모가 있다

174 똑똑한 아홉 살짜리도 친구들의 놀림에는 흔들린다

177 차 안에서의 소동은 조기 진압이 중요하다

181 집안일은 아이가 어릴 때 시작해야 한다

185 창의력은 절제력과 만날 때 가장 빛난다

190 통제할 수 있는 것만 통제해야 한다

196 공공장소에서의 버릇없는 행동에는 전략적 훈련이 효과적이다

199 이혼 문제는 언제 말하느냐보다 어떻게 말하느냐가 더 중요하다

204 무엇을 얼마나 먹을지는 아이 스스로 결정할 문제다

207 완벽한 삶을 만들어 주는 데 급급하지 마라

212 정상적인 부모의 정상적인 아이들은 다 싸운다

216 아이의 친구들에 대한 접근 방법을 바꿔라

219 하루의 첫 시작은 아이에게 책임감을 가르칠 절호의 기회다

222 선물의 고마움을 모르는 아이에게는 선물을 줄인다

226 잘한 과목에는 열광하고 못한 과목에는 담담해져야 한다

232 아이에 대한 통제권이 누구에게 있는지 분명히 한다

236 숙제는 아이에게 유익할 경우에만 도와야 한다

239 심심하다는 말을 달고 사는 아이, 진짜 심심한 게 아닐 수 있다

242 외부의 어떤 통제보다 아이 내면의 목소리가 중요하다

245 아이는 부모의 말보다 행동을 보며 정직을 배운다

249 아이는 입을 삐죽거리며 부모가 말을 걸어 주기를 기다린다

252 아이에게 선택권을 주면 자기 목소리에 귀 기울이게 된다

256 아이에게 애완동물을 맡기려면 뻔뻔해져야 한다

258 아이의 장난감은 아이의 책임이 되어야 한다

262 전문가를 찾는다고 자녀교육에 실패한 것은 아니다

264 방 청소는 아이의 나이와 책임감 정도에 달려 있다

267 말대꾸하는 아이에게는 같은 말을 반복한다

270 체벌은 죄책감에서 너무 쉽게 벗어나게 해준다

272 경기와 승부, 어디에 집중하느냐가 관건이다

278 공허감이나 상실감을 느낄 때 아이는 도벽에 빠진다

281 욕설이 들리지 않는 곳으로 아이를 보내라

283 20개의 젖니는 20개의 기회다

286 전화 통화를 방해하는 것은 잘못된 일임을 알려라

289 부모의 관심만이 아이를 텔레비전으로부터 떼어놓을 수 있다

293 아이는 효력이 있을 때만 떼를 쓴다

296 아이의 가치관은 아이가 보고 듣는 것으로 형성된다

299 컴퓨터 게임에 대한 일방적 통제는 승산 없는 싸움을 부른다

304 조르지 않는 아이는 이빨 빠진 호랑이다

307 부록 A | 부모의 세 가지 유형

309 부록 B | 실천을 부르는 말의 기술

Part 1

책임감을 키우는 사랑과 원칙의 기술

아이는 남에게 듣는 말보다는 자기 목소리를 통해 더 잘 배운다.
부모가 시키는 대로 아이가 순종하더라도, 그저 부모의 명령 때문이라면
그리 바람직하지 않다. 아이는 자기 머릿속에서 흘러나오는 음성을 믿는다.
아이가 어떤 일을 선택할 때 스스로 생각하고 내린 결정에서 얻는 교훈은
뇌리에 박히게 된다.

아이를 키우는 일,
그것은 악몽이 되었다

토요일 오후 어느 대형 마트 안. 여섯 살, 여덟 살의 두 소년이 전쟁을 선포했다. 아이들은 특공대원들처럼 타일바닥 위로 찍찍 발소리를 내며 진열대 사이로 몸을 숨기고 다닌다. '마트대전'의 양 진영에서 쏟아내는 충돌음이 평소 같으면 편안했을 배경 음악을 망쳐 놓는다.

특공대원을 자임한 아이들이 보이지 않자 엄마는 반쯤 찬 카트를 놓고 찾아나선다. 모퉁이를 돌아선 엄마의 외침에 다른 쇼핑객의 시선이 쏠린다. "그거 만지지 마! 야, 이리 안 와!"

엄마는 두 아들을 잡으러 달려가고 그녀가 땀으로 범벅된 두 아이의 목덜미를 잡으려는 순간, 아이들은 다음 전략을 구사한다. '분할 정복' 작전의 최신 버전, 작전명 '흩어져'다. 이제 엄마는 소리를 지르며 두 방향으로 뛰어야 할 판이다. 숨을 헐떡이며 엄마는 둘째를 잡는다. 녀석은 방금 시리얼 코너로 돌진해 상자들을 바닥에 흩어 놓았다. 엄마가 둘째를 데리고 카트가 있는 곳으로 돌아오니, 이번에는 첫째의 모습이 보이지 않는다. 엄마는 농산물 코너에서 포도알을 공깃돌처럼 바닥에 굴리고 있는 첫째를 발견한다. 엄마는 다시 한 번 카트를 떠나 후다닥 달려간다. "너 맞을래?"라는 협박과 "다시는 컴퓨터 못하게 한다"는 경고 끝에 마침내 두 아들은 한자리에 모였다.

전투는 끝나지 않았다. 세 번째 작전, '엄마가 안 볼 때 카트를 채워라'다. 이내 엠앤엠, 바닐라웨하스, 초코바가 카트 위에 잔뜩 쌓인다. 엄마는 이리저리 바쁘게 다니며 간식거리들을 다시 진열대에 갖다 놓는다. 아이들이 능글맞게 웃으면 또다시 엄마의 위협이 날아든다. "또 그러면 맞는다!" 자포자기한 엄마의 최후의 절규. "너희 이제 다시는 집 밖에 못 나올 줄 알아!"

기진맥진에 혼비백산, 마음까지 상한 엄마는 마침내 투항하고 금쪽같은 돈으로 막대사탕을 사 준다. 그리고 나서야 쇼핑을 마칠 수 있을 정도의 평화를 보장받는 휴전이 성립된다.

나의 사랑스러운 아기 천사는 어디로 갔나

아이를 키우는 일, 그 기쁨과 보람. 우리는 아무 걱정 없이 부모가 된다. 한밤중에 일어나 젖을 먹이고 지긋지긋한 기저귀를 갈아 주면서 우리는 자식과의 관계를 위한 지금의 수고가 열매를 맺어, 우리 머리가 벗겨지거나 희끗희끗해질 때가 되면 축복으로 되돌아올 거라 생각한다. 우리는 부모와 자식 간의 사랑과 따뜻한 유대를 나눌 시간을 고대한다. 기쁨과 실망을 함께 나눌 시간, 포옹과 격려, 위로의 말과 영혼을 채워 주는 대화를 고대한다. 살붙이가 우리 눈을 바라볼 때 우리는 손에 잡힐 듯 생생한 사랑이 오가길 바란다.

그러나 대형 마트에서 헤맨 엄마한테서 아이를 키우는 기쁨은 찾아보기 어렵다. 티 없는 몸으로 부모의 삶에 찾아들어 엄마 아빠의 부드러운 속삭임 하나하나에 귀 기울이던 아기 천사는 온데간데없다. 그 만족스럽고 사랑으로 충만하던 부모 자식 관계는 어디로 갔을까? 아이를 키우면서 느끼는 더없는 기쁨은 생존이라는 당면 문제에 묻혀 버렸다.

아이를 키우는 일, 그것은 악몽이 되었다.

우리는 대부분 앞의 장면과 같은 일들을 겪는다. 그럴 때면 우리는 손을 내저으며 이렇게 부르짖고 싶을 것이다. "어휴! 이 고생을 하며 자식을 키울 가치가 있을까?" 때로 아이들은 온 집안을 가득 메운 손님들보다 더 큰 골칫거리가 될 수 있다. 아이들에게 쏟아 붓는 애끓는 사랑에 대한 대가로 돌아오는 염치없고, 불손하고, 배은망덕한 태도를 생각할 때면 정말 맥이 탁 풀리곤 한다. 우리 자신의 문제를 해결하기도 버거운 판에 아이들은 우리에게 어른으로서 해야 할 가장 큰 숙제를 내준다. 바로 어떻게 우리 아이들을 책임 있는 어른으로 기를 것인가, 하는 것이다.

출생의 기적을 통해 우리는 작고 무력한 아기, 낯선 세계에 태어나 모든 신체적 필요를 우리가 전적으로 채워줘야 하는 이방인을 선사받는다. 그 갓난쟁이가 잔인하고 무정한 이 세상에서 살아갈 수 있도록 준비시킬 시간은 길어야 18년이다. 현실 세계에서 그 아이의 성공 여부는 많은 부분 우리의 역할에 달려 있다. 책임감 있고 다재다능한 아이로 길러야 한다는 책임을 떠올리면 등골이 오싹해진다. 마트에서 여섯 살짜리도 감당하지 못한다면, 성性에 대해서는 모르는 게 없고 운전면허증 딸 날만 손꼽아 기다리는 열아홉 살 아이를 어떻게 다룬단 말인가? 혹시 당신은 이런 끔찍한 생각 끝에 현기증을 느끼지는 않는가?

사랑과 원칙의 기술은
육아의 기쁨을 되돌려 준다

그러나 상황이 그렇게 암울하지만은 않다. 우리의 좌절 맞은편 터널 끝에는 횃불처럼 밝게 빛나는 소망이 자리하고 있다. 아이를 키우는 일이 힘들고 고단한 일이 되어서는 안 된다. 아이들은 사려 깊고 책임감 있는 어른으로 자랄 수 있다. 우리는 18년씩이나 이어지는 공포영화를 경험하지 않고도 아이들이 안정적으로 성숙하도록 도울 수 있다.

사랑과 원칙의 핵심은 자녀를 책임감 있는 아이로 기르는 데 있다. 그것은 부모와 아이 모두 승자가 되는 일이다. 부모는 아이에게 화를 내고 위협을 일삼다 결국 10대의 반항기로 속을 썩는 대신, 건강한 방식으로 아이를 사랑하고 아이를 효과적으로 다룰 수 있기 때문에 승자가 된다. 아이는 어릴 때부터 자신의 문제를 스스로 해결하며 책임감과 삶의 원칙을 배우기 때문에 승자가 된다. 그럼으로써 아이는 세상을 살아가는 데 필요한 무기를 얻게 된다.

부모와 아이는 사랑과 신뢰에 바탕을 둔 효율적인 관계를 맺을 수 있다. 사랑과 원칙의 기술은 부모에게 아이 키우는 기쁨을 되돌려 준다.

좋은 부모는 무엇이 아이에게 가장 좋은지를 배운다

어떻게 하면 아이가 세상을 당당히 헤쳐나가 성공하는 삶을 살게 할 수 있을까? 이는 아이를 사랑하는 모든 부모가 공통적으로 직면하는 본질적인 문제다. 성실한 부모라면 모두 이 목표를 위해 노력한다. 우리는 사랑하는 아이가 부모에게 전적으로 의존하는 상태에서 독립할 수 있도록, 점차 자율성을 키워가도록 도와야 한다.

시대는 믿을 수 없을 만큼 복잡하고 빠르게 변해가고 있다. 책임감 있는 아이만이 이런 세상을 감당할 수 있다. 10대 초반부터 아이는 곳곳에서 생사를 가르는 결정을 내려야 한다. 혼전 성관계, 술, 담배 등 또래집단의 많은 압력과 유혹에 매일같이 시달린다. 10대 자살의 통계 수치는 우리의 임무가 얼마나 막중한 것인지를 잘 보여 준다. 우리 아이가 그런 극도의 압력을 어떻게 감당할까? 생사가 달린 결정을 내려야 할 때 과연 아이는 어떤 선택을 할까? 우리가 더 이상 아이의 귀에 지혜로운 말들을 쏟아 부을 수 없을 때 아이는 어떻게 행동하게 될까? 그냥 책임감 있는 사람이 되라고 말하는 것으로 족할까? 우리는 이런 질문들을 염두에 두고 자녀교육의 철학을 세워야 한다.

나짐는 지난 몇 년 동안 부모로서의 막중한 책임을 절감했었다. 하루는 10대 아들이 파티에 간다며 내 차를 쓰게 해달라고 부탁했다. "올해 최고의 파티예요. 웬만한 애들은 다 올 거예요."

아들을 믿는 터라 평소 같으면 차를 빌려 줬겠지만, 그 날은 강연 약속이 있어서 그럴 수 없었다. 아내에게도 다른 약속이 있어서 그 차 역시 쓸 수 없었다.

"랜디 차를 타고 가지 그러니?" 랜디는 아들의 친한 친구였다.

아들은 고개를 가로저었다. "괜찮아요. 이해해요. 안 갈래요." 아들은 그렇게 말하고 자기 방으로 갔다. 무언가 있는 게 분명했다. 올해 최고의 파티라는데 저렇게 쉽게 물러나다니. 그래서 나는 아들에게 말을 걸어 정보를 좀더 얻어냈다. 그동안 랜디는 파티 때마다 술을 많이 마셨던 것 같고, 아들은 음주 운전을 하는 친구의 차를 얻어 타느니 집에 있는 쪽을 택하기로 한 것이다.

그 파티가 있던 날 밤, 랜디는 잔뜩 술을 마신 채 다섯 명의 친구를 태우고 차를 몰다가 시속 130킬로미터의 속도로 산 아래로 굴러 떨어졌다.

불행히도 많은 아이가 결정을 내리는 법에 대해 전혀 알지 못한 채, 위험하고 때로는 목숨까지도 위태로운 10대 시절로 접어든다. 그들은 '안 되는 줄 알면서도' 마약을 해본다. 부모와 다른 어른들의 현명한 조언을 무시하고 죄악에 빠져든다. 젊은이들이 때로 어리석어 보일 만큼 자멸의 길을 택하는 이유는 무엇일까? 그 어리석은 선택 중 상당수가 사실상 그들이 내린 최초의 결정이라는 것이 슬픈 현실이다. 그들의 어린 시절, 모든 결정은 우리처럼 아이를 사랑하는 그들의 부모가 대신 해주었다. 좋은 결정을 내리는 일은 다른 모든 활동과 마찬가지로 습득해야 할 기술이라는 점을 알아야 한다. 술에 빠져드는 잘못된 결정을 내리는 10대들은 사탕단지에 손을 집어넣으면 안 된다는 사실을 배우지 못한 아이들일 것이다.

    자녀교육에 대해 진지하게 생각하는 부모들은 자녀를 자기 행동에 책임질 줄 아는 아이로 기르고 싶어한다. 나이가 몇이든 성숙하고 현명하게 인생의 중요한 결정들을 내릴 수 있는 아이로 말이다. 좋은 부모는 무엇이 아이에게 가장 좋은 것인지를 배운다. 천진하게 발치에서 노는 개구쟁이들도 언젠가는 어른이 될 것이다. 우리는 언젠가 아이가 세상으로 당당하게 걸어 나갈 수 있도록 아이를 위해 할 수 있는 모든 일을 다 해주고 싶어한다. 그리하여 우리는 사랑의 이름으로 온갖 일들을 한다. 그러나 그 사랑 때문에 문제가 생길 수도 있다. 사랑 자체가 아니라 사랑을 표현하는 방법 때문에 말이다. 책임감 있는 아이로 기르는 데 있어서 우리의 고상한 의도들이 정작 목표를 가로막는 최악의 적이 되는 경우가 잦다.

일반적인 생각과 달리 최악의 아이들, 가장 무례하고 반항적인 아이들은 가정에서 사랑, 때로는 무제한의 사랑을 받고 자란 경우가 많다. 문제는 그 사랑이 잘못된 사랑이라는 사실이다. 어떻게 그런 일이 있을 수 있을까?

아이에게 독이 되는 사랑

아이를 중심으로 살아가는 헬리콥터형 부모 | 어떤 부모들에게 자녀 사랑은 아이를 중심으로 살아가는 것을 뜻한다. 그들은 헬리콥터형 부모들이다. 그들은 문제가 생길 때마다 아이 위로 떠올라 아이를 구해 낸다. 언제나 점심도시락과 과제물을 학교로 실어나른다. 하루가 멀다고 아이를 무언가로부터 구해 낸다. 그 무언가는 대개 아이에게 필요하거나 유익한 경험들이다. 아이가 구조 신호를 보내자마자 근처에서 날고 있던 헬리콥터형 부모는 단숨에 내려가 아이를 교사, 친구, 위협적인 요소들로부터 보호한다.

역설적이게도 헬리콥터형 부모들은 이상적인 부모로 비칠 때가 많다. 그들은 아이가 실제로 삶에 부딪히며 배울 수 있도록 믿고 지켜보지 못한다. 아이가 아파하는 것을 못 견뎌한다. 그래서 단숨에 달려가 아이를 곤경에서 구해 낸다.

그러나 고통스러울지라도 실제로 겪어 보는 것만큼 잘 배울 수 있는 기회는 없다. 신용카드 연체서, 무책임한 사람들, 만성

질환, 세금 체납서, 그리고 성인으로서 겪는 온갖 사건은 사랑의 구세주가 달려온다고 해서 사라지는 문제들이 아니다. 헬리콥터형 부모는 아이가 그런 현실에 맞설 준비를 해주지 못한다.

아이에게 완벽한 세상을 안겨 주려는 제트 터보 헬리콥터형 부모 ｜ 과거에 만났던 헬리콥터형 부모들은 요즘 부모들에 비하면 그나마 나은 편이었다. 1990년대 중반, 새로운 유형이 등장했다. 그들은 아이를 구조하고 보호하는 데 그치지 않고, 자기 아이의 행동에 책임을 묻는 사람이라면 그 누구든 공격하기 위해 미사일을 장착하고 총을 난사하며 나타난다. 이른바 헬리콥터형 부모가 진일보한 '제트 터보 헬리콥터형 부모'들이다.

이런 부모들은 자기 아이에게 완벽한 세상을 만들어주고 싶은 희망에 집착한다. 그 완벽한 세상에서는 아이가 힘든 일이나 불편함, 실망감을 겪을 일이 전혀 없다. 그곳의 삶이란 최고의 자격증을 소지한 아이가 곧장 성인기로 안착하는 것이다. 높은 점수, 다양한 대외 활동, 특별한 수상 경력 덕에 서류상으로 볼 때는 꽤 그럴싸해 보인다. 아이가 저지른 실수는 보이지 않는 곳으로 싹 쓸어버리기 때문이다. 헬리콥터형 부모들은 종종 이렇게 말한다. "경쟁이 너무나 치열한 세상이잖아요. 저는 제 아이가 최대한 많은 혜택을 누릴 수 있기를 바랄 뿐이에요. 어릴 때 저지른 실수로 아이 발목이 잡혀서는 안 되죠."

이런 부모들은 아이를 보호하겠다는 열의 하나로 AH-64 아파치처럼 자기 아이의 완벽한 경력에 위협이 되는 사람이나 기관이면 그 어떤 것이라도 사정없이 덮쳐 버린다. 따발총 같은 말 폭탄으로 무장한 이들은 행실, 도덕성, 성적에 높은 잣대를 들이대는 사람이면 누구든 순식간에 공격해 버린다.

내 아이가 피해자라고 선언하는 것이 이런 부모들이 가장 애호하는 전략적 행동이다. 그렇게 하면 교직원이나 사회복지사들이 온몸을 던져 내 아이를 보호해주기 때문이다. 선생님과 교직원들은 이런 부모들의 끊임없는 질타에 지쳐 버린다. 아이가 의지와 노력으로 목표를 이루는 대신 남 탓부터 하는 것은 정말로 실망스러운 광경이다. 아이를 싸고도는 것에 그치지 않고, 아이를 도덕적 인간으로 길러내려는 교육기관들을 파괴하고 다니는 일명 제트 터보 헬리콥터형 부모들의 이야기를 나는 하루가 멀다고 듣는다.

완벽한 이미지와 눈부신 학업 성적으로는 노력과 인내를 통해 길러진 인격과 품행을 대체할 수 없다. 과잉보호는 헬리콥터형 부모가 이루고자 하는 목표의 정반대 것을 안겨 줄 뿐이다.

아이를 휘어잡는 훈련관형 부모 | 훈련관과 같은 부모들도 있다. 그들 또한 아이를 사랑한다. 그들은 고함을 지르고 아이를 휘어잡는 것이 결과적으로는 아이에게 더 좋을 거라고 생각한다. 훈련관형 부모들은 이렇게 말한다. "이렇게 훈련을 시켜야 아이가 똑바로 처신할 줄 알게 돼요." 아이는 끊임없이 이런저런 명령을

받는다.

훈련관형 부모가 아이에게 하는 말 속에는 '그 정도밖에 안 되니? 그러게 내가 뭐랬어!' 하는 의미가 잔뜩 담겨 있다. 그들은 아이를 휘어잡는다. 아이가 시킨 대로 하지 않으면 어떻게든 그대로 하게 만든다.

훈련관형 부모의 아이는 스스로 생각할 기회가 주어지면 종종 끔찍한 결정을 내려서 부모를 깜짝 놀라게 하고 실망시킨다. 그러나 그것은 당연하다. 그 아이는 결정의 세계에서는 풋내기이기 때문이다. 그 아이는 스스로 생각할 필요가 없었다. 그 아이는 평생 명령만 받고 살았다. 그 아이는 헬리콥터형 부모의 아이만큼이나 부모에게 의존적인 상태로 세상으로 나간다.

뿐만 아니라 훈련관형 부모의 아이가 10대가 되면 다른 아이들보다 훨씬 또래의 압력에 약한 모습을 보인다. 그것은 실수에 대한 대가가 그리 크지 않은 어린 나이에도 스스로 결정할 수 있는 기회가 전혀 없었고, 외부의 목소리 즉 부모의 말을 따르도록 훈련되었기 때문이다. 10대가 되면 부모의 말을 들으려고 하지는 않지만, 그래도 여전히 같은 현상이 반복된다. 이번에는 외부의 목소리 중 부모 말고 '친구들'의 말을 따르게 된다. 훈련관형 부모의 아이는 스스로 결정 내리는 법을 한 번도 배운 적이 없기에 리더가 되지 못하고 늘 누군가를 따르는 사람으로 자란다.

헬리콥터형 부모나 훈련관형 부모 모두 아이가 어릴 때는 별 문제 없을지 모르지만, 사춘기에 이르면 자신들이 아이의 진로에 큰 장애물들을 곳곳에 세워 두었음을 알게 된다. 헬리콥터형 부모의 아이는 외부 힘에 대처할 줄 모르고, 자기 문제를 스스로 생각하고 해결할 줄 모르는 청소년이 된다. 훈련관형 부모의 아이는 어릴 때 그랬듯 10대가 되어서도 경례를 많이 한다. 그러나 그것은 주먹을 쳐들거나 가운뎃손가락을 내미는 추잡한 경례다.

한 | 입 | 정 | 보

아이의 손을 놓아 버리는 자유방임형 부모

흔한 경우는 아니지만, 한 번쯤 짚고 넘어가야 할 부모 유형 중 하나가 자유방임형 부모다. 이런 부모들은 이런저런 이유로 아이들을 어떻게 다루어야 할지 확신이 없거나, 넘쳐나는 육아 정보 속에서 혼란이 생겨 아이들이 알아서 크도록 내버려두기로 한 이들이다. 어떤 부모는 아이는 스스로 처신할 능력을 타고나기 때문에 시간과 기회를 주고 부모가 방해하지만 않는다면, 결국은 성공적이고 창의적인 사람으로 자랄 거라고 믿는다. 또 어떤 부모는 아이와 가장 친한 친구가 되어 주고 그 관계를 유지하는 것이 어떤 형태의 훈육보다 중요하다고 믿는다. 또 어떤 부모는 바깥일 때문에 아이와 거의 시간을 보내지 못해 죄책감을 느끼기도 한다. 이런 부모들은 아이와 함께하지 못하는 시간의 '양'을 아이와 함께하는 시간의 '질'로 보상할 수 있다고 믿고, 아이와 '양질'의 시간을 보내는 동안 아이가 부모의 책임감을 보고 배울 수 있을 것이라 여기며, 아이의 행동에 대한 책임을 묻기보다 제멋대로 행동하게 내버려둔다. 그런가 하면 어떤 부모는 더 이상 어떻게 해야 할지 몰라 그냥 손을 놓아버리기도 한다.

사실 이들 유형은 부모의 책임을 착각하거나 회피하는 것일 뿐, 육아의 어떤 형태도 아님을 강조하고 싶다. 아이에게 안전하고 책임감이 따르는 선택권을 줘야겠지만 아이에게 전권을 줘서는 안 되며, 위험이 따르는 일을 경험을 통해 배우게 하는 것에는 결코 찬성하지 않는다. 사랑과 원칙의 기술에서 강조하는 사랑은, 부모와 사회가 아이에 대한 믿음을 갖고 책임감 있고 능력 있는 사람으로 성장하도록 지켜보는 것이다. 그러기 위해 부모는 많은 생각과 준비를 해야 한다. 그때의 결과는 부모의 노력과 참여를 배신하지 않는다.

따뜻함과 엄격함의 균형을 이루는 카운슬러형 부모

헬리콥터도 언제까지 하늘에서 맴돌 수는 없고, 훈련관도 언젠가는 목이 쉬어 버린다. 그러므로 사랑과 원칙으로 아이를 키우는 부모들의 방식을 소개하고자 한다. 카운슬러형 육아라고 부르는 이 방식은 10대들에게 특히 효과적이지만, 아이가 걸음마를 떼기 시작하면서부터 부모가 자녀를 어떻게 대해야 하는지를 보여 준다.

사실적인 것만 생각하던 아이가 자라서 10대가 되면 추상적인 것들도 생각하게 된다. 아이에게는 사려 깊은 인도와 엄격하고 강제성 있는 행동 범위limit가 필요하다. 부모는 아이의 안전과 아이의 행동이 다른 사람들에게 미치는 영향을 고려하여 행동 범위를 정한다. 그리고 행동에는 결과와 책임이 따른다는 것을 아이가 이해할 수 있도록 그 범위를 유지해야 한다. 하지만 그와 동시에 아이가 자기 행동을 돌아볼 수 있도록 격려해야 하고, 그 범위 안에서 선택권을 주어 아이가 자기 행동을 스스로 통제할 수 있다고 느끼게 해줘야 한다. 이런 부모를 카운슬러형 부모라고 부를 수 있다.

아이가 자라 청소년기로 접어들면 이런 교육 방식은 더 중요해진다. 10대가 되면 아이의 사고방식도 달라지므로 부모도 아이를 키우던 방식을 조절해야 한다. 행동 범위를 엄격하게 제한하던 방식에서 조금 뒤로 물러나 세상의 자연적인 결과를 통해 아이가 직접 배울 수 있도록 해야 한다. 이제 부모는 인생의 조언자나 카운슬러가 되어 청소년이 된 아이가 자기를 위한 결정을 스스로 내리고, 그에 따른 결과를 성공적으로 다룰 수 있도록 이끌어줘야 한다.

사랑과 원칙이 있는 부모는 아이의 삶에 아주 일찍부터 카운슬러형 교육 방식을 적용함으로써 헬리콥터형이나 훈련관형 사고방식을 피한다. 이들은 아이가 질문을 하고 선택할 수 있게 한다. 아이에게 이런저런 명령을 하는 대신 '결정'이라는 짐을 아이가 직접 지게 한다. 아이는 제한된 행동 범위 안에서 선택권을 갖는다. 이 아이가 10대가 되었을 때는 훌륭한 결정을 하는 데 익숙해 있을 것이다.

실패할 기회가 없으면
성공할 기회도 없다

인정하기 싫은 사실이지만, 책임감 있는 아이를 길러내는 확실하고 절대적이며 '실패할 경우 전액 환불'을 내걸 만한 방법이 따로 없음을 우리는 인정해야 한다. 온갖 엉터리 교육을 받고도 장미꽃처럼 아름답게 피어나는 아이들이 있는가 하면, 온갖 '올바른' 교육을 다 받아도 포악하게 자라는 아이들도 있다. 자녀교육에서 확실한 것은 결코 없다. 그러나 신중하게 위험을 감수하면 책임감 있는 아이를 길러낼 수 있는 가능성은 높아진다. 그 비결은 아이에게 실패할 기회를 자연스럽게 주는 것이다. 실패할 기회, 때로 크게 실패할 기회를 주지 않으면 아이에게 성공을 선택할 기회도 줄 수 없다.

현명한 부모는 아이가 성공하려면 아이 스스로 결정하는 법을 배워야 함을 깨닫게 된다. 그 과정에서 아이는 때로는 독립심을 발휘해 고의로 실패하는 쪽을 택하기도 한다.

나짐는 콜로라도의 싸늘한 아침 날씨에 대비해 아들에게 옷을 단단히 입으라고 말하곤 했다. "찰리, 오늘 아침은 무척 춥구나. 두꺼운 외투 입도록 해라." 그러면 아들은 자기 외투 중에서 가장 얇은 비옷을 꺼내 입고 경쾌하게 문을 나서곤 했다.

나는 뜻하지 않게 아들이 최선의 선택을 할 기회를 빼앗은 것이다. 아들이 따뜻하게 입고 버스를 기다렸으면 하는 노파심에서 한 말이었지만, 아들은 추워도 자유의지를 발휘할 수 있는 쪽을 택했다.

그러나 이제는 안다. "찰리, 바깥 기온이 영하 10도나 된다. 뭔가 걸치는 게 어떻겠니?" 이렇게 말하면 아들에게 폭넓은 선택권을 주는 것이고(아이는 언제나 부모의 첫 번째 제안은 무시하는 듯하다), 그 아이는 자유의지를 발휘해 따뜻한 외투를 입는다.

그러므로 역설적이게도 아이의 성공을 위해 애쓰는 부모가 오히려 아이를 실패로 이끄는 경우가 많다. 그러나 아이를 사랑하고 염려하는 부모가 아이에게 실패할 기회를 주면 결국 아이는 성공을 선택하게 된다.

사랑과 원칙의 기술은 아이가 스스로 생각하고 성공을 선택하는 어른으로 자라게 해준다. 그것은 부모가 아이에게 실패할 기회들을 주고, 실패의 대가가 그리 크지 않은 초등학교 때까지 그런 경험들을 최대한 활용해야 한다는 뜻이다.

실수할 기회를 주는 것이야말로 훈육의 기본이다

요즘 아이들은 인플레에 시달린다. 세상 살아가는 법을 배우는 비용은 하루가 멀게 오르고 있다. 아이를 유혹하는 마약류는 10여 년 전보다 훨씬 강하고, 방송은 더 선정적이며, 학교 폭력은

한 | 입 | 정 | 보

본능을 따르지 말고 원칙을 세워라

어떤 부모들은 사랑과 원칙의 기술에 불편함을 느낄 수도 있다. 아이의 실패를 지켜보며 이를 중요한 학습의 기회로 삼게 하는 방법이 부모의 속을 불편하게 할 수 있다. 부모들은 대부분 본능적 반응에 따라 아이를 키운다. 하지만 그 불편함이 믿을 만한 본능인지, 그저 그날 먹은 상한 음식 때문인지 어떻게 안단 말인가.

사실, 성인의 '본능적 반응'은 어린 시절에 겪은 가족 정서와 상호 교감의 결과물이다. 따라서 본능적인 느낌은 행복한 어린 시절을 보내고 가정이나 다른 집단에서 평화롭고 정당한 관계를 형성해 온 사람의 경우에나 유효하다. 뒤집어 말하면, 자신의 어린 시절에 대해 "우리 부모님 방식대로 우리 애를 키우지는 않을 거야"라고 반응한다면, 그 사람의 본능적 반응은 신뢰할 수 없거나 잘못되었을 가능성이 있다.

이 책의 방식이 불편하다고 해서 당황하지는 마라. 당신 때와는 다르게 아이를 키우고 싶다면, 그 불편함은 오히려 사랑과 원칙의 기술을 배우는 올바른 길로 들어섰다는 증거일 수 있다.

그 어느 때보다 두렵다. 하지만 우정·학교·배움·헌신·의사결정·책임에 대해 배우면서 아이가 오늘 지불하는 비용은 언제나 가장 싸다. 내일은 언제나 더 올라가기 때문이다.

아이가 자랄수록 더 큰 결정을 내려야 하고 그 결과도 점점 더 무거워진다. 어린아이는 자신이 감당할 수 있는 범위 안에서 많은 실수를 저지른다. 일이 잘 안 되면 용기를 내어 다시 시도할 수도 있다. 아이가 지불하는 비용이라고 해봐야 대개 잠깐 동안의 아픔과 몇 방울의 눈물 정도다.

어떤 부모들에게는 그것도 감당하기 힘들 정도로 비싼 비용이다. 그들은 이런 생각을 하며 아이를 보호한다. '난 이 아이를 사랑해. 어린아이가 그렇게 힘들게 배우게 하고 싶지 않아.' 그 결과, 아이는 '특별가'로 교훈을 배울 기회를 잃고 만다.

사실, 아이가 자기 행동에 대한 자연적인 결과(이것을 '중요 학습 기회'라 부른다)를 감내하며 배워가는 모습을 지켜보는 것은 고통스러운 일이다. 그러나 부모라면 고통스럽더라도 아이가 꼭 필요한 경험을 통해 직접 배울 수 있도록 믿고 지켜봐야 한다. 아이에게 실수할 기회를 주는 것이야말로 훈육의 기본이다. 비록 조금 큰 잘못을 저질렀다 해도 아이는 실수를 통해 배울 때가 많기 때문이다. 아이 혼자서 세상을 향해 조금씩 나아갈 수 있도록 기회를 주자. 다만, 아이가 힘들어 하면 언제든 도와줄 준비가 되어 있어야 한다.

사랑과 보호와 보살핌은 어떻게 다른가

많은 부모가 사랑 love 과 보호 protection 와 보살핌 caring 을 혼동한다. 이들은 같은 의미의 말이 아니다. 어떤 부모들은 아이가 실패하도록 놔두는 것을 무심한 처사라 여기며 오히려 걱정하고 안달한다. 그러나 부모들의 그런 행동은 자신의 이기적인 필요를 채우는 일에 불과하다. 그들은 스스로 일거리를 만들어 낼 뿐 아니라 결과적으로는 아이를 고달픈 삶으로 이끌게 된다. 보호와 보살핌은 둘 다 사랑의 일부일 뿐 같은 의미의 말이 아닌 것이다.

아이를 보살핀다는 것은 아이가 자라면서 저지르는 온갖 잘못으로부터 아이를 보호해 주는 것을 의미하지 않는다. 물론, 책임감 있는 부모라면 모든 면에서 갓난아기를 보호해야 한다. 아기가 겪게 되는 모든 문제는 당연히 부모의 문제다. 부모가 아기를 보호하지 않으면 아기는 죽게 된다.

그러나 아이가 아주 간단한 결정을 하기 시작하는 9개월 무렵부터 부모는 아이가 자람에 따라 문제를 스스로 풀어가는 특권을 조금씩 넘겨주며 점차적인 과도기를 거쳐야 한다. 열두세 살 무렵이 되면, 아이는 부모의 간섭 없이도 대부분의 결정을 내릴 수 있어야 한다. 실제로 아이들이 청소년기 초반에 대부분의 문제를 해결하는 방식은 그들에 대한 부모의 사랑과 태도에 의해 결정된다.

아이들과 스케이트장을 찾은 젊은 엄마들의 반응을 생각해 보자. 어린아이들이 처음으로 스케이트를 타고 뒤뚱뒤뚱 얼음판으로 나가고 있었다. 아이들의 모습을 지켜보는 엄마들은 "콰당" 족과 "아프니?"족의 두 부류로 나뉜다. 꼬마들이 별 수 없이 얼음판에 넘어지면, 걱정으로 잔뜩 마음을 졸이던 첫 번째 부류의 젊은 엄마들이 이렇게 소리친다. "아프니?" 그러면 꼬마들은 오만상을 찡그리며 엄마 쪽으로 미끄러져 와서는 그 나이의 아이답게 이렇게 말한다. "응, 생각해 보니까 아픈 것 같아." 또 다른 부류의 엄마들은 아이들이 넘어질 때 그냥 "꽈당!" 하고 소리만 지른다. 그러면 아이들은 얼음조각을 툭툭 털고 일어나 계속 스케이트를 탄다. 덩달아 "우와, 꽈당!" 하는 경우도 많다.

첫 번째 부류의 아이들은 넘어지면 아프다는 것을 배웠다. 두 번째 부류의 아이들은 아픔이나 부모의 도움에 신경 쓰지 않고 자기 실수를 통해 배웠다. 문제는 아이를 무조건 곤경에서 구해 주려는 부모들은 자신들의 필요에서 그렇게 할 때가 많다는 것이다. 그들은 상처를 치료해 주기를 좋아한다. 또 그들은 아이가 부모 없이는 아무것도 못하는 상태가 되어야 만족한다.

보호 형태의 사랑을 받은 아이들은 고등학교에 들어갈 무렵에는 돌이킬 수 없는 상태가 되어 있을 것이다. 옷, 텔레비전 시청 습관, 숙제, 이닦기, 머리 손질 정도는 알아서 해야 할 중고등학교의 아이들을 부모가 제 손으로 위험에 빠트리는 것이다. 적어도 그 아이들은 미래의 배우자에게 기쁨을 주지는 못할 것이다.

자녀교육의 숙제는 아이가 넘어지도록 놔둘 수 있을 정도로 아이를 굳게 사랑할 수 있는가, 하는 것이다. 아무리 마음이 아파도 한걸음 물러서서 아이가 중요 학습 기회를 통해 무언가를 배우도록 내버려두는 것이다.

책임감은 가르치는 게 아니라
체험으로 익히는 것이다

부모들은 아이가 자신의 현명한 조언을 좀처럼 받아들이지 않는다고 늘 불평한다. 딸아이에게 무언가 잊어버리지 말고 잘 챙겨 가라고 골백번도 더 말하지만 아이는 번번이 깜빡 하고 그냥 나간다. 아들 녀석에게 버릇없이 굴지 말라고 주의를 주지만 돌아오는 대답은 한결같다. "왜 그래야 하는데요? 지금이 뭐 중세시대인 줄 알아요?"

아이에게 떠들어 봐야 아무 소용 없는 말이 "책임감을 가져라"는 것이다. 책임감에 대해 가장 목청을 높이는 부모의 아이가 가장 무책임하다는 사실을 아는가? 책임감이 강한 아이는 책임감이라는 말을 거의 입에 올리지 않는 부모 밑에서 자란다. 책임감이란 가르칠 수 있는 게 아니라 체험으로 익히는 것이다.

무언가를 해야 한다고 귀에 못이 박히도록 떠들어 봐야 말로는 절대 가르칠 수 없다. 아이에게 책임지는 법을 가르치기 위해서는 책임을 질 수 있는 기회를 줘야 한다. 책임감 있는 아이의 부모는 아이의 책임감을 걱정하며 시간과 정력을 허비하지 않는다. 이들은 무책임에 대한 중요 학습 기회를 아이에게 어떻게 마련해 줄지 그 방법을 고심한다. 사랑하는 마음으로 관심을 갖고 아이가 인생의 다음 단계의 교훈을 배울 준비가 되었는지를 판단한다. 그러나 아이의 무책임을 아이에게 상기시키거나 염려하지 않는다. 이들은 행동으로 이렇게 말한다. "너는 스스로 기억하게 될 거야. 그렇지 않으면 경험을 통해 분명 무언가 배우게 될 거야." 이런 부모들은 아이가 자신의 문제를 스스로 해결할 수 있다는 것을 알게 해준다. 이들은 아이의 사정을 헤아리지만 직접 아이의 문제를 해결해주지는 않는다.

책임감이 자라는 아이는 자존감도 함께 높아진다. 자존감은 세상에서 성공하기 위한 선행 조건이다. 자존감과 자신감이 자람에 따라 아이는 부모로부터 독립한 후에도 더 잘 해낼 수 있게 된다.

책임감 있는 아이는 자존감이 있다

세상에는 두 부류의 아이들이 있다. 한 부류는 아침에 일어나 거울을 들여다보고 이렇게 말한다. "와, 이 녀석 좀 봐. 괜찮은데! 내 맘에 꼭 들어. 틀림없이 다른 사람들도 좋아할 거야." 다른 한 부류는 같은 상황에서 이렇게 말한다. "이런, 애 좀 봐. 정말 맘에 안 들게 생겼네. 이런 애를 누가 좋아하겠어."

전혀 다른 인생관이요, 전혀 다른 자아상이다. 부정적인 자아상을 가진 아이는 숙제를 하지 않거나, 다른 아이들을 괴롭히거나, 교사와 부모에게 대들거나, 도벽이 있거나, 상황이 어려워질 때 자기 안으로 움츠러드는 경우가 많다. 한마디로 무책임한 아이가 된다. 긍정적인 자아상을 가진 아이는 대체로 친구가 많고, 집안일을 잘하며, 학교에서 말썽을 일으키지도 않는다. 책임감 있는 행동을 당연한 것으로 여긴다. 지나친 단순화로 보일지 모르지만 학교, 가정, 놀이터, 그 밖의 다른 장소에서 아이의 수행 능력과 자아상 사이에는 긴밀한 연관이 있다. 아이는 스스로에 대해 만족해 할 때 가장 잘 배우고 책임감 있게 행동한다.

긍정적인 자아상은 아이에게 이토록 절실하다. 사랑과 원칙이 있는 부모는 아이에게 건강한 자아상을 기를 기회를 주고자 애쓴다. 부모가 넉넉한 사랑으로 아이에게 실패할 기회를 주고, 아이가 자기 행동의 결과를 통해 책임감을 배울 수 있도록 지켜봐 주며, 아이가 스스로 이룬 승리를 자축하도록 돕는다면, 아이가 혼자 힘으로 해낼 때마다 그 자아상도 함께 발전할 것이다.

아이의 강점을 믿어 줄 때 아이의 책임감도 자란다

불행히도 많은 부모가, 아이가 긍정적인 자아상을 기를 틈을 주지 않는다. 아이의 약점에만 집중하는 탓이다. 그런 부모는 (종종 자기도 모르게) 아이와 대화할 때마다 아이가 서툴거나 제대로 못하는 일을 화제로 삼는다. 아이는 분수를 못할 수도 있고, 맡은 일을 깔끔하게 처리하지 못할 수도 있으며, 받침을 제대로 발음하지 못하기도 한다. 어떤 문제가 되었든 그들은 아이의 약점을 끊임없이 상기시킨다. 그 결과 아이의 자아상도 끊임없이 허물어진다. 그러나 아이의 강점을 믿어 주는 부모는 아이의 책임감이 매일같이 자라는 모습을 보게 된다.

어른인 우리가 나의 강점을 믿어 주는 사람에게 어떻게 반응하는지 생각해 보자. 우리에게 아주 중요한 누군가가 우리를 텔레비전 리모콘 이후의 최고의 걸작이라고 생각한다면, 그 사람 앞에서 우리는 못 해내는 일이 없을 것이다. 그러나 그 중요한 사람이 우리를 인간쓰레기로 여긴다면, 아마도 우리는 그의 기대를 저버리지 않을 것이다.

아이의 경우도 마찬가지다. 아이는 혼자 이렇게 말한다. '나는 엄마의 기대대로 되지 않아. 나의 기대만큼 해내지도 못할 거야. 엄마가 나를 믿어 주는 만큼 나는 해내게 될 거야.' 그 다음 아이는 자기 모습에 대한 부모의 생각이 옳다는 것을 입증하는 데 온 힘을 쏟아 붓는다. 예를 들면 짐의 아들이 글쓰기로 두각을 나타내기 전, 중학교 1학년 때 선생님은 그 아이의 글에 대한 잠재력을 크게 칭찬하며 격려해 주었다. 짐의 아들은 선생님의 기대에 부응하기 위해 열정적으로 글쓰기에 정진했고, 지금은 훌륭한 작가가 되었다.

부모로서 우리는 아이의 긍정적인 자아상 형성에 핵심적인 역할을 맡는다. 우리가 말과 행동으로, 격려와 본으로 아이에게 보내는 메시지는 아이의 자아상을 형성한다. 불행히도 우리가 아이에게 보내는 강력한 메시지들의 상당수는 암암리에 부정적인 의미를 담고 있다. 우리는 좋은 의도에서 하는 것이지만 우리가 쓰는 말과 그 표현 방식에 따라 우리가 말하고자 하는 바와 아이가 받아들이는 내용은 전혀 달라질 수 있다. 이는 부모와 자식 간의 큰 비극이 아닐 수 없다.

예를 들면, "그건 뭐 하러 하니?"라는 단순한 질문에도 이중의 의미가 담겨 있다. 표면적으로는 단순한 질문처럼 보인다. 그러나 아이는 그 말 속에서 "넌 그만한 능력이 없어"라는 음성을 듣는다. "한 번만 더 얘기하면 천 번째다"라는 말에 숨은 뜻은 "넌 아주 우둔하구나. 머리가 잘 안 돌아가나 봐"라는 것이다. 이런 메시지는 어른이라면 분통을 터뜨릴, 사람을 얕보는 말이다.

우리가 아이에게 "입 다물어!" "따지지 마!" "텔레비전 꺼!"라고 명령할 때마다 아이의 자아상을 공격하는 셈이다. 왜 그럴까? 우리가 아이에게 명령하는 것은 "넌 좋게 말하면 못 알아들어," "너 혼자서는 해결할 수 없어," "넌 다른 사람이 시키는 대로 해야 해" 하는 의미이기 때문이다.

반면 사랑과 원칙의 기술은 아이에게 겁먹지 않고 실패할 수 있는 여유를 주면서도 아이의 강점을 분명히 알려 주는 일석이조의 효과가 있다. 우리는 아이를 비판해서도, 과보호해서도 안 된다. 무책임한 아이로 키우는 부모들은 이와 반대로 한다. 그들은 비판적이면서도 과보호를 한다.

세발탁자는 세 다리가 모두 튼튼해야 한다

사람의 자아상 구조는 세발탁자에 비유할 수 있다. 탁자는 세 개의 다리가 모두 튼튼해야 제대로 서 있을 수 있다. 다리 하나만 약해도 탁자는 위태롭게 흔들거린다. 다리 하나가 없다면 결국

한|입|정|보

겉 다르고 속 다른 부모의 말과 행동

아이들은 부모의 말이나 행동 속에 숨겨진 의미를 재빨리 알아차린다. 다음 말 속에 드러난 의미와 숨겨진 의미를 살펴보자.

"이자벨, 네가 스스로 결정하도록 해."
드러난 의미: "네가 결정하면 돼."
숨겨진 의미: "너는 할 수 있어."

"트레버, 한 번 더 기회를 줄 테니 똑바로 하도록 해라."
드러난 의미: "이제 잘해라."
숨겨진 의미: "너는 그거 하나 제대로 못하는구나. 또다시 기회를 줘야 하다니."

"세상에, 왜 그런 짓을 했니?"
드러난 의미: 단순한 질문
숨겨진 의미: "아주 멍청한 짓이었어."

"외출할 땐 외투 꼭 챙겨라."
드러난 의미: 단순히 상기시키는 말
숨겨진 의미: "너는 스스로 생각할 줄 모르잖니."

내다버려야 한다.

아이의 자아상은 우리가 아이에게 전하는 메시지를 통해 형상화된다. 그 메시지는 아이를 격려하고 혼자 힘으로 성공할 수 있도록 힘을 보태기도 하며, 어린 나이에 겪을 좌절감에 더해 자존감마저 깎아내리기도 한다.

한 | 입 | 정 | 보

두 개의 자아상

유치원에 간 첫날. 커다란 유치원 건물. 대형 버스. 아이에게는 일생일대의 중요한 순간이다. 전혀 다른 두 아이, 엘레나와 브레디가 바로 그 첫날 유치원 문을 들어선다. 엘레나의 머리에서는 이런 생각이 지나간다. '유치원은 재미있을 것 같아. 선생님도 귀여워해 주실 거야. 난 할 수 있어. 유치원쯤은 별것 아니지.' 브레디의 머릿속에 흐르는 음악은 그리 부드럽지 못하다. '유치원은 생각보다 재미없을지도 몰라. 잘하지 못하면 어쩌지? 친구들과도 사이좋게 지내지 못하면? 유치원에서 어떻게 해야 하는지도 모르잖아.'

유치원에 갈 때쯤이면 아이의 자아상은 지난 몇 년 동안 들어왔던 많은 암묵적 메시지를 통해 확고하게 자리를 잡게 된다. 태어나는 순간부터 아이는 수용과 인정의 추구라는 평생의 임무를 시작한다.

엘레나는 지난 5년 동안 다양한 긍정적인 메시지를 받았다. 자신은 능력 있고 사랑스러우며 소중한 존재라는 내용이었다. 엘레나의 부모는 "우리는 너를 있는 모습 그대로 사랑한단다. 네가 엘레나이기 때문이야"라는 신호를 보냈다. 아주 어릴 때부터 엘레나는 스스로 생각할 기회를 부여받았다. 내용이야 아주 기초적인 것들이었지만, 그래도 분명 결정이었다. 엘레나의 부모는 이렇게 묻곤 했다. "오늘은 외투를 입고 갈래, 아니면 들고 갈래?"

브레디도 메시지를 받았다. 그러나 그것은 브레디가 부모의 기대에 부응하지 못하고 있다는 것이었다. "네가 좀더 잘한다면 우리가 더 많이 사랑할 텐데." 브레디는 무슨 일이든 결정할 기회가 없었다. 외투를 입을 때가 되면 부모는 이렇게 말했다. "저 외투 입어라. 안 그러면 못 나갈 줄 알아."

유치원에 간 첫날, 엘레나는 자신감이 넘쳤다. 그러나 브레디의 마음속은 의심과 불안과 두려움이 가득했다. 첫 번째 숙제를 받았을 때 엘레나는 덥석 달려들어 최선을 다했다. '해보자'는 태도였다. 그러나 브레디는 물러서며 발뺌했다. 브레디에게는 격려가 필요했다. 아이의 머릿속에서는 이런 음성이 들려왔다. '넌 다른 애들보다 못할지도 몰라. 조심해야 할 거야.' 브레디는 남들보다 못하는 게 싫어 숙제를 시작조차 하지 않았다.

6학년이 될 때쯤이면 엘레나는 성공을 거듭하게 될 것이다. 하나하나의 작은 승리가 긍정적인 자아상의 싹을 더욱 튼튼하게 해줄 것이다. 그러나 브레디는 매사에 시큰둥하고 모든 도전 상황을 회피하는 아이로 자라 부모와 교사들의 마음을 비참하게 만들 것이다.

아이의 자아상을 세우는 일은 가정에서 출발하며, 태어나는 그 순간부터 시작된다.

첫째 다리 : 내 곁에는 나를 사랑하는 멋진 사람들이 있다 ㅣ 최고의 사랑은 아무 조건 없이 주는 사랑이다. 아이에 대한 사랑이 조건적이 되어서는 안 된다. 진실한 사랑은 아이가 무엇을 잘하든 못하든 변함없어야 한다. 그러나 그것은 우리가 아이의 모든 행동에 찬성해야 한다는 의미는 아니다.

우리는 아이가 사랑을 느낄 기회를 주지 않는 경우가 너무 많다. 아이의 행실을 바로잡거나 나쁜 습관을 고치게 할 요량으로 사랑을 거두는 부모도 있다. 아이의 성적을 올리려는 열정이 지나친 나머지, 걸핏하면 '사랑'을 채찍과 당근 삼아 아이가 숙제를 하고 성적이 좋아질 때까지 진정한 사랑은 기대하지 말라는 메시지를 암암리에 보내는 부모도 있다. 그들은 아이에 대한 사랑을 긴장과 압박의 형태로 전달한다. 또 비언어적으로 전달되는 메시지를 잘 포착하는 아이는 진정한 사랑의 증표(눈맞춤·미소 등)를 망각한 부모를 보고 부모의 사랑이 자신의 성적에 달려 있다고 생각한다. 그러나 부모 자식 간의 유대와 사랑의 표현은 아이의 성적보다 훨씬 더 중요하다. 여기에 또 다른 역설이 있다. 모든 의심을 넘어서 아이가 지금의 모습 그대로 충분히 훌륭하다고 인정해주지 않는 한, 아이는 나아지지 않는다.

자녀를 효율적으로 교육하는 부모는 간접적이든 직접적이든 "나는 네 행동이나 학교 성적에 상관없이 너를 너무나 사랑한단다"라고 말한다. 이런 사랑에 신체적인 접촉과 미소, 눈맞춤이 더해지면 부모 자식 간에 끈끈한 유대가 생겨난다. 아무리 나이를 먹어도 아이에게는 이런 경험이 필요하다(누군가 우리를 이렇게 대한다면 기분이 좋지 않겠는가). 가족이나 특별한 선생님 등 '멋진 사람들' 과의 유대를 경험한 아이는 그 강력한 메시지를 평생토록 기억한다. 아이는 무의식적으로 때로는 의식적으로 자기 주위의 멋진 사람들이 옳았음을 증명하기 위해 노력한다.

둘째 다리 : 나는 성공에 필요한 자질을 갖고 있다 | 아이의 자아상을 세워 주기 위해 우리는 그 또래의 성공에 필요한 자질이 아이에게 있다고 말하고, 그런 의미의 암묵적인 메시지를 계속 보내야 한다. 모든 아이는 교실·운동장·집 등 함께 어울리는 곳이라면 어디에서든 다른 아이들과 경쟁할 수 있다는 자신감을 가져

한 | 입 | 정 | 보

아이에게 전하는 사랑의 메시지

부모와 아이 특히 아버지와 아들은 레슬링이나 팔씨름, 밀치기, 장난스럽게 툭툭 치기를 하면서 유대감이 더욱 긴밀해진다. 아버지와 아들 사이의 신체적인 접촉에는 이런 메시지가 담겨 있다. "우리가 함께 시간 보내는 게 즐거워," "이 녀석 세졌는데," "이 녀석 훌쩍 컸구나," "이젠 내가 못 당하겠다."

야 한다. 아이는 세상을 감당하는 데 필요한 소질이 자기 안에 있음을 알아야 한다. 우리는 아이를 대신할 수 없고, 아이가 성공하게 만들 수 없다. 성공할 능력은 아이 자신에게만 있다.

이런 기술은 본을 통해 배우게 된다. 부모가 좋은 본을 보여주면 아이는 스스로에 대한 바람직한 생각과 태도를 형성하는 데 도움을 받는다. 부모가 좋은 본이 되기 위해서는 아이가 언제나 자신을 보고 있고 자신의 행동과 반응을 본받는다는 사실을 깨달아야 한다. 현명한 부모는 이렇게 생각한다. '우리 아이가 우리 말을 잘 듣지 않는다고 해서 너무 조바심 낼 필요는 없어. 하지만 그 애가 우리가 하는 일을 보고 있다는 것을 기억하고 조심하자고.'

아이는 어른들이 하는 대로 따라하는 탁월한 능력을 타고난다. 잘 보고 그대로 따라하려고 애쓴다. 아이의 주 관심사는 부모가 하는 대로 배우고 그와 똑같이 하는 것이다. 그러나 부모가 보이는 본이 아이를 낙담시키는 경우가 많다.

타일러는 아빠가 차고 청소하는 모습을 본다. 타일러는 작은 빗자루를 잡고 아빠를 흉내 내어 먼지를 이리저리 옮기기 시작한다. 타일러는 마음속으로 생각한다. '난 다 큰 것 같아. 빗자루 쓰는 법을 배우고 있잖아. 아빠가 봐줬으면 좋겠다.'

아닌 게 아니라 아빠가 본다. 아빠는 개구쟁이가 무엇을 배우고 있는지 깨닫지 못하고 제대로 쓸지 않은 먼지만 본다. 아빠의 목소리에는 성에 안 찬다는 불만이 뚝뚝 묻어난다. "타일러, 난

장판을 만들고 있구나! 여기는 아빠가 마무리할 테니 저리 가서 놀아라."

아빠가 어쩌다 그런다면(우리는 모두 그렇게 한다), 타일러의 자아상이 큰 손상을 입지는 않을 것이다. 그러나 습관적으로 좌절감을 준다면 아이의 자아상은 손상을 입게 된다. 아이는 책임감 있는 어른의 행동을 본받으려는 노력을 그만둘 것이다.

부모가 아이가 무언가 배우고 있다는 사실에 주목하기보다 눈앞의 결과만 보다 보면, 아이는 결국 자기 기술에 자신감을 잃고 부정적인 자아상을 갖게 된다. 그러다 보면 언젠가 이런 생각을 하게 되는 순간이 온다. '왜 우리 아이는 집안일에 관심이 없지?'

"하지만 애들이 일을 망치면 어떡해요?" "일의 결과에 대해 걱정을 안 할 순 없잖아요. 집 안의 먼지를 천년만년 쌓아둘 순 없잖아요!" 당신은 이렇게 묻고 싶을 수도 있다. 하지만 아이의 실력은 연습하고 격려하고 본을 보여주면 좋아진다. 아이에게 이렇게 말해 보자. "와 타일러, 비질을 제법 할 줄 아는구나. 일을 제대로 하니까 기분이 좋지? 아빠가 빗자루로 먼지를 쓸어내는 걸 잘 보렴." 이렇게 할 때 아이는 이상적인 본을 얻게 된다. 타일러도 아빠처럼 일을 잘해서 좋은 기분을 느끼고 싶어한다.

우리는 아이에게 일을 하는 방법과 재미, 부모와의 유대 등 여러 가지를 한꺼번에 가르칠 수 있다. 부모는 일할 때 재미있게 해야 한다. 그것이 아이에게 본이 되기 때문이다. 아이가 무언가 배우려고 노력할 때 아이가 한 일에 대해 시비를 걸어서는 안 된다. 그보다는 다음과 같이 격려해야 한다. "큰 수의 나눗셈을 열심히 배우고 있구나. 도움이 필요하면 말해라." "엄마처럼 이불을 펴는 걸 배우고 있구나. 엄마가 주름을 어떻게 펴는지 보여줄까?"

나^{포스터}는 가능하면 일에 재미를 더하려고 했다. 나는 아이들이 어릴 때 함께 설거지를 하면서 접시에 붙어 있던 세균들의 불행에 대해 상상하곤 했다. 세균들이 이렇게 소리친다. "어떻게 된 일이야? 이 커다란 천조각이 뭐하는 거야? 날 접시에서 떼어내고 있잖아. 으아아!" 그 다음 접시를 식기세척기에 넣으면 세균들의 대화가 이어진다. "이 커다랗고 둥근 방은 뭘까? 여기서 무슨 일이 벌어지는 거지? 어이, 이봐, 막 돌아간다. 이러다 우리 모두 죽겠다! 으아악!?" 아이들은 고등학생이 되어서도 설거지를 할 때면 세균들이 비명을 지르며 죽어가는 광경을 상상했다.

아이가 하는 설거지는 아무래도 미흡할 수 있다. 그것을 나무라기는 쉽지만, 그렇게 하면 설거지가 재미라곤 하나도 없는 고역이 되었을 것이다. 아이가 자람에 따라 부모인 우리는 자연스럽게 빠지고 아이에게는 재미있는 일거리만 남는다. 우리는 다른 곳에서 우리 일을 재미있게 하면 되는 것이다.

셋째 다리 : 나는 내 삶을 감당할 능력이 있다 | 세발탁자의 세 번째 다리가 튼튼한 아이는 머릿속에서 들려오는 작은 음성을 듣는

다. '나는 내 삶을 감당할 힘이 있어. 나는 결정을 할 수 있고 내 결정에 따른 결과가 좋든 나쁘든 그것을 받아들이며 살아갈 힘이 있어.' 이렇게 말하는 아이는 자기와 관련된 일에 대해 스스로 결정을 내릴 기회가 있었던 아이다.

많은 부모가 아이에게 자기 일은 스스로 알아서 해야 한다고 말하면서도 더울 때, 추울 때, 배고플 때, 목마를 때, 지쳤을 때, 심지어 화장실에 가야 할 때까지 아이에게 일일이 간섭한다. 우리는 모두 이런 메시지들을 듣고 살았다. "외투 입고 나가라. 그냥 나가기에는 날씨가 너무 춥다." "벌써 배가 고프다는 게 말이 되니. 한 시간 전에 밥 먹었잖아?" "조용히 앉아 있어. 넌 한 잔 더 마셔도 돼." "당장 자러 가지 못해!" "외출하기 전에 화장실에 갔다 와라."

이 모든 말은 아이에게 너는 스스로 생각할 힘이 없고, 자기 삶을 감당하고 결정을 할 능력도 없다는 메시지를 보낸다. 그러나 흥미롭게도, 이런 메시지를 보내는 부모야말로 아이가 무책임하고 스스로 생각할 줄 모른다고 한탄하고 불평하는 경우가 많다.

아이들은 자기 삶을 감당하고 결정을 할 대단한 용기를 타고나지만, 결정의 기반이 될 만한 경험이 부족하다. 그래서 아이의 선택이 신통치 않을 때가 많다. 그러나 부모의 지나친 간섭만 없다면 아이는 실수를 통해 배울 수 있다.

한 | 입 | 정 | 보

바깥세상은 생각보다 춥다

쌀쌀한 콜로라도의 저녁이었다. 침을 뱉으면 바닥에 떨어지기도 전에 얼어버릴 정도로 추운 날씨였다. 우리 포스터 가족은 볼일이 있어 밖으로 나가려는 참이었다. 문을 나서기 직전에 아내가 아들에게 물었다. "앤드루, 외투 입을래?"

"아뇨, 외투 필요 없어요." 아들은 티셔츠 차림이었다. 아내는 책임 있는 어른의 모습을 보여 주었다. "난 외투 입는 게 좋은데." 아내는 그렇게 말하며 외투를 걸쳤다. 우리 가족은 차에 올라탔다.

집에서 두 블록 정도 갔을 때 뒷좌석에서 몸을 떨며 이빨을 부딪치는 소리가 들려왔다. 아내가 말했다. "소름 돋는 소리가 들리는 것 같은데?"

"으-예-에!" 앤드루가 더듬거렸다. 순간 아이의 입에서 가장 지혜로운 말이 터져나왔다. "다-다-다음번엔, 외-외-외투 이-이-입을래요!"

"아, 그러니, 그거 좋은 생각이구나"(드라이브 시간은 앤드루가 교훈을 배우기에 충분했지만 새파랗게 질릴 정도로 오래 걸리지는 않았다).

만약 아내가 "외투 입어라. 바깥 날씨가 춥다"라고 말했더라면, 앤드루는 분명 "싫어요"라고 했을 것이다. 그러면 아내는 "엄마 말 안 들을래? 외투 입어"라고 했을 것이고, 앤드루는 마지못해 외투를 입고 뒷좌석에 따뜻하게 앉아 있었겠지만 엄마를 미워하며 아무것도 배우지 못했을 것이다. "그래. 외투를 입긴 하지만 엄마가 시켜서 억지로 입는 거야. 조금만 기다려. 내가 좀더 크기만 해봐!"

어린 자녀가 반항할 때 부모가 엄한 명령으로 반란을 진압하고 당장에 좋은 결과를 얻을 수는 있다. 그러나 사춘기에 접어들어 반항하는 자녀에게 부모의 명령은 아무 소용이 없다. 어린 자녀가 간단한 문제들에 대해 스스로 결정하도록 해주면 자기 스스로 생각하고 자기 삶을 추스르는 법을 배우게 된다. 그런 아이는 사춘기에도 술이나 성, 그 밖의 다른 유혹들에 대한 또래들의 압력에 쉽게 넘어가지 않는다. 스스로 현명한 결정을 하는 법을 배웠기 때문이다. 그런 아이들은 힘겨운 10대를 거치면서도 부모와 절친한 친구가 될 수 있다. 또 자기 자신에게도 최고의 친구가 될 수 있다.

칭찬과 격려는 어떻게 다른가

우리는 누구나 우리 아이가 긍정적인 자아상을 갖기를 바라고, 건강한 자아상은 성취의 기쁨과 연관되어 있다는 것을 잘 알고 있다. 우리는 아이가 한 일을 평가하는 데 집중하고, 아이가 자신이 한 일에 만족하기를 바란다. 아이가 칭찬을 받아들이고 스스로를 대견해 할 것이라는 믿음으로 아이를 칭찬하는 것이 어쩌면 가장 쉽고 자연스러운 방법일 것이다.

어떤 부모는 칭찬이 아주 중요하다고 여기고 아이가 잘하지 못할 때도 칭찬을 해줘야 하는 것으로 생각한다. 예를 들어, 공원에서 아들이 모형 비행기를 날리는 모습을 지켜보는 아버지가 있다. 그 비행기는 잠깐 날다가 추락하기를 반복하지만 아버지는 기뻐하는 척하며 이렇게 소리친다. "정말 멋지게 나는구나!" 아이의 표정을 보니 이렇게 생각하는 게 분명하다. "아빠 눈이 먼 걸까?" "아빠가 거짓말하시는 걸까?" "가엾게도 아빠는 '멋지게 나는' 게 뭔지 모르시나 봐." "아빠는 내 눈이 멀었다고 생각하시나?" "아빠는 내가 아빠의 칭찬을 바란다고 생각하시나?"

결론적으로 말하면, 진실하지 않은 칭찬은 역효과를 부를 뿐이다. 효과적인 칭찬이 이루어지려면, 첫째 평가자와 피평가자가 좋은 관계에 있거나, 적어도 서로 존중하는 사이여야 한다. 둘째, 평가자가 피평가자의 행동이나 결과의 '좋은 점'을 찾아내야 한다. 이 두 가지 전제 중 하나만 엇나가도 칭찬은 실패로 끝난다. 격려는 칭찬에 비해 몇 가지 장점이 있다.

- 관계에 대한 전제가 없다. 관계가 나빠도, 중립적이어도, 좋아도 된다.
- 아이가 자기 행동이나 결과를 판단할 능력이 있고, 앞으로 어떻게 조정해야 할지 결정할 수 있다.
- 아이의 평가를 언제나 인정한다. 자기 판단이 너무 가혹한 경우에도 마찬가지다.

자기 판단이 너무 가혹한 아이의 경우, 칭찬은 늘 아이와의 말다툼으로 끝나게 된다. 다음의 예를 보자.

어른 | 그림을 정말 잘 그렸구나!

아이 | 제가 보기엔 아닌데요.

어른 | 왜? 아니야?

아이 | 코가 너무 크잖아요(이 시점에서 평가자의 판단력이 의심을 받게 되고 말다툼이 시작된다).

어른 | 그렇지 않은 것 같은데.

아이 | 그런걸요, 뭐.

어른 | 그렇지 않아.

아이 | 그렇다고요!

어른 | 아니라니까!

하지만 아이를 격려하는 경우에는 상황이 달라진다.

어른 | (밝고 격려하는 목소리로) 와, 네 그림이 마음에 드니?

아이 | 별로 맘에 안 들어요.

어른 | 왜?

아이 | 코가 너무 크잖아요.

어른 | 그러니? 왜 그렇게 됐을까?

아이 | 코는 항상 잘 안 되더라고요.

어른 | 앞으로는 어떨 것 같니?

아이 | 잘될 거예요. 계속 연습하고 있고, 조금씩 나아지고 있으니까요.

아이의 자아상이 부정적인 경우에 칭찬을 해주면 아이는 대부분 부정적인 반응을 보인다. 칭찬이 아이가 그리는 자아상과 맞지 않기 때문에 아이는 어른에게 현실을 제대로 보여 주기 위해 나쁜 쪽으로 한 술 더 뜨게 된다. 아이가 매우 부정적인 경우에는 평가자가 이렇게 말하는 것이 더 현명하다. "저런, 내가 너라면 그 정도만 해도 만족할 것 같은데. 하지만 사람마다 생각이 다른 거니까."

옆의 표는 칭찬과 격려의 차이점을 명확하게 보여 준다. 격려를 받은 아이는 스스로에 대해 생각하고 평가해 보면서 자신이 성취한 것에 만족하게 된다. 칭찬도 나쁘지 않지만, 외부의 평가와 상대방의 기분만 강조할 뿐 진지하게 생각하도록 독려하지 못한다는 점에 주의해야 한다.

높은 자존감은 성취를 통해 만들어진다

아이들은 스스로 성취한 것에서 최대치를 끌어낸다. 비록 잘못된 결정이라도 아이들은 부모가 대신 해주는 결정보다는 스스로 한 결정에서 배우는 것이 더 많다. 이는 부모가 쉽게 도와주거나 대신 해줄 수 있다 해도 아이가 스스로 해결해가는 것을 믿고 지켜봐야 할 때도 있다는 것을 의미한다.

아이가 무엇을 원하거나 직접 문제를 해결해야 할 때 스스로 해나가게 하지 않는다면, 앞으로 살아가다 힘든 일에 부딪힐 때

	칭 찬	격 려
발생지	외부에서 오는 좋은 감정	내면에서 우러나오는 좋은 감정
방 식	단정적인 문장	질 문
전 제	아이와 어른의 관계가 좋아야 한다	어떤 관계이든 상관없다
내 용	판단이 개입된다	판단하지 않는다
아이의 자아상이 긍정적이고 어른을 좋아할 때의 결과	자기가 한 일과 어른에게 좋은 감정을 갖는다	결정을 내릴 때 더 자신감을 갖게 되고, 스스로에 대해 만족하게 된다
아이의 자아상이 부정적일 때의 결과	"나를 기분 좋게 해주려는 것뿐이야. 나에 대해 잘 알지도 못해"라고 말하며 무시한다 부정적인 행동을 함으로써 자기의 실체를 증명하려고 한다	어른에 대한 감정에 변화가 없다 자기 평가 능력이 향상된다 비판적인 질문을 하지 않는 한 부정적인 행동을 보이지 않는다
예	"훌륭하다!" "정말 잘했다!" "네 자신이 정말 자랑스럽겠다!"	"그건 왜 그렇지?" "어떻게 그런 생각을 해냈니?" "다음에는 어떻게 해볼 생각이니?"

강한 정신력으로 헤쳐나가지 못할 것이다. 대신 그 자리에서 주저앉고 말 것이다. 궁극적으로, 자기가 능력 있는 사람이라는 믿음은 어려운 일을 성취해내면서 생기는 것이지, 옆에서 대신 해결해 주거나 아이에게 늘 칭찬만 해준다고 생기는 것이 아니다.

아이에게 자존감과 자신감이 생기려면 부모의 격려와 함께 다음과 같은 과정이 일상화되어야 한다.

- 아이가 해내지 못할 거라 생각하는 일을 위험을 감수하고 시도해 본다.
- 아이가 그 일을 해내기 위해 힘겹게 싸운다.
- 얼마 후 아이는 처음으로 시도해 본 일을 성취한다.
- 아이는 자신이 성취한 것을 돌아볼 기회를 얻고 이렇게 말한다. "내가 해낸 일이야!"

긍정적인 자아상을 형성하는 마지막 단계에는 내면의 작업이 필요하다. 이는 누군가 대신 해줄 수 없는 아이 스스로 해야 하는 일로, 스스로 힘껏 노력해서 좋은 성과를 이루다 보면 완성할 수 있다. 물질이나 칭찬으로는 탄력적인 자아상을 만들 수 없다. 아이를 기쁘게 해주려고 부모가 할 수 있는 모든 것을 다 해준다고 아이에게 자존감이 생기는 것은 아니다. 아이가 스스로 땀방울을 흘려 자기 힘으로 구해야 하는 것이다.

물론, 어려운 일을 성취하는 과정에서 아이는 성공하는 만큼 실패도 많이 하게 될 것이다. 성공 여부와 상관없이 부모가 자신을 사랑한다는 것을 아이가 잘 알아야 하고, 부모는 아이의 노력 의지를 꺾지 않는 선에서 끊임없이 지지하고 격려해야 한다. 아이가 어릴 때 그 나이에 맞는 어려움을 겪게 하면, 훗날 인생을 살며 겪게 될 혹독한 시기를 헤쳐나갈 준비를 시키는 셈이다.

다만, 이런 교육 방식은 상식선에서 이루어져야 한다. 아이에게 일부러 어려운 상황을 만들어 줄 필요도 없고, 아이의 능력을 뛰어넘는 엄청난 일을 혼자 이겨내게 놔두는 것도 옳지 않다. 유아에게는 블록으로 성을 쌓는 것이 열세 살짜리가 어려운 피아노곡을 배우는 것만큼이나 어렵다. 만약 두 아이의 과제를 맞바꾼다면 얼마나 우스꽝스러운 상황이 빚어지겠는가. 현명한 부모는 자기 기준이 아닌 아이의 눈높이에 맞춰 이런 상황을 미리 대비하며, 어떻게 노력하고 어떤 결정을 내릴지도 잘 알고 있다.

부모가 행복해야 아이도 행복하다

아이들은 본을 통해 인간관계에서 일어나는 거의 모든 활동을 배운다. 아이들은 갈등과 좌절을 극복하는 법에서부터 문제해결 방식, 다른 사람들과 지내는 법, 언어, 자세, 동작에 이르기까지 모든 것을 주위의 어른들을 보며 배운다. 말하는 법에서부터 운전하는 법에 이르기까지 아이의 초롱초롱한 눈이 우리의 모든 행동을 살피고 있다.

아이가 변을 가릴 때가 되면 엄마의 신발을 신어 보거나 아빠의 모자를 써 본다. 엄마가 싱크대에서 설거지를 하고 있으면 아이도 그곳에서 물을 튀기다가 흠뻑 젖고 만다. 아빠가 보닛을 열고 카뷰레터를 손보고 있노라면 아이도 그곳에서 나름대로 아빠를 '돕는다.' 많은 부모가 이런 아이들에게 짜증을 낸다. 발치에서 얼쩡거리는 것을 귀찮아한다. 하지만 이토록 싼값에 무언가를 배울 수 있는 기회가 또 있을까!

부모가 아이의 좋은 본이 되는 열쇠는 먼저 이렇게 말하는 것이다. "나는 스스로를 잘 보살핌으로써 책임감 있고 건강한 어른의 본을 보여 준다." 스스로를 보살피고 자신을 우선시하라는 이 말은 부모의 본성을 거스르는 것일 수 있다. 많은 부모가 아이가 우선이라고 믿는다. 아이를 위해서라면 어떤 희생도 마다하지 않는다. 부모들은 아이를 위해 운전기사, 택배직원, 자명종, 여행사 직원, 재무설계사의 역할을 동시에 감당한다. 그러나 이런 혜택 속에 크는 아이는 부모가 건강한 방식으로 스스로를 보살피지 않는 것을 본다. 부모들은 언제나 아이를 우선시하고 자신은 뒷전이다. 본을 통해 모든 것을 배우는 아이는 부모를 따라 자신을 맨 마지막에 놓는다.

그 아이가 고등학생이 되면 그의 부모는 왜 아이의 자아상이 그토록 빈약한지 의아해하고 결국 이렇게 말하게 될 것이다. "난 언제나 이 아이를 먼저 챙겼어. 아이를 위해 뭐든지 했다고." 그러나 초라한 자아상을 가진 젊은이는 부모의 본을 따른 것뿐이다. 그는 자신을 소중하게 여기지 않고 망가뜨린다.

물론, 우리는 부모이기에 자신을 먼저 챙기느라 아이를 소홀히 하지 않는다. 우리는 아이가 승리자가 되기를 바라지만, 우리도 승리하고 싶어한다. 그래서 우리는 언제나 윈윈전략을 짜려고 애쓴다. 우리도 만족하고 아이도 만족할 때 비로소 우리는 스스로를 건강하게 보살피는 본을 보여주게 된다.

우리는 여전히 아이를 데려다주러 다닌다. 아이를 위해 하는 일이다. 하지만 건전한 사고방식을 가진 사람들은 어떤 일을 할 때 호혜적 관계 즉 양쪽이 모두 행복할 수 있는 관계를 만들려고 한다. 우리는 딸아이를 축구장에 데려다 주는 일이 즐겁다. 딸아이가 축구를 좋아하기 때문만이 아니고 우리도 딸아이와 함께하는 시간이 즐겁기 때문이며, 동시에 딸아이가 더 잘하도록 도울 수 있기 때문이다. 우리는 아들을 음악학원에 기꺼이 데려다 준다. 아이와 오가며 차 안에서 대화를 나누면 기분이 좋고, 아이의 실력이 향상되는 것을 보면 행복하기 때문이다.

불행한 부모들과 자기가 누리는 것을 당연하게 여기는 아이들에게 삶은 일방통행길이 된다. 부모들은 언제나 주기만 하고, 아이들은 언제나 받기만 한다. 현명한 부모들은 자기가 이와 같은 상황에 처했음을 느낄 때 스스로를 보살피는 본을 보인다. 사랑과 원칙이 있는 부모는 이렇게 말할 것이다. "애야, 내가 (숙제를 도와주거나, 학원에 데려다 주기를) 원하는 것을 잘 안다. 하지만 요즘 들어 너를 위해 뭔가 하는 일이 행복하지 않구나. 슬프지만 사실이야. 그러니까 이번에는 하지 않으려고 한다." 이런 부모의 아이들은 남을 존중할 줄 알고 사려 깊으면서도 스스로를 위할 줄 아는 사람으로 자랄 것이다.

아이는 실수를
통해 배운다

　더그와 사라 부부에게 열한 살의 오스틴은 큰 문젯거리였다. 오스틴은 부모가 시키는 대로 다 했다. 잔심부름부터 공부, 교우관계, 어른과 선생님들에 대한 예의 바른 행동까지 오스틴은 빈틈없이 해냈다. 오스틴은 매일 혼자 힘으로 일어났다. 아침 먹으러 나오기 전에 학교에 가져갈 준비물을 현관에 깔끔하게 쌓아 놓고 여유롭게 아침식사를 즐겼다. 도시락이나 숙제, 체육복 등을 빠뜨리고 간 적이 없다. 언제나 5분 전에 통학버스 정류장에 나가서 기다렸다. 학교에서도 선생님들의 사랑을 받았고 친구들도 많았다. 방과 후 통학버스를 타고 집으로 돌아오면 시키지 않아도 곧바로 집안일과 숙제를 했다. 저녁에 하품이 나오면 곧바로 잠자리에 들었고, 자야 할 시간보다 30분 일찍 잠자리에 드는 일도 많았다. 어느 토요일 아침에는 더그와 사라가 일어나기도 전에 차고를 깨끗이 치워놓기도 했다.

　이런 아이를 문제로 여기는 더그와 사라를 도무지 이해하지 못할 사람들도 있을 것이다. 그러나 두 사람은 오스틴 걱정에 밤늦게까지 잠을 이루지 못했다. "실수를 통해 배울 기회도 없이 오스틴의 유년시절이 지나가 버릴지도 몰라." 이것이 그들의 고민이었다.

　다행히 우리는 대부분 더그와 사라와 같은 문제로 '시달리지' 않는다. 우리 아이들은 툭 하면 말썽을 일으킨다. 아이는 말썽을 피우면서 자기가 저지른 문제를 해결해 나갈 것이고 그 와중에 책임감을 기를 충분한 기회를 얻게 될 것이다.

한 | 입 | 정 | 보

책임감 있는 아이 vs 무책임한 아이

교직에 몸 담아온 지난 30년 동안 나는 수많은 아이를 만났다. 그들 중 가장 책임감이 강했던 아이들은 빈민가에 위치한 학교의 아이들이었다. 그 당시 나는 그 학교의 교감으로 있었다. 그 아이들은 정부 지원으로 마련된 주택단지에 살고 있었다. 자명종 없이도 아침에 혼자 일어나 부모의 도움 없이 아침 급식시간에 맞춰 학교에 도착했다. 급식시간에 맞춰 가면 아침을 먹을 수 있지만, 그 시간을 놓치면 아무것도 먹지 못한다는 것을 그 아이들은 알고 있었다. 아이들은 학교로 가는 버스를 절대 놓치지 않았다.

반면 내가 본 가장 무책임한 아이들은 교외의 중상류 가정 출신들이었다. 새 학기 첫날, 1천 명의 아이들이 열여덟 대의 버스에 나눠 타고 도착했다. 그중 절반은 수업 시작 전까지 놀려고 곧바로 운동장으로 달려갔다. 나머지 절반은 집에 두고 온 공책과 외투, 도시락을 가져다 달라고 집에 전화하기 위해 교무실로 몰려들었다.

책임 있는 행동은 아이들이 내린 결정의 횟수와 직접적인 연관이 있다. 더 많은 결정을 내릴수록 더 책임감 있는 아이가 된다.

엄마, 저 혼자 하게 해주세요

우리는 종종 아이의 성장을 방해할 때가 있다. 우리는 있어서는 안 될 자리, 즉 아이의 문제 한복판에 몸을 던진다. 아이의 문제를 떠맡는 부모들은 결과적으로는 그 아이에게 큰 해를 끼치는 것이다. 그것은 아이가 책임감을 기를 기회를 빼앗고 보다 무책임한 행동을 조장하는 것과 같다.

우리가 아이에게 줄 수 있는 가장 큰 선물은 자기 문제의 해결책은 자신에게 있음을 알려 주는 것이다. "내가 해결책을 찾을 수 있을 거야"라는 태도를 기른 아이는 살아남을 수 있다. 모든 문제에 대한 최선의 해결책은 문제를 안고 있는 사람의 내면에 있기 때문이다.

아이가 혼자 힘으로 해결할 수 있는 문제를 우리가 대신 해결해 버리면 아이는 결코 만족하지 못한다. 부모의 해결책은 결코 충분치 못하다. 우리가 아이에게 해야 할 일을 말해 주면, 아이는 마음속으로 '저 혼자서도 할 수 있어요'라고 말하고, 우리가 말한 것과 반대로 행동할 때가 많다.

화를 내는 것은 도움이 안 된다. 아이가 교과서를 잃어버리거나 성적이 떨어질 때 화가 나는 것은 당연하다. 그러나 아이가 스스로에게 한 일로 부모가 분통을 터뜨려 봐야 문제만 더 악화될 뿐이다. 그것은 아이에게 일을 그르친 데 대한 실제적·논리적 결과가 어른을 화나게 만든 거라는 메시지만 전해 주기 때문이다. 아이는 자기 잘못의 결과를 통해 교훈을 배우기보다는 맞받아 화를 낸다.

부모가 아이의 문제에 끼어들어 화를 내거나 해결해 주면 아이의 문제는 곧 부모의 문제가 되어 버린다. 그리고 자기 문제가 부모의 관심사가 되었음을 아는 아이는 더 이상 그 문제를 고민하지 않는다. 우리는 대부분 다른 사람이 우리 대신 걱정해 주는 일로 더 이상 걱정하지 않는다.

자기 문제를 직접 다루는 아이는 그 문제를 해결해야 한다는 자극을 받는다. 그 아이는 자기가 아니면 아무도 그 문제를 해결해주지 않는다는 것을 안다. 부모도, 선생님도 자신은 아닌 것이다. 그리고 스스로 문제를 해결할 때 아이는 은연중에 자신에 대해 더욱 만족감을 느끼게 된다.

한|입|정|보

부모가 나서야 할 때

때로는 아이 문제를 부모 문제로 여겨야 할 경우가 있다. 첫째, 아이가 생명이 위험하거나 신체의 일부를 잃음으로써 그 영향이 평생 갈 잘못된 결정을 하려고 할 경우 부모는 그 문제에 개입해야 한다. 둘째, 아이가 자기 문제를 감당할 수 없다는 사실을 아이 자신과 부모가 모두 알 때, 그리고 그 결과가 매우 중대할 때 부모는 그 문제에 개입해야 한다.

예를 들어, 드문 경우이기는 하지만, 부모가 아이의 반을 바꿔달라고 요구해야 할 때가 있다. 이런 일은 아이가 반에 적응하는 데 너무 힘들어 해서 그대로 놔뒀다가는 앞으로의 학교생활이 엉망이 될 수 있고, 아이도 자기가 심각한 상황에 처해 있음을 아는 경우로 한정해야 한다. 부모가 개입하자마자 아이는 "네 힘으로는 하지 못해"라는 메시지를 받기 때문이다. 그러나 부모와 아이 모두 사태의 심각성을 알고 있다면, 그런 메시지가 아이에게 큰 위해를 끼치지는 않는다.

부모가 아이 대신 해결해 주는 문제는 아이 스스로 해결할 수 없는 문제라는 사실을 명심하자. 안나가 통학버스 안에서 겪는 문제 때문에 부모가 아침에 정류장까지 달려가 운전기사와 다른 아이들에게 참견하려 한다면, 안나는 그 문제를 혼자 힘으로 풀어갈 기회를 빼앗기고 자기 힘으로는 그 일을 감당할 수 없다고 믿게 될 것이다. 아이가 문제를 풀어갈 수 있을 가능성이 10퍼센트만 넘어도 부모가 그 문제에 간섭해서는 안 된다.

아이에게는 아이의 문제가, 부모에게는 부모의 문제가 있다

아이들의 문젯거리를 나열하자면 끝이 없다. 지각, 형편없는 성적, 게으름, 나쁜 친구, 컴퓨터 게임, 인터넷, 휴대전화, 텔레비전 에 대한 집착, 술, 이 밖에도 훨씬 많은 문제가 아이들을 기다리고 있다. 이 모든 문제에서 싸움의 당사자는 주로 아이와 다른 아이들, 혹은 아이와 그 자신이다. 이런 문제에 끼어드는 부모들은 눈만 뜨면 그 뒤치다꺼리를 하느라 시간을 다 보내게 된다. 불행히도 그들은 이 모든 전투에 뛰어들어 아이를 구해내는 것이 그 아이에 대한 사랑이라 믿는다.

아이가 자기 문제에 관심이 없어 보여도 부모가 간섭해서는 안 된다. 아이의 게으름은 아이의 문제다. 아이가 숙제를 하지 않거나, 성적이 나쁘거나, 학교에 지각하면 화가 치밀어 오르겠지만, 아이가 그 행동의 결과를 통해 교훈을 배울 수 있도록 기회를 줘야 한다.

그러나 아이의 행동 중에는 절대 지나치면 안 되는 것들도 있다. 부모를 대하는 태도(거친 말투, 말대꾸 등), 집안일을 하는 태도, 음악을 크게 틀어 놓는 일, 사람들 앞에서 버릇없이 구는 일이라면, 그것은 곧 부모의 문제가 되기도 한다. 한마디로, 부모에게 문제가 되는 거라면 아이에게도 문제가 되어야 한다.

아이가 학교에서 말을 함부로 한다면, 선생님이 그 아이를 따끔하게 혼낼 수 있도록 놔두면 된다. 그러나 아이가 부모에게 말을 함부로 한다면, 부모가 직접 가르쳐야 한다.

아이가 늑장을 부리다 학교에 늦더라도 그 문제에 간섭할 필요가 없다. 그러나 아이가 등교 준비에 늑장을 부리다 부모까지 늦게 한다면, 부모가 그 버릇을 고쳐야 한다.

아이의 방이 특별재해지역을 방불케 하더라도 아이가 진창에서 구르도록 내버려두면 된다. 그러나 아이가 집에 들어온 지 1분도 안 돼 거실을 엉망으로 만든다면, 그것은 부모에게도 영향을 미치는 일이므로 그렇게 하지 못하도록 '부모 식으로' 도와줘야 한다.

여기서도 부모는 어른다운 적절한 행동의 본을 보여줘야 한다. 부모는 다른 사람들이 자신에게 해를 끼치도록 방치하지 않음으로써, 아이로 하여금 자신을 보살피게 하고 10대 이후에도 다른 사람들에게 시달리지 않게 할 수 있다.

한 | 입 | 정 | 보

"저런~저런!"

다섯 살배기 재스민이 간식을 달라며 부엌으로 달려온다. 30분 후면 저녁을 먹어야 하기 때문에 엄마는 간식은 나중에 먹자고 한다. 하지만 재스민은 그러기가 싫다. 한참 사정하고 애원하더니 결국은 부엌 한가운데 드러누워 성질을 부린다. 대부분의 부모는 이 시점에서 폭발하지만, 사랑과 원칙이 있는 부모는 지금이 중요 학습 기회임을 알뿐만 아니라 준비도 되어 있다.

"저런~저런!" 엄마는 조용히 흥얼거리듯 말한다. "마음을 가라앉히려면 누구는 혼자만의 시간을 좀 보내야겠네." 재스민이 고개를 들더니 쿵쾅거리던 팔다리가 멈춘다. 재스민은 예전에 이 소리를 들어 본 적이 있고, 다음 순서가 무엇인지도 안다. 엄마는 다정하게 재스민을 번쩍 안아 방으로 가며 "저런~저런" 노래의 6단계를 밟는다.

1단계 | "저런~저런! 방에 혼자 있어야겠네." 생각하는 방으로 빨리 부드럽게 아이를 옮기며 이렇게 노래하듯 말한다. 생각하는 방은 대개 아이의 방이 되겠지만, 아이가 가족과 떨어지는 공간이면 어디든 괜찮다.

2단계 | "편하게 있어. 다시 예쁜 사람 된 다음에 만나"라고 노래하듯 말한다. 화가 났거나 낙담한 것처럼, 혹은 냉소적으로 들리지 않도록 노래하듯이 말하는 게 좋다.

3단계 | "문 닫고 있을래, 아니면 열어 놓을래?" 필요하다면 아이가 방에 머무는 방식을 선택하도록 한다. 그때 아이가 밖으로 나오면 이렇게 말한다. "이런, 닫기로 했구나."

아이가 또다시 밖으로 나오면 또 다른 선택권을 준다. "문만 닫을래, 아니면 잠글래? 네가 결정해." 아이가 또다시 밖으로 나오면 이렇게 말한다. "이런, 잠그기로 했구나"(문은 대부분 밖에서 잠글 수 없으므로 문 위쪽에 수건을 끼워 넣어 문이 열리지 않게 하면 좋다).

이때는 아이의 안전이 가장 중요한 문제이므로 만약의 상황에 대비해 가까이 있어야 하지만, 닫힌 문 사이로 아이와 말을 주고받거나 밖에서 기다리고 있다는 것을 들켜서는 안 된다. 텔레비전을 켜서 아이보다 즐거운 시간을 보내는 것처럼 보이게 할 수도 있다.

4단계 | 아이가 조용해질 때까지 방에 있게 한다. 방 안에서 난리가 난 것 같아도 아이에게 말을 걸지 않는다.

5단계 | 아이가 잠잠해지면 요리용 타이머를 4분이나 5분으로 맞춰 놓는다. 가족들과 같이 있고 싶다는 생각이 들 만한 최소한의 시간을 혼자 보내게 하는 게 중요하다.

6단계 | 아이가 4~5분 동안 조용히 있으면 가족의 품으로 돌아오게 한다. 부모는 이 문제를 아이와 이야기해서도 안 되고 그럴 필요도 없다. 잘못된 행동에 대한 정리가 필요하다면 아이 스스로 할 수 있을 것이다.

부모에게는 아이의 잘못된 행동에 대한 대응 방식이 있어야 하고, 부모의 대응에 일관성이 있을수록 그 방식은 더 빨리 아이에게 배어든다. 이것이 "저런~저런" 노래를 만든 이유다. 이 방식은 화를 내거나 위협하지 않아도 되는, 즉 평화를 깨는 온갖 형태의 공격에 대응할 수 있는 전천후 방식이다. 이때 빈정거리거나 조급한 어조는 완전히 배제하고, 부정적인 감정이 들어갈 틈이 없도록 노래하듯 해야 한다. "저런~저런!" 소리가 들려오면, 방금 한 짓이 무엇이든 엄마 아빠는 그것을 허락하지 않으며 곧 부모가 애정 어린 개입을 해오리라는 것을 걸음마를 떼는 아이조차 금방 깨닫게 될 것이다.

이상적인 사랑과 원칙의 두 가지 규칙

최근 몇 년 간 이상적인 사랑과 원칙의 기술을 정립하기 위해 우리 짐과 포스터는 두 가지 원칙을 지켜왔다. 첫째는 최대한 효과적이어야 한다는 것이고, 둘째는 부모의 감정이 고조되었을 때에도 잊지 않도록 아주 단순해야 한다는 것이다.

지금까지의 내용을 쉽게 실천할 수 있도록 사랑과 원칙의 기술을 두 가지 규칙으로 정리해 보면 다음과 같다.

아이에게 화를 내거나 잔소리하거나 위협하는 대신 확고하면서도 사랑이 담긴 행동 범위를 제시한다.

이 첫번째 규칙에서 가장 중요한 점은, 실천 가능한 제안을 해야 한다는 것이다. 아이를 효과적으로 다루는 방법은 확고하면서도 사랑이 담긴 행동 범위 안에서 선택권을 주는 것이다. 예를 들어 걸음마를 떼는 아이가 부적절한 행동을 보인다면, "저런~저런!" 하고 노래를 부르듯 말하며 아이에게 선택권을 준다. "네가 걸어서 네 방으로 갈래, 아니면 엄마가 방까지 안아다 줄까?" 여기에서의 행동 범위는, 부모 앞에서는 조금 전 같은 행동을 다시 해서는 안 되며 지금은 자기 방으로 가야 한다는 것이다.

부모가 아이에게 어떻게 행동하라고 명령하지 않았음에 주목할 필요가 있다. "지금 당장 그만두지 못해!"와 같은 말은 아이의 실천으로 이어지지 않는다. 이런 말을 해봤자 아이가 듣지 않으면 부모가 다시 한 번 큰 소리를 내야 할 뿐이다. 부모가 그저 "네 방으로 가"라고 말하는 것도 효과가 없기는 마찬가지다. 아이에게 거부할 수 있는 기회를 주기 때문이다. 하지만 부모가 허락할 수 있는 범위 안에서 아이가 선택할 수 있도록 두 가지 방안을 제시하면, 아이가 아무것도 하지 않으려고 할 때 부모가 그중 한 가지를 실행할 수 있다. 그렇게 하면 아이에게도 그 상황을 통제할 권한을 조금 주는 것이고, 부모의 일방적인 결정이 아닌 아이의 결정을 존중할 수 있다.

예를 들어, "네가 걸어서 네 방으로 갈래, 아니면 엄마가 방까지 안아다 줄까?"라고 말해도 아이가 계속 말을 안 듣는다고 가정해 보자. 그러면 부모는 "저런~저런! 엄마가 안아다 주는 게 좋은 모양이구나"라고 말할 수 있다. 부모가 아이를 안아 방에 내려놓은 뒤에는 선택의 강도를 조금 더 올리며 현 상황의 진정한 통제권을 누가 가졌는지 아이가 깨닫게 한다. "자, 네 방에 왔으니 짜증 부리고 싶으면 마음껏 해! 문은 닫아 놓을래, 열어 놓을래?" 그때 아이가 방 밖으로 빠져나가려고 하면 이렇게 말한다. "저런~저런! 문을 닫는 게 좋은 모양이구나!"

물론, 아이들은 대부분 이쯤해서 그만두지 않는다. 닫힌 문은 쉽게 열리는 법이다. 그러므로 부모가 문을 닫은 뒤에 다시 한 가지를 선택하게 해야 한다. "문을 이대로 닫아 놓을까, 아니면 잠가 놓을까? 그리고 네가 다시 착한 아이로 돌아오면 만나자."

우리 집과 포스터는 절대 아이를 방에 가둬놓고 방치하는 행동을 지지하는 것이 아니다. 그런 행동은 아동학대에 해당할 것이다. 하지만 부모가 가까운 곳에서 지켜보고 있다는 전제하에 두어 번 문을 잠그고 나면 아이는 이내 문을 닫아 놓는 쪽을 택하게 될 것이다. 부모가 문을 잠그게 될 경우 반드시 문 근처에 있어야 하고, 아이의 짜증이 가라앉을 때까지 기다렸다가 1~2분 정도 시간을 둔 뒤 문을 열면 된다. 그런 뒤에는 이렇게 말해 주는 것이 좋다. "엄마는 네가 보고 싶었어! 기분이 좀 풀어진 것 같아서 좋네. 이 타이머를 5분 뒤에 울리게 맞춰 놓을게. 계속 이렇게 착하게 행동한다고 약속하면 타이머가 울릴 때 나와서 엄마랑 같이 있어도 좋아."

이런 대화를 몇 번 주고받고 나면 보통은 더 과격한 상황이 발생하지 않는다. 사실, 아이가 이런 방식에 익숙해지면 "저런~저런!"이란 소리만 들어도 다른 말을 할 새도 없이 곧장 자기 방으로 가는 경우도 많다. 아이가 어릴 때부터 실천 가능한 제안을 이용하기 시작하면 좀더 큰 뒤에도 아이 다루기가 훨씬 더 수월해질 것이다.

또 아이에게 선택권을 주는 대신, 자기가 일단 선택한 것은 부모가 꼭 실행에 옮긴다는 사실을 확신시켜야 한다. 몇 차례 정도 잘못된 선택을 하고 나면, 아이는 곧 부모가 두 가지 선택을 모두 허락한다는 점과 선택한 것은 무조건 실행한다는 점을 깨닫게 될 것이다.

반면 당신과 아이 모두 실행하지 않을 것을 뻔히 아는 제안은 경계해야 한다. "얼른 먹어, 안 그러면 너만 여기 두고 간다!" 패스트푸드점에서 이렇게 말하는 부모들을 볼 때마다 1달러씩 모았다면 우리 짐과 포스터는 벌써 부자가 되었을 것이다. 그만큼 부모들은 이런 말을 자주 한다. 하지만 그 말에서 부모가 화가 났음을 바로 느낄 수 있고 부모가 실행할 수 없는 일을 내걸고 있다는 것을 분명히 알 수 있기 때문에 누가 보더라도 이 일의 결정권은 아이 손에 넘어간 것이다. 그리고 아이는 입속에 음식을 넣기보다는 감자튀김으로 장난치는 데에만 점점 더 열을 올리게 될 것이다.

아이가 문제를 일으킬 때 슬픔과 안타까움으로 아이에게 공감을 보인 다음 문제의 결과를 아이의 손에 넘긴다.

"저런~저런!"이란 감탄사는 아이의 행동에 대한 부모의 슬픔과 안타까움을 표현한다. "저런~저런!"은 "아, 그런 선택을 하다니 정말 안타깝구나!"를 다른 식으로 표현한 것이다. 좀더 큰 아이들에게는 "안타깝네. 엄마의 경험상 그건 별로 좋은 선택이 아닌 것 같구나"로 대체할 수 있는 말이다. 아이가 잘못된 결정을 했을 때에도 카운슬러형 부모는 아이를 이해하고 공감하는 마음을 잃지 않고, 한정된 어휘로 같은 말을 몇 번씩 반복하며 아이와 대화한다. 이렇게 하면 아이가 문제를 스스로 해결하는 동안 부모는 언제나 곁에서 사랑으로 지켜볼 것이라는 점과, 아이의 잘못된 결정으로 인한 문제나 결과가 부모의 몫이 아니라는 점을 강조할 수 있다.

이들 규칙과 관련해 꼭 이해하고 넘어가야 할 두 가지 주의 사항이 있다. 첫째 카운슬러형 부모가 되려면, 무엇보다 아이가 말싸움을 하려고 할 때는 상대하지 말아야 한다는 것이다. 이는 아이가 커갈수록 특히 중요하다. 실천 가능한 항목으로 아이의 행동 범위를 정하고, 아이가 실수했을 때 그 마음을 헤아려 주며, 문제는 스스로 해결하도록 다시 아이에게 넘겨 줄 때까지 멋지게 부모 노릇을 해놓고도 결국 아이와의 말싸움에 휘말려 버리면 모든 것이 물거품이 될 수 있다. 그 긴 과정에서 아이가 배울 수 있는 모든 것을 날려 버리는 것이다. 부모는 아이 문제에 들어와도, 나가도, 혹은 갑자기 사라져도 괜찮지만, 절대로 거기서 폭발해서는 안 된다.

아이와 이야기하다가 폭발해 버린 경험이 있는 부모에게 가장 해주고 싶은 충고는, 머리를 텅 비우고 계속 같은 말만 되풀이하라는 것이다. 가장 적절한 말들은 다음과 같다. "너를 너무 사랑하기 때문에 너랑 말다툼하기가 싫어," "나도 알아," "그건 아니야!" 그러면 대화가 이런 식으로 이어질 것이다.

아이 | 하지만 아빠, 이건 정말 불공평해요.
아빠 | 아빠도 알아.
아이 | 내 친구 중에 이렇게 해야 하는 애는 하나도 없단 말예요!
아빠 | 아빠도 알아.

아이 | 정말 그렇게 생각하신다면 아빠는 저를 사랑하지 않는 게 분명해요.

아빠 | 그건 아니야! 무슨 일이 있어도 아빠가 널 사랑한다는 건 너도 잘 알면서.

아이 | 아휴! 아빠랑 말이 안 통해요! 아빤 너무 구닥다리예요! 내 친구 부모님 중엔 아빠 같은 사람은 하나도 없어요.

아빠 | 이런 아빠가 진짜 짜증 날 때도 있겠지. 하지만 아빠는 너를 너무 사랑하기 때문에 너랑 말다툼하기 싫어. 우리 둘 다 감정이 좀 가라앉으면 그때 다시 이야기하자.

둘째, 때로는 결론을 조금 미루어도 괜찮다는 것이다. 혹은 이렇게 말해도 괜찮다. "저런! 엄마 도움이 필요하겠구나. 하지만 지금은 안 돼. 지금은 좀 바쁘거든. 조금 이따 함께 이야기해 보자. 너무 걱정하지 마." 운전 중이라 그 순간 아무것도 해줄 수 없을 때, 다른 사람들과 함께 있을 때, 혹은 정말로 어떻게 해야 할지 아무 생각이 나지 않을 때에는 일단 이렇게 말하는 것이 좋다. 조금 시간을 갖고 친구나 선생님에게 전화를 걸어 아이에게 어떻게 대답해야 할지 상의해도 좋다.

시간이 지나면 효과가 떨어지기 때문에 아이에게는 그 즉시 반응해야 하는 것으로 알고 있는 사람들이 많다. 하지만 세 살짜리도 일주일 전에 장난감을 사주겠다고 한 약속을 기억한다. 그러니 걱정할 필요 없다. 당신의 아이도 기억력이 좋다. 시간을 갖는 동안 아이가 스스로 해결책을 찾아낼 수도 있고, 당신에게 훌륭한 결론이 번뜩 떠오를 수도 있다.

가장 중요한 것은, 일단 아이 손에 문제를 맡겨 놓고 당신은 자기 할 일을 하는 모습을 보이라는 것이다. 그러면 아이가 잘못을 하고도 무사히 넘어갔다고 생각하고 있을 때 찾아온 결과는 그 의미가 더 클 것이다. 그때의 결과는 당신이 시간을 두고 고심한 끝에 찾은 것이기 때문이다.

한 | 입 | 정 | 보

아이는 생각보다 많은 일을 할 수 있다

"스너글스 어딨어요?" 여덟 살 에밀리의 절박한 목소리에는 걱정이 가득했다. 에밀리는 학교에서 돌아오면 자기를 반겨 주던 스너글스의 반가운 소리를 듣지 못했다. 집 안 어디에서도 에밀리의 개는 보이지 않았다.

"스너글스는 베티네 집에서 키우기로 했다." 에밀리의 엄마가 대답했다.

"베티 집에요?" 에밀리가 물었다.

"그래. 하지만 나쁜 소식과 좋은 소식이 있어. 나쁜 소식은 베티가 벌써 스너글스를 좋아하게 되어 되돌려주고 싶어하지 않을 수도 있다는 거야. 좋은 소식은 스너글스를 다시 데려올지 우리가 결정할 수 있도록 베티가 3일 시간을 주었다는 거고."

에밀리가 소리쳤다. "스너글스가 왜 베티네 집에 있어요?"

"엄마는 스너글스의 앙상한 갈비뼈에 진저리가 났어. 제대로 보살피지 않아 말라빠진데다 영양실조까지 걸린 개를 보고 있기가 힘들어. 배고파 우는 소리도 거슬리고. 그래서 스너글스에게 새집이 필요하다고 생각했지."

에밀리가 더듬거리며 말했다. "하 – 하 – 하지만, 스너글스를 다시 데려오려면 어떻게 해야죠? 엄마가 절 베티네 집에 데려다 주실래요?"

엄마가 단호하게 말했다. "말도 안 돼. 엄마는 개를 그곳에 갖다 줬어. 내가 그놈을 다시 데려와야 한단 말이니?"

그래서 에밀리는 출근길에 베티네 집을 지나가는 이웃사람에게 전화를 걸었다(아이들은 절박한 상황이 되면 상당히 많은 일을 할 수 있다). 엄마는 이미 그 이웃에게 전화를 걸어 상황 설명을 해둔 터였다.

이웃사람이 말했다. "그래, 출근길에 널 그곳에 데려다 줄게. 그리고 퇴근하는 길에 들러 너와 스너글스를 집까지 태워 줄게. 베티에게 전화를 걸어 그곳에서 한나절 정도 시간을 보내도 되는지 물어 보렴."

"예, 그럴게요. 그럴게요." 에밀리가 신나서 대답했다.

스너글스는 이후 에밀리네 집에서 안전하고 행복하게 지내고 있다. 에밀리는 스너글스를 사랑하고 잘 보살피며 잘 먹이고 있다. 에밀리는 책임감에 대한 중요한 교훈을 배운 것이다.

나포스터는 이런 방법이 너무 가혹한 것은 아닌가 생각하기도 한다. 이러다 자칫 애완동물을 영영 되찾지 못할 수도 있기 때문이다. 그러나 삶의 결과는 가혹하다. 아이가 그런 교훈을 개를 통해 배울 것인가, 아니면 자기 자신을 통해 배울 것인가? 문제는 이것이다.

문제, 문제, 누구의 문제일까

불행히도 아이의 문제와 우리의 문제는 생각만큼 그렇게 산뜻하게 나누어 떨어지지 않는다. 그 둘의 경계선은 우리의 우유부단함과 죄책감, 불안감, 어린 시절의 권위주의적 교육 때문에 모호해질 때가 많다. 우리가 죄책감이나 우유부단함 때문에 아이의 문제에 개입한다면, 그것은 아이의 필요를 채워 준다기보다는 우리 자신의 기분대로 행동하는 것이다. 아이들은 우리가 자신의 기분을 이해해 주기를 바라지, 우리 자신의 격한 감정을 풀기 위해 내놓는 해결책을 바라지 않는다.

물론, 쉬운 일은 아니다. 죄책감이 우리를 귀찮게 하고 불안감이 우리를 죽도록 괴롭힌다. 아들이 학교에서 왕따를 당한다면 친구들이 어떻게 생각할까? 아이를 사랑하는 부모가 어떻게 멀찍이 서서 아이가 번번이 실수하는 모습을 지켜보고만 있을 수 있을까? 우리가 아이의 문제에 개입하는 것은 이기적인 사랑의 전형적인 모습이다. 우리는 한 차원 높은 사랑을 줘야 한다. 그것은 아이가 스스로 배울 수 있게 물러나 줄 때 저절로 드러나는 사랑이다.

부엌 창가에 서 있던 로빈은 아들 조시가 동네아이 파커를 주먹으로 치는 광경을 본다. 파커는 다친 곳은 없지만 울면서 집으로 달아난다. 이것은 명백한 아이의 문제가 아닌가? 물론, 그렇다. 로빈이 자신의 기분대로 반응한다면, 그녀는 조시가 책임감을 키울 기회를 빼앗을 수 있다. 만일 로빈이 '사람들이 뭐라고 생각할까?' 하는 식의 당혹한 반응을 보인다면, 조시는 이런 메시지를 받게 된다. '엄마는 내 기분에는 관심이 없어. 엄마는 다른 사람들의 생각에만 관심이 있는 거야." 만일 로빈이 화를 내며 권위적으로 "그러지 마! 파커에게 사과해!"라고 말한다면, 조시는 반항할 것이다. 아이에게 자기 방식을 강요하는 부모는 아이가 자기 뜻대로 하려고 기를 쓰는 모습만 보게 된다. 또 만일 로빈이 어쩔 수 없다는 듯 손을 들며 "내가 널 어떻게 해야겠니?"라고 말한다면, 아이의 문제를 떠안는 꼴이 된다. 조시는 속으로 이렇게 생각할 것이다. '전 몰라요, 엄마가 알아서 해야죠.'

이런 예상 반응들은 모두 로빈의 기분에 달려 있고, 하나같이 조시가 자기 문제를 다룰 기회를 주지 않는다. 로빈이 조시에게 초점을 맞춘다면 상황은 좀더 나아질 것이다. 로빈은 아무 말도 하지 않거나, 조시가 그 문제로 이야기하고 싶어할 때 귀를 기울여 줄 수 있을 것이다. 하지만 너무 속이 상해 뭐라고 불만을 표시해야 한다면 이렇게 말할 수 있다. "조시, 엄마는 네가 파커를 때리는 걸 봤다. 네가 잘했다고 생각하니? 파커의 기분은 어떨거 같니? 다음번에는 네가 좀더 나은 방법을 찾았으면 좋겠구나." 이런 식의 말은 문제 해결의 부담뿐만 아니라 다음번 반응에 대한 책임도 조시의 어깨에 지워 주는 것이다.

파커의 엄마인 켈리가 손톱을 물어뜯으면서 찾아온다면 로빈은 어떻게 해야 할까? 어떻게 이 일을 조시의 문제로 남길 수 있을까? 상대 아이의 부모가 찾아오는 일이 생긴다면, 로빈으로서는 이렇게 말하는 것이 최선일 것이다. "파커 어머니, 속상하신 거 이해합니다. 제 아들이 맞았다면 저도 속상했을 거예요. 조시에게 파커 어머니의 기분이 어떤지 말해 주시면 좋을 거 같아요. 제가 조시를 불러올 테니 지금 말씀해 주세요."

로빈은, 아들이 집 밖에서 하는 행동은 통제할 수 없다는 점을 강조해야 한다. 또 파커가 화가 나서 조시를 때려주고 싶어한다고 해도 이해해야 한다. 로빈은 파커가 조시를 때리려 할 수 있다는 사실과 그런 결과에 대해 조시가 곰곰이 생각해 보게 하겠노라고 켈리에게 말해야 한다. 이 사건에서 로빈은 켈리가 조시의 문제에 끼어들어 파커를 챙기는 것이 아들을 돕는 일이 아님을 알아야 한다. 그리고 조시의 행동으로 인해 이웃사람들이 불쾌해 했고 앞으로는 그런 행동을 그냥 넘기지 않을 거라고 아이에게 분명히 말해줘야 한다.

아이가 자기 문제를 스스로 해결할 수 있게 하려면, 경험을 통해 다른 사람을 때리면 평판이 나빠진다는 사실을 알아가고 그로 인해 행동이 달라질 거라는 믿음이 있어야 한다.

다시 한 번 말하지만, 모든 문제에 대한 최선의 해결책은 문제를 안고 있는 그 사람의 내면에 있다.

생각을 부르는 말로
행동 범위를 제한하라

아이에게 명령을 피하고 아이 문제에 부모 자신의 해결책을 강요해서는 안 된다고 해서 아이의 잘못된 행동까지 허용하라는 뜻은 아니다. 아이의 잘못된 행동을 가볍게 봐서는 안 된다.

현명한 부모는 아이가 말썽을 일으키는 것을 허용하고, 그 잘못을 통해 배우는 교훈을 말로 설명하지 않는다. 이들은 서둘러 잔소리하지 않으며, 아이가 무엇을 배워야 하는지 설명하지 않는다. 부모가 아이를 이끌어 줄 수는 있지만, 생각은 아이 스스로 해야 한다.

스스로 생각하는 일은 빨리 시작할수록 좋다. 아이가 품에서 떠나갈 때 부모는, 아이가 생각을 잘해서 일상의 골칫거리와 인생의 보다 큰 문제들을 유능하고 현명하게 처리할 수 있기를 바란다.

그렇다면 아이에게 이런저런 명령을 하지 않으면서도 어떻게 행동 범위를 제한할 수 있을까? 행동 범위의 설정은 사랑과 원칙의 기술의 핵심 요소다. 아이에게는 안전망이 필요하고 그 안에서 중요한 결정들을 내릴 수 있어야 한다. 아이는 자신의 행동 범위를 알아야 한다.

아이에게는 튼튼한 안전벽이 필요하다

칠흑같이 깜깜하고 낯선 곳에 놓인 의자 위로 툭 떨어졌다고 생각해 보자. 바로 코앞의 손도 보이지 않는다. 안전한 곳은 의자뿐이다. 자기가 있는 곳이 절벽 위인지, 동굴 속인지, 방 안인지 도무지 알 수가 없다. 마침내 간신히 용기를 내어 의자에서 내려와 주위를 더듬어 본다. 사면이 단단한 벽임을 알게 된다. 천만다행! 이제 벼랑으로 떨어질 염려는 없다. 좀더 안전해진 느낌을 받으며 나머지 공간을 탐색하기 시작한다. 그러나 벽을 더듬는 도중에 벽이 무너져 내린다면 어떻게 될까? 후다닥 안전한 의자로 되돌아갈 것이다. 그리고 거기서 꼼짝 않고 머물 것이다. 의자 밖이 위험천만한 미지의 세계로 보일 것이다.

갓난아기에게는 세상이 그런 곳이다. 아기는 안락하고 편안하고 친숙한 자궁 속에 있다가 전혀 알지 못하는 낯선 세계로 툭 튀어나왔다. 세상은 어두운 방과 같다. 아기는 행동 범위를 파악하기 위해 뽈뽈 기어다닌다. 아기는 자기가 무엇을 할 수 있고 무엇을 할 수 없는지를 알 때 비로소 안심한다.

　유아 때부터 우리는 아이에게 일정한 선을 긋고 행동 범위를 정해 준다. 어린아이가 먹는 것으로 장난을 쳐도 그냥 보고 있을 것인가? 아이가 화가 난다고 엄마를 때려도 그냥 놔둘 것인가? 아이 때문에 장보러 가는 길이 고난의 가시밭길이 되어도 그대로 방치할 것인가? 부모 중에는 아이를 위해 확고한 행동 범위를 정함으로써 안전한 벽을 세워 주는 이가 있는가 하면, 행동 범위를 정해주지 않거나 그것을 정해 놓고도 쉽게 허물어 버려 아이를 불안하고 두렵게 만드는 이도 있다.

　나포스터는 동전을 삼키는 아들 때문에 고민하는 젊은 엄마를 상담한 적이 있다. 그 아이는 걸어다니는 자판기였다. 아이가 동전을 삼키기 시작하면 엄마는 사모아의 진주조개잡이 잠수부처럼 아이 입에서 동전을 끄집어내려고 했다. "그러지 말라고 야단을 쳐도 도대체 말을 듣지 않아요. 어떡해야 하나요?" 아이 엄마가 우는 소리를 했다.

　대화 도중에 나는 그들이 혼잡한 대로변에 살고 있음을 알게 되었다. 그래서 아이 엄마에게 물었다. "아이가 도로로 뛰쳐나가기도 하나요?"

　아이 엄마가 말했다. "물론, 그러지는 않죠, 거기에 대해선 제가 단호하거든요."

　한 가지 행동 범위는 느슨했고, 다른 하나는 확고했다. 아이는 도로에서 놀면 절대 안 된다는 사실을 알았다. 그러나 동전을 삼키는 행동에 대한 엄마의 느슨한 반응은 실컷 먹으라는 말과 크게 다르지 않았다.

아이는 강인한 부모, 자기에게 정해 준 행동 범위를 확고하게 유지하는 부모와 함께 있을 때 가장 안전함을 느낀다. 아이는 어른들이 스스로 정한 경계를 고수하지 못할 때 그들에 대한 존경을 잃어버린다. 또 나쁜 짓을 하고도 슬쩍 넘어가게 되면 그 아이는 망나니가 된다.

부모가 사랑으로 부여한 행동 범위 안에서 생활할 수 있는 운 좋은 아이는, 자기 감정을 잘 조절할 수 있을 뿐만 아니라 다른 사람들과 만족한 관계를 형성할 수 있다. 그런 경계들이 있을 때 아이는 자신감을 얻을 수 있다. 그 결과 배우는 데 잘 집중하고, 딴짓 하는 데 시간을 덜 허비하며, 책임감 있는 어른으로 자라게 된다. 부모가 확고한 행동 범위를 정해주지 않으면 아이의 자존감은 낮아진다. 그리고 자존감이 낮은 아이는 그에 따라 행동한다.

아이는 외부의 목소리보다 내면의 목소리를 통해 배운다

많은 부모가 행동 범위를 정하는 일을 무조건 명령을 하고, 엄하고 화난 목소리로 호통을 치는 것쯤으로 생각한다. 그들은 아이에게 무언가 말할 때마다 아이에게 행동 범위를 정해 주는 것이고, 목소리가 커질수록 그 경계는 더 분명해진다고 생각한다. 명

한 | 입 | 정 | 보

잘못된 행동을 덮어 주기 바쁜 부모

캐서린과 제레미 두 사람 다 아이들과 문제가 많지만, 캐서린은 자신이 더 아이들과 충돌이 잦음을 인정한다. 캐서린은 "저는 아이들과 늘 붙어 있기 때문이에요"라고 해명한다.

놀라운 점은 제레미도 이 말에 동의한다는 것이다. "맞아요. 아이들이 제 말은 잘 들어요. 캐서린은 늘 아이들이랑 붙어 있거든요."

만약 통제가 불가능한 3학년 어느 반의 교사가 이렇게 말한다면 캐서린은 납득할 수 있을까? "그래요, 우리 반이 정말 엉망이죠. 하지만 한 학기 내내 붙어 있었다고요!"

부모의 죄책감은 우리가 깨닫는 것보다 훨씬 크게 작용하고 있는지도 모른다. 그 죄책감은 아이의 잘못된 행동을 덮어주려고 한다. "내가 더 좋은 부모였다면, 애들이 이렇게 행동하진 않을 텐데," "우리가 이혼하지 않았더라면, 애들이 저렇게 애를 먹이진 않을 텐데," 혹은 "엄마가 직장 때문에 아이 곁에 있어주지 못하니 애가 저렇게 통제가 안 되는 것도 당연하지. 맞벌이 부모를 만난 애가 딱해." 아이가 어떤 대우를 받았든 무책임하고 파괴적인 행동의 구실이 될 수는 없다. 그렇게 아이를 감싸다 보면 터무니없이 극단적인 지경까지 갈 수도 있다. "그 소년들이 소외당하지도, 다른 아이들의 놀림감이 되지도 않았다면 학교에서 총을 난사하진 않았을 거야."

사랑과 원칙이 있는 부모는 전혀 다른 메시지를 보낸다. "정말 힘든 때도 있지만, 거기서 배울 기회를 얻는 거야. 너라면 어려움을 이겨낼 수 있을 거야. 네가 자랑스럽지 않니?" 사랑과 원칙이 있는 싱글워킹맘은 죄책감을 느끼지도, 사과하지도 않는다. 엄마가 일을 하는 덕분에 아이들을 양육할 수 있기 때문이다. "엄마가 뒷바라지해 줄 수 있으니 너희는 정말 운이 좋아. 너희에게 엄마가 있다는 게 행운이고, 엄마에게도 너희가 있다는 게 행운이야. 그리고 너희가 엄마를 많이 도와줄 거라 믿고 있단다. 고맙다, 얘들아!"

령을 함으로써 원하는 결과를 얻을 수도 있겠지만, 그들은 아이에게 싸움을 거는 동시에 큰 피해를 입히고 있는 것이다.

반면 사랑과 원칙이 있는 부모는 아이와 대화하는 방식이 다르다. 이들은 언제나 질문을 한다. 이들은 언제나 선택권을 준다. 이들은 이런저런 명령을 하지 않고, 아이에게 결정의 부담을 지운다. 또 아이가 자람에 따라 어디까지 제한할지 직접 말로 표현하지 않고, 선택권을 줌으로써 아이 스스로 깨닫게 한다.

사랑과 원칙이 있는 부모는 툭하면 명령하는 부모만큼이나 존경과 순종을 강조한다. 그러나 이들은 아이에게 접근하는 방식이 다르다. 툭하면 명령하는 부모는 '싸움을 거는 말'을 하지만, 이들은 '생각을 부르는 말'을 사용한다.

질문 형태의 생각을 부르는 말은 사랑과 원칙의 기술의 열쇠다. 이것은 생각하고 결정을 내릴 책임을 아이에게 지운다. 이것은 부모가 바라는 대로 아이가 생각할 수 있도록 도와준다. 그것도 아주 깊이!

아이는 남에게 듣는 말보다는 자기 목소리를 통해 더 잘 배운다. 부모가 시키는 대로 아이가 순종하더라도, 그저 부모의 명령 때문이라면 그리 바람직하지 않다. 아이는 자기 머릿속에서 흘러나오는 음성을 믿는다. 아이가 어떤 일을 선택할 때 스스로 생각하고 내린 결정에서 얻는 교훈은 뇌리에 박히게 된다.

그러므로 우리는 어릴 때부터 아이에게 언제나 생각을 부르는 말로 물어야 한다. "외투를 입고 갈래, 들고 갈래?" "부츠를 여기서 신을래, 차에서 신을래?" "텔레비전 앞에서 조용히 놀래, 아니면 네 방에 가서 편하게 놀래?"

"당장 외투 안 입어!" "엄마가 부츠 신으라고 했지! 밖에 눈 오잖아." "아빠 축구 경기 좀 보게 조용히 안 하니!" 사랑과 원칙이 있는 부모는 이처럼 싸움을 거는 말을 쓰지 않는다.

생각을 부르는 말과 싸움을 거는 말의 차이는 미묘할 수 있다. 결국 두 말이 전달하는 의미는 똑같기 때문이다. 그러나 아이는 대개 그 두 말에 서로 다른 반응을 보인다. 아이는 명령에 맞서 싸운다. 명령 안에 협박이 들어 있다고 여기기 때문이다. 부모가 아이에게 무언가 하라고 하면 아이는 그 말을 상황을 통제하기 위한 시도로 받아들인다. 언제든 부모가 통제권을 더 뺏어 가면 아이는 그만큼 통제권을 잃게 된다는 뜻이다. 아이는 그런 상황을 막기 위해 안간힘을 쓴다.

한 | 입 | 정 | 보

싸움을 거는 말 vs 생각을 부르는 말

실천 가능한 말의 또 다른 특징은 아이에게 스스로 생각해 볼 기회를 준다는 것이다. 싸움을 거는 말과 생각을 부르는 말의 차이를 살펴보자.

아이가 부모에게 소리를 지르며 버릇없이 말할 때
싸움을 거는 말: "엄마한테 그렇게 버릇없이 소리 지르지 마!"
생각을 부르는 말: "속이 많이 상했구나. 네가 엄마처럼 부드럽게 말할 수 있을 때 네 이야기를 들어줄게."

아이가 숙제를 안 하고 꾸물거릴 때
싸움을 거는 말: "빨리 숙제 안 해!"
생각을 부르는 말: "숙제 끝나면 얼마든지 같이 텔레비전을 봐도 좋아."

두 아이가 싸우고 있을 때
싸움을 거는 말: "서로 잘 대해 줘야지. 그만 싸우지 못해!"
생각을 부르는 말: "너희 둘 화해하는 대로 집에 들어오렴."

아이가 맡은 일을 하지 않을 때
싸움을 거는 말: "당장 방청소 안 해!"
생각을 부르는 말: "방청소 마치면 축구장에 데려다줄게."

위협은
악순환을 부른다

우리는 명령과 위협을 퍼부어 아이의 행동을 제한하고 싶은 강한 유혹을 느낀다. 그 이유는 간단하다. 첫째, 아이에게 우는 소리를 하거나 간청하고 애걸할 때와는 달리 위협을 하면 무기력한 느낌이 들지 않고, 둘째 위협이 통할 때도 있기 때문이다.

새내기 교사 시절, 짐은 학생들을 공부시킬 요량으로 툭하면 위협을 했다. 한 학생에게 "그거 안 끝내면 점심 못 먹을 줄 알아"라고 말했더니 그 아이의 연필이 즉시 번개처럼 움직였다. 또 다른 아이에게 같은 말을 했더니 그 아이는 이렇게 말했다. "안 먹고 말래요." 위협이 통하는 아이가 있고 통하지 않는 아이가 있다. 시킨 대로 하는 아이라도 명령을 한 사람에게 화가 난다. 맡은 일을 대충 할 수도 있다. 그것은 명령을 한 사람이 빼앗아 간 통제권을 얼마간 되찾기 위한 시위성 행동이다. 어느 경우든 아이는 어른이 정한 행동 범위를 어기고 있는 것이다.

1970년대에 사랑과 원칙에 대한 연구를 시작하게 된 실제 동기는, 우리 동네 10대들이 일으킨 사건에서 비롯되었다. 여자아이 둘이 상점에서 물건을 훔치다 붙잡혔고, 두 아이의 부모들은 아이들에게 똑같은 벌을 내렸다. 하지만 결과는 천지차이였다. 한 아이는 부모가 자기에게 심하게 대한다고만 생각했고, 다른 아이는 부모가 자기를 도우려고 애쓴다고 생각했다. 그 차이가 무엇일까 생각했지만 알 수 없었다. 그러다 순간 깨달았다. 만약 그 차이를 알아내어 다른 부모들과 공유할 수 있다면 이 세상의 모든 부모와 아이의 삶이 한층 더 나아질 거라고. 그후 몇 년 간 그 답을 찾아 헤맸지만 책이나 세미나에서는 답을 얻지 못했다. 결국 우리 집과 포스터는 효과적으로 부모 노릇을 하는 사람들을 직접 만나보고 그들이 어떻게 했는지를 분석한 후에야 해답을 얻을 수 있었다. 그런 뒤에 그 방식을 설명할 수 있는 심리학을 연구했다. 그 연구 결과를 앞서 설명한 사랑과 원칙의 두 가지 규칙으로 정리했고, 생각을 부르는 말과 실천 가능한 선택권을 주는 것으로 출발점을 삼았다.

한 | 입 | 정 | 보

여기에서 얌전히 먹을래, 바닥에서 놀래?

세 살배기 루카스와 함께하는 저녁식사 시간. 그날 있었던 일과 어린 개구쟁이가 어떤 말을 새로 배우고 어떤 경험을 했는지 듣는다. 가족 간의 사랑과 유대가 깊어지는 가슴 따뜻한 장면 아닌가? 엄마 아빠의 입장에서는 그렇다. 그러나 루카스의 생각은 다르다.

우선 루카스가 빵조각을 아빠의 수프 그릇으로 던지는 바람에 아빠의 크리스마스 넥타이에 수프가 튄다. 그 다음 꼬마는 접시에 얇게 썰어 놓은 비엔나소시지를 두들겨댄다. 이어서 높은 의자 뒤로 넘어가 보려고 발돋움을 한다. 안전컵의 뚜껑이 벗겨지면서 강아지가 우유 세례를 받는다. 간간이 요란한 비명이 이어진다.

엄마 아빠는 고민이다. 식탁에서의 그런 행동은 용납할 수 없음을 이 아이에게 분명히 알려줘야 한다. 행동 범위를 정해야 하는 것이다. 그들은 아이의 고사리 같은 손을 때려 주고 그 작은 어깨를 붙잡고 눈을 똑바로 들여다보며 이렇게 말할 수 있다. "루카스, 의자에 앉아 얌전히 먹을래, 아니면 바닥에 내려가서 놀래?" 바닥에서 '얌전히 놀라'는 게 아니다. 부모로서는 아이가 얌전히 먹게 할 수는 있지만 바닥에서 얌전히 놀게 할 수는 없다. 하나는 부모의 통제권 안의 일이고, 다른 하나는 통제권 밖의 일이다.

어느 쪽을 택할 것인가. 싸움을 거는 말로 엄마 아빠가 다 해놓은 생각을 제시하면, 식사는 엉망이 된다. 반면 생각을 부르는 말로 그들이 아이에게 생각할 기회를 주면, 질서는 회복된다. 부모는 스스로를 돌봄으로써 행복해지는 법을 아이에게 보여 주고, 아이는 행복해지는 쪽을 택할 수 있다.

루카스가 바닥을 선택한다면 아침식사 때까지 길고 배고픈 시간을 견뎌야 한다는 것을 금방 깨닫게 될 것이다. 하지만 이 경우 아이들은 할 수 있는 한 그 밤을 고통스럽게 만들 것이다. 조금 큰 아이들은 배고프다며 밤새 징징댈 것이고, 그보다 어린 아이들은 밤새 울어대며 부모를 못 자게 할 것이다. 현명한 부모는 연민을 보이면서도 자기 입장을 고수할 뿐, 아이가 아무리 자극해도 좌절감은 보이지 않는다.

그런가 하면 한 시간쯤 지나 루카스가 일찍 잘못을 깨닫고 얌전히 먹을 자세가 되어 있을 수도 있다. 어느 쪽이든 "곁에 두기 힘든 사람이 되면 어디서든 밥을 얻어먹기 힘들어진다!"라는 행복한 어른들의 상식을 배울 필요가 있다. 이 모든 것이 분노나 위협, 싸움을 거는 말 없이도 이루어졌다.

소극적 공격 행동 | 아이들은 하기 싫은 일을 하게 하면 종종 소극적 공격 행동으로 반응한다. 아이는 자기가 명령에 따라야 하고, 그렇지 않으면 처벌을 받는다는 사실을 안다. 아이는 부모가 느끼지 못할 만큼 아주 미묘하게 부모에게 상처를 입히는 식으로 자기의 분노를 표출한다. 그러나 그 상처는 아주 따끔해서 부모가 아이에게 다시 그 일을 시킬 때 주저하게 만든다.

베카는 설거지 담당이다. 그런데 베카는 설거지를 치과에서 치아에 구멍을 뚫는 것만큼이나 싫어했다. 그 애는 설거지를 피해 보려고 온갖 잔꾀를 부렸다. 설거지를 계속 미루다 자야 할 시간이 지나는 경우도 있었다. 그럴 때면 베카는 갑자기 정색을 하고 하루 여덟 시간을 꼭 자야만 건강을 유지할 수 있다고 말했다. "제겐 잠이 필요하다고 늘 말씀하시잖아요. 설거지는 아침에 일어나서 할게요." 물론, 아침이 되면 늑장을 부리는 바람에 통학버스를 타러 달려나가야 했다. 그릇들은 지저분한 채로 싱크대에 놓여 있었다. 결국 냄새 때문에 엄마가 설거지를 했다.

그러나 어느 날 엄마는 단호하게 나가기로 마음먹고 베카에게 말했다. "지금 당장 씻도록 해! 그릇을 싱크대에 쌓아둔 채 텔레비전이나 보며 빈둥거리는 네 모습을 더는 못 봐 주겠구나."

베카는 이렇게 대답했다. "알았어요. 할게요." 그 애는 싱크대로 가서 너무나 힘차게 설거지를 하다가 '우연히' 엄마가 가장 아끼는 컵을 하나 떨어뜨렸다. 컵은 바닥에 떨어져 산산조각이 났다. 주방으로 달려오는 엄마를 보고 베카가 말했다. "어머, 미안해요, 엄마. 열심히 하느라 그랬어요. 잘하고 싶었거든요." 엄마는 난처했다. 열심히 하려는 딸을 어떻게 나무랄 수 있겠는가?

베카의 소극적 공격 행동은 엄마에게 중요한 메시지를 전해주었다. "다시 설거지를 시키려면 잘 생각해야 할 거예요." 엄마는 '이게 다 무슨 소용이람? 차라리 내가 하는 게 더 속편하지'라고 생각할 수 있다.

소극적 반항 행동 | 아이들이 부모의 명령에 소극적으로 반항할 때는 자기의 분노를 말없이 표현한다. 반항은 아이의 말이 아니라 행동 속에 담겨 있다. 부모가 아이에게 무언가 지시할 때마다 아이는 깜빡 했다고 하거나 즉각 순종하지 않고 꾸물거린다.

선생님이 브랜든에게 말했다. "복도를 따라 네 교실로 들어가거라. 지금 당장." 브랜든은 복도를 따라 갔지만 지독히 늑장을 부렸다.

선생님이 말했다. "서둘러라, 브랜든."

브랜든이 대답했다. "알았어요, 가고 있어요. 시키신 대로 하고 있는데 왜 만날 저만 갖고 그러세요? 왜 늘 저를 못살게 구세요?" 브랜든은 상황의 통제권을 조금이라도 되찾으려 하고 있었다. 싸우고 있었던 것이다. 그 아이의 속을 들여다보자. '간다고. 하지만 선생님 방식이 아니라 내 방식대로 갈 거야.'

부모가 만성적인 좌절감을 맛보고 있다면 아이가 소극적 반항을 한다는 확실한 증거다. 물론, 좌절하는 부모가 모두 소극적 반항을 하는 아이를 둔 것은 아니겠지만, 그런 아이의 부모는 누구든 좌절할 수밖에 없다.

대들게 하지 말고 생각하게 하라

싸움을 거는 말은 반항을 불러온다. 부모가 싸움을 거는 말을 쓸 때 아이는 부모가 정한 행동 범위에 도전하게 된다. 싸움을 거는 말에는 다음의 세 가지 유형이 있다.

- 아이에게 어떤 일을 시킬 때 : "당장 네 운동화 빨아."
- 아이에게 무언가 허용하지 않겠다고 말할 때 : "엄마한테 그런 식으로 말하면 안 돼!"
- 아이에게 무언가 허락하지 않겠다고 말할 때 : "네 방 청소할 때까지 집에서 못 나갈 줄 알아."

싸움을 거는 말로 명령을 하는 것은 아이에게 싸움을 거는 일이고, 그것은 대개 부모에게 승산이 없는 싸움이다. 그런 골치 아픈 일을 겪느니 아이가 대들 수 없는 말을 쓰는 게 좋지 않을까? 명령을 피하는 것은 어떨까? 아이와 싸우지 않을 때 부모는 훨씬 효과적으로 행동 범위를 정할 수 있다. 아이가 생각하는 동안에는 부모와 싸우지 못한다는 것이 임상학적으로 입증되었다.

사랑과 원칙이 있는 부모는 아이에게 생각을 부르는 말을 사용한다.

- 부모가 무엇을 허용할 때 : "운동화 다 빨고 나면 언제든지 와서 함께 식사하도록 해라."
- 부모가 무엇을 해줄 때 : "네가 샤워 마치는 대로 이야기책 읽어 줄게."
- 부모가 무엇을 제공할 때 : "차려 놓은 음식을 먹든지, 아니면 다음 식사 때까지 기다리렴."

아이들은 이런 식의 말에는 대들 여지가 없어진다. 주어진 선택 사항과 각각의 선택에 따른 결과들을 생각하느라 머리가 바빠지기 때문이다.

부모가 생각을 부르는 말을 쓰면 아이에게 이런저런 명령을 하지 않고도 아이의 행동을 통제할 수 있다. 예를 들어, 다음 식사 시간 전까지 아이가 자기 운동화를 빨아놓게 하려면 선택의 여지를 줌으로써 행동 범위를 정할 수 있다. 운동화를 빨고 식사를 하거나, 운동화도 빨지 않고 식사도 하지 않거나.

물론 그런 선택권을 주면, 아이는 이렇게 말할 것이다. "그런 법이 어딨어요! 왜 제가 둘 중 하나를 골라야 해요?" 정답은 우리의 선택이 '실생활'에서 늘 통하는 것이어야 한다는 사실에 있다(여기에 대해서는 다음 장에서 좀더 자세히 살펴볼 것이다). 아이에게 사랑을 담아 이렇게 말해 보자. "왜냐하면 아빠도 세상에

한 | 입 | 정 | 보

아이에게 싸움을 거는 말 "안 돼"

부모의 명령 창고에 있는 말 중 싸움을 부르는 가장 강력한 말은 "안 돼"다. 아이에게 이 말은 무장하라는 신호요, 경고사격이다. 아이들은 이 말을 너무 자주 듣는다. 세 살배기를 둔 부모가 아기에게 하는 말 중에도 어떤 형태로든 안 된다는 말이 77퍼센트를 차지한다고 한다. 아이들은 그 소리에 이골이 났을 것이다. 너무 많이 들은 나머지, 많은 아이가 처음 배우는 말이 "싫어" 혹은 "안 돼"라는 말의 변형이다. 아이들은 "안 돼"라는 말을 들을 때 절반은 무시한다. 그 말을 너무 많이 들었기 때문에 경우에 따라 "어쩌면" 또는 "그래"라는 뜻으로 받아들인다.

"안 돼"에 대한 규칙은 가능한 그 말을 쓰지 않는 것이다. 하지만 써야 할 때는 진심이어야 한다. 그 밖에 "안 돼"라고 말하고 싶은 유혹이 들 때는 "안 돼"를 "그래"라는 말로 바꿔 싸움을 피할 수 있다. 그런 식으로 부모가 생각을 부르는 말을 쓰면 아이는 부모가 바라는 대로 행동하게 된다. 다음 두 문장을 비교해 보자.

싸움을 거는 말: "안 돼, 연습 마치기 전까지는 밖에 나가 놀지 못한다."
생각을 부르는 말: "그래, 연습 마치는 대로 밖에 나가 놀도록 해라."

싸움을 거는 말: "안 돼, 숙제 다 할 때까지는 텔레비전 못 본다."
생각을 부르는 말: "그래, 숙제 다 하고 나면 텔레비전 보도록 해라."

서 그렇게 살아가거든. 먼저 일을 끝낸 다음에 돈을 받고, 그 돈으로 식사를 하지. 그것이 아빠에게는 당연한 일이야. 그러면 그것은 누구에게도 당연한 일일까?" 아이는 약간 풀이 죽은 목소리로 정확하게 "저요"라고 답할 것이다. 그때 이렇게 대꾸하면 된다. "그렇지!" 부모가 아이에게 선택권을 주면 아이는 반항할 대상이 없어진다. 아무도 그 아이를 대신해 생각해주지 않으니 아이 스스로 행동 범위를 정하게 된다.

금세 무너뜨릴 약속은 하지 마라

아이들은 자신의 행동 범위를 알게 되면 바로 그것을 시험해 본다. 사실, 아이가 그 범위가 안전을 보장할 수 있는 확고한 것인지를 알려면 한계를 시험해 볼 필요가 있다. 또 부모가 한 말이 진심인지, 부모가 그 말을 끝까지 지킬 것인지 알 필요도 있다.

아이들에게는 나름의 특별한 시험 절차가 있는 듯하다. 부모의 결심을 시험하는 수단으로 분노나 죄책감을 이용하는 아이도 있고, 은근 슬쩍 넘어가려 하거나 깜빡 잊은 척하는 아이도 있다. 결코 이렇게 말하는 법은 없다. "고맙습니다, 아빠. 말씀하신 것은 지키신다니까 훨씬 안심이 되네요. 이렇게 행동 범위를 정해 주신 아빠의 사랑에 감사해요." 대신 아이는 입을 삐죽이거나, 불평하거나, 우는 소리를 하거나, 말대답을 한다. 아이들은 부모의 죄책감을 이용하기도 한다. 맡은 일을 다 끝내야 함께 식사할 수 있다고 말하면 아이는 어김없이 이렇게 말한다. "밥도 못 먹게 하는 부모 밑에서 자란다고 상상해 보세요!"

아이들은 부모가 물러서게 하려고 온갖 시도를 할 것이다. 그러나 우리는 굳건히 서야 한다. 결국 아이에게 부여된 일은 아이의 선택에 달려 있다. 아이가 운동화를 빨지 않고 식사를 미루기로 했다면 물론 배가 고플 것이다. 그러나 그 배고픔은 자기 행동의 결과다.

아이가 배가 고프면 부모는 물론 마음이 쓰인다. 한 끼를 굶는다는 게 어떤 것인지 알기 때문이다. 그러므로 이해심을 갖고 친절하게 아이에게 말해야 한다. "밥을 굶는 건 정말 괴로운 일이야. 누구라도 배가 고플 거야. 하지만 얘야, 다음번 식사는 맛있게 해야겠지?"

부모가 물러선다면 아이가 선택한 결과의 의미를 허물어 버리는 것이다. 아이에게 금세 무너질 약속을 제시한 것이다. 아이의 결정 때문에 화를 내거나 "내가 뭐라고 했어" 하는 식으로 매도하는 것도 마찬가지다. 그렇게 하면 아이는 자기 실수를 되돌아보는 대신, 부모에게 분통을 터뜨릴 이유만 잔뜩 얻게 된다.

생각을 부르는 말을 사용하는 일, 선택권을 부여하는 일, 화 대신 공감을 표현하는 일, 이것이 아이에게 분명한 행동 범위를 정해 주는 구성 요소들이다.

선택권을 주면 통제권을 얻는다

나탈리가 말했다. "가렛을 저녁 식탁에 부르는 건 마치 고양이를 부르는 거 같아요. 말을 해도 꿈쩍도 안 해요. 그 애는 언제나 컴퓨터 앞에 붙어 있어요. 한 번은 저녁 먹으라고 부르는데 고개도 들지 않는 거예요. 더 큰 소리로 불러도 아무 반응이 없는 거예요. 또 한 번은 '저녁 먹으라니까!' 하고 거의 소리 지르다시피 하는데도 키보드만 두드리고 있는 거예요. 정말이지 속상해 죽겠어요. 내 아이도 내 뜻대로 못하는 제가 어떻게 제대로 된 엄마라고 할 수 있겠어요?"

많은 부모가 나탈리처럼 속상해하고 아이에 대해 그녀와 같은 생각을 갖고 있다. 우리는 아이가 작은 로봇처럼 뜻대로 작동하지 않을 때 부모로서의 자괴감을 느낀다. 이것은 모두 통제의 문제다. 우리는 아이를 통제하고 싶어한다. 아이가 우리가 원할 때 우리 뜻대로 해주기를 바란다. 그러나 아이는 그런 우리와 맹렬히 맞서 싸운다. 미처 깨닫기도 전에 우리는 아이와의 힘겨루기에 빠져들고 만다.

나탈리가 생각을 부르는 말을 사용해 아들의 귀에 이렇게 속삭였다면 얼마나 일이 쉬웠을까? "이제부터 20분 동안 저녁을 차려놓을 거야. 함께 먹으면 좋겠구나. 모두 너와 같이 먹고 싶어하니까. 만약 그게 여의치 않으면 아침 식탁에서 보기로 하자." 그러나 나탈리는 그렇게 할 수 없었다. 그렇게 하는 부모는 많지 않다. 그렇게 하면 통제권을 잃는다고 느끼기 때문이다.

통제권은 내줄수록
더 많이 얻게 된다

통제권에는 묘한 구석이 있다. 내줄수록 더 많이 얻게 된다. 아이한테서 모든 통제권을 빼앗으려는 부모는 결국 애초에 가졌던 통제권까지 모두 잃고 만다. 그것은 아이에게 통제권을 되찾아가라고 싸움을 거는 것과 같다. 부모는 꼭 필요한 정도 이상의 통제권을 가져서는 안 된다. 언제나 아이에게 적정한 통제권을 줘야 한다. 부모의 통제권을 유지하기 위해서는 부모에게 필요 없는 통제권을 아이에게 넘겨줘야 하는 것이다.

힘겨루기는 아이가 아주 어릴 때부터 시작된다. 아이들은 유아기부터 죽 자기 삶에 대한 책임과 통제권을 획득하기 위한 여정을 시작한다.

아무리 어린 아이도 자기 삶에 대한 일정한 자유와 통제권을 부여받으면 부모의 기대만큼 책임감이 자라나고 성숙하게 된다. 스스로 내린 결정들로 인해 지혜가 생기고 독립심을 갖게 되어 세상에 대해 더 잘 배울 수 있다.

그러나 아이에게 통제권을 주는 것이 좋은 일만은 아니다. 아이에게 너무 많은 통제권을 줄 수도 있는데, 그런 아이는 곁에 두기 불편한 아이가 된다. 말 그대로 망나니가 되는 것이다. 그런 아이는 통제가 필요하다. 그 아이의 행동 이면을 보면 통제를 받는 것을 더 좋아함을 알 수 있다. 하지만 겉으로는 토라지거나 울화통을 터뜨리며 더 많은 통제권을 요구한다. 통제권은 힘이다. 그런 아이는 어릴 때부터 어느 정도의 통제권을 맛본 터라 더 많은 통제권을 바라게 된다.

부모가 고삐를 조이면 아이는 반항하고 분노한다. 처음부터 많은 통제권을 갖고 제 뜻대로 해온 아이의 경우 부모의 제약이 갈수록 거슬리게 되고, 그것이 아이를 화나게 만든다. 어른들도 다르지 않다. 우리도 내 삶의 통제권이 줄어든다 싶으면 울컥 화가 나게 된다. 정당한 권리를 빼앗긴다는 느낌을 받기 때문이다.

아이가 커갈수록
아이의 통제권도 더 커져야 한다

그렇다면 아이에게 어느 정도의 통제권을 줘야 할까? 심리학자 실비아 B. 림 박사에 따르면, 나이와 상관없이 사람들은 자기가

한 | 입 | 정 | 보

"내가 하라는 대로 해"

열세 살 된 브룩의 엄마 에이미는 "내가 하라는 대로 해" 스타일로 아이를 키운다. 에이미는 브룩의 모든 것을 통제하려 한다. 에이미는 브룩이 언제 자고 언제 일어나야 하는지부터 어떤 옷을 입고 어떤 친구를 사귀며 점수는 얼마를 받고 텔레비전은 얼마나 봐야 하는지까지 하나하나 간섭한다.

에이미와 같은 부모들은 외출하고 돌아왔을 때 아이를 껴안고 "보고 싶었어"라고 말하지 않는다. 그들은 텔레비전 앞으로 가서 텔레비전을 껴안는다. 혹시 꺼져 있어야 할 텔레비전을 켜 놓아서 온기가 남아 있지 않은지 확인하는 것이다. 한동안은 아이가 그런 상황을 받아들이겠지만, 결국은 답답한 통제를 벗어나려 하게 된다. 어느 날 브룩은 혼자 이렇게 생각했다. '엄마는 너무 심해. 더 이상은 못 참겠어. C가 든 성적표를 보여 줄 때가 된 것 같아.' 브룩은 C를 받아 왔고, 에이미의 속은 완전히 뒤집혔다. 에이미는 길길이 뛰며 호통을 쳤고, 아이의 외출을 금했으며, 용돈도 끊었다. 또 온갖 잔소리를 늘어놓았고, 교사에게 항의를 하는가 하면, 남편을 끌어들여 "지금 좋은 점수를 받지 않으면 대학에 못 간다"는 요지의 잔소리를 하게 했다. 그러나 브룩은 눈 하나 깜짝 안 하고 속으로 이렇게 생각했다. '아직 멀었어요. 내가 F를 받으면 엄마가 어떻게 나오는지 보자고요.'

가엾은 에이미. 에이미는 아직도 성적표를 받는 사람은 자신이 아닌 아이임을 깨닫지 못하고 있다. 에이미는 아이를 통제하기 위해 쏟아 부은 온갖 노력에도 불구하고 아이에 대한 통제력을 잃었다. 이런 싸움에서는 에이미가, 그리고 모든 부모가 질 수밖에 없다.

아이의 두뇌 활동을 무대로 한 싸움에서는 부모가 이길 수 없다. 아이 수에 넘어가 부모의 생각대로 아이가 말하고, 생각하고, 배우게 하려고 하면 이미 아이가 이긴 것이다. 부모는 그런 싸움에서 절대 이길 수 없으며, 아이와의 또 다른 싸움에 필요한 에너지를 소모할 뿐이다. 그것은 부모에게 승산이 있는 다른 싸움에서 써야 할 에너지다.

지금 누리는 통제권과 이전에 누렸던 통제권을 비교한다고 한다. 자기가 마땅히 누려야 할 통제권의 기준치가 정해져 있는 게 아니라는 뜻이다. 시간이 가면서 더 많은 통제권이 부여되면 사람들은 만족하고, 통제권이 줄어들면 분개한다. 그러므로 통제권을 점차 늘려 주는 부모 밑에서 자라는 아이는 대부분 자기의 통제권에 만족한다. 늘 이전보다 많아지기 때문이다.

림 박사의 분석은 사랑의 'V'라고 불린다. V의 옆면에 나타나는 확고한 행동 범위 안에서 아이는 선택을 하고 그 결과를 받아들이며 살아간다. V의 바닥은 출생을, 꼭대기는 아이가 성장하여 집을 떠나 독립하는 시기를 나타낸다.

사랑과 원칙이 있는 부모는 아이가 아주 어릴 때는 특정한 영역에서 통제권을 준다. 개구쟁이를 목욕시키는 아빠는 이렇게 말한다. "지금 욕조에서 나올래, 아니면 몇 분 더 있다 나올래?"

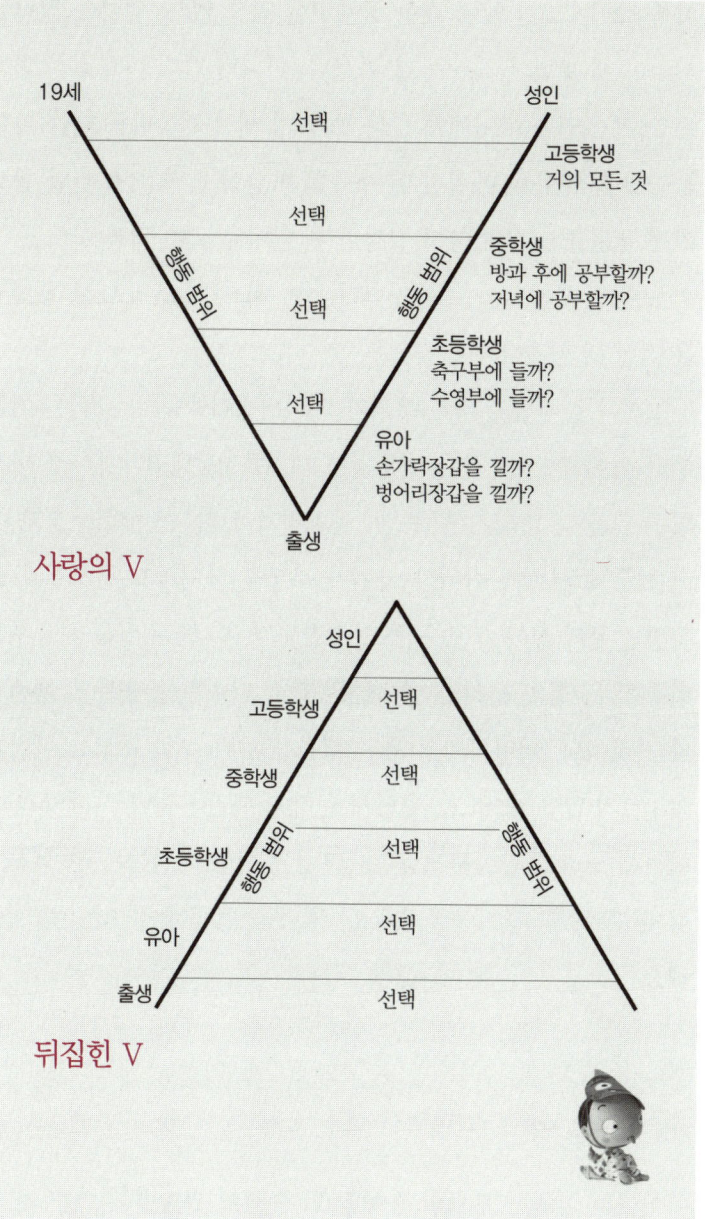

아빠에게는 그런 일에 대한 통제권이 필요 없다. 엄마는 식탁에서 이렇게 말한다. "우유 다 마셨니, 아니면 좀더 마실래?" 엄마는 그 통제권을 아이에게 준다. 이렇게 해서 걸음마를 떼는 아이는 초콜릿 우유를 마실지 흰 우유를 마실지 결정한다. 열한 살짜리는 용돈을 어디에 쓸지 결정한다. 열여덟 살이 되면 아이는 거의 모든 문제를 스스로 결정한다. 아이의 자기 삶에 대한 통제권은 점점 더 커진다.

그러나 불행히도 많은 부모가 V를 뒤집어놓는다. 그들은 처음부터 아이를 아주 작은 어른처럼 대접하고, 태어나자마자 어른의 특권을 다 준다. 아이는 곧 독재자가 된다. 아이의 부모가 아이를 통제하는 게 아니라 아이가 부모를 통제하고 신경질과 토라짐을 무기 삼아 부모를 볼모로 잡는다. 더 슬픈 일은 처음부터 너무 많은 힘을 누리는 아이들은 결국 나이가 들수록 불행해진다는 것이다. 어린아이의 못된 행동을 보다 못한 부모는 아이를 억누르지 않을 수 없고, 그렇게 권리와 특권을 강제로 빼앗긴 아이는 분노하고 반항하게 된다. 그런 불행한 아이들은 언제나 이렇게 부르짖는다. "불공평해요! 엄마는 언제나 절 어린애 취급해요."

이길 수 있는 싸움에 집중해야
통제권도 확고해진다

아이들의 삶에는 부모의 통제권 밖에 있어 싸움을 피하는 게 최선인 영역이 있다. 그런 부분에서 부모가 자기 뜻대로 하려고 하면 실패할 수밖에 없다. 친척들 앞에서 입을 열게 하려고 어린 꼬마를 어르고, 간청하고, 매수하고, 위협해 본 부모라면 이런 힘겨루기에 대해 잘 안다. 빈스는 자기가 말하고 싶지 않으면 누구 앞에서든 절대 입을 열지 않는다. 릴리의 작은 입에 야채를 억지로 밀어넣을 수는 있지만, 아이가 먹기 싫다고 토해 버리면 끝이다. 부모가 지는 셈이다. 배변훈련도 마찬가지다. 아이가 변기에 가서 일을 보게 할 수는 있지만, 아이는 부모가 미처 알아채기도 전에 거실에서 일을 저지르고 만다.

그런 싸움에서는 부모가 명령을 하는 것으로는 승산이 없다. 그것은 아이가 배우고 생각하고 먹는 것과, 언제 자고 언제 화장실에 가느냐 하는 등의 문제와 관련된 싸움이다. 아이는 그 싸움에서 이기려고 기를 쓴다. 그런 싸움에 말려들면 부모는 어김없이 지게 된다. 그런 영역에서 아이에게 영향을 미칠 수 있는 방법은 부모가 본을 보이는 것뿐이다. 나포스터는 식사를 할 때 내가 먹는 음식이 정말 맛있다는 것을 행동으로 보여 준다. 내 몫의 그릇을 다 비우고 나서 너무 만족스럽다고 말한다. 그러나 그 자리에서 명령을 한다면 실패할 싸움을 거는 셈이다.

통제권을 확고히 하는 비결은 부모에게 승산이 있는 싸움에 집중하는 것이다. 이 말은 부모가 싸움의 건수를 아주 신중하게 골라야 한다는 뜻이다. 부모는 아이에 대한 통제권을 발휘할 수 있는 영역을 골라야 하고, 그 영역에서 아이에게 선택권을 줘야 한다.

 부모는 아이로 하여금 식탁에 앉아 밥을 먹게 할 수 없다. 그것은 승산이 없는 싸움이다. 그러나 아이가 식탁에 앉을지 바닥에 내려갈지를 선택하게 할 수는 있다. 부모는 아이가 집 안에서 맡은 일을 언제 할지 통제할 수는 없어도, 그 일을 다 끝내야 아이에게 밥을 줄 수는 있다. 아이의 입에서 툭 튀어나오는 버릇없는 말을 통제할 수 없을지는 몰라도, 부모 앞에서 그런 말을 쓰지 못하게 할 수는 있다. 부모에게 바른 말로 말할 때까지 아이의 얼굴을 보지 않는 것이다.

 부모의 모든 희망 사항에 아이의 맹목적인 순종을 요구할 수는 없다. 그런 요구를 받으면 아이는 참호를 깊이 파고 자기 자존심을 걸고 맹렬히 맞선다. 그렇게 되면 부모는 매번 지고 만다.

한 | 입 | 정 | 보

힘겨루기의 세 가지 규칙

1. 가능한 한 아이와의 힘겨루기를 피하라.
2. 힘겨루기에 돌입한다면 어떻게 해서든 이겨라.
3. 건수를 잘 골라라. 아이와의 힘겨루기에서 지는 이유는 부모가 건수를 잘못 고르기 때문이다.

선택권은 모든 것을 바꿔 놓는다 | 이기는 싸움은 명령이 아니라 선택을 통해 확보된다. 선택은 힘겨루기의 양상을 바꿔 놓는다. 부모는 선택권을 활용해 자신에게 필요한 통제권을 얻고, 불필요한 통제권을 아이에게 내줄 수 있다. 선택권을 받은 아이는 거부할 명분이 없어지고 부모의 통제권은 확고해진다.

한 부모의 말을 들어 보자. "네 살배기 우리 아이에게 선택권을 주면 모든 게 달라져요. 그건 매번 효과가 있지요. 싸움을 거는 말 대신 생각을 부르는 말로 선택권을 주면 애가 완전히 달라져요. 덕분에 아이의 행동 범위를 제한하고 제가 원하는 바를 얻으면서도 아이와의 싸움이 없어졌어요."

선택권은 왜 효과가 있을까 | 첫째, 선택권을 주면 아이들은 생각을 해야만 한다. 아이는 선택 사항들을 비교해 보고 그 중 한 가지를 택해야 한다. 즉 결정을 해야 한다.

둘째, 선택권을 주면 아이들은 실수를 하고 그 결과를 통해 배울 수 있는 기회를 갖게 된다. 아이가 잘못된 선택을 할 때마다 처벌이 내려지는데, 그것은 부모가 아닌 세상으로부터 오는 것이다. 따라서 아이는 부모에게 화를 내지 못하고, 자신에게 화가 날 뿐이다.

셋째, 선택권을 주면 아이들과 통제권을 놓고 싸울 일이 없어진다.

넷째, 선택권을 부여받은 아이들은 부모가 자신의 사고 능력을 믿는다고 생각하고 자신감을 갖게 된다. 그러면서 부모와의 관계가 돈독해진다.

스스로 선택을 하고 그 결정에 책임을 지는 아이는 어른으로 살아갈 준비를 하는 것이다. 어른의 삶은 결정의 연속이기 때문이다. 그러나 아이로 하여금 선택에 따른 결과를 책임지게 할 생각이 없다면, 아이에게 선택권을 줘서는 안 된다.

싸움을 걸면 싸움에서 진다 | 아이들은 천성적으로 고집스러운 것일까, 양육 방식에 따라 고집스러운 아이로 자라는 것일까? 두 가지 다 정답이다. 어떤 아이들은 타고난 기질 때문에 비협조적이고 어른의 말에 곧잘 반항한다. 또 어떤 아이들은 부모의 양육 방식 때문에 자랄수록 점점 더 고집스러워지기도 한다.

그렇다면 "천성적으로 고집스러운 아이도 고분고분하게 만드는 방법이 있을까?" 물론, 있다. 부모가 대화 방식을 조금만 바꾸어도 아이는 훨씬 협조적이 될 것이고, 다투거나 소리를 지르거나 매를 드는 일도 줄어들 것이다. 미움은 작아지고 사랑은 커질 것이다. 훌륭한 선생님들은 늘 이 방법을 사용한다.

이 문제에 거꾸로 접근해 보자. 예를 들어, 어느 반에서 작은 소동이 일었다고 하자. 상황을 통제하려던 교사의 시도는 오히려 학생의 폭발을 유발했고, 급기야 전문가가 달려와 이를 대신 수습해야 했다. 그러면 애초에 이런 일을 방지할 수 있는 방법은 무엇이고, 어떻게 하면 이 방법을 가정에서도 적용할 수 있을까.

교사 | (교실 끝에서 걸어오며) 메건, 왜 쓸데없이 의자를 옮기니? 다시 제자리에 갖다 놔라.

메건 | 브리트니가 도와줄 거예요.

교사 | 도움은 필요 없을 것 같은데. 자, 제자리에 얼른 갖다 놔.

메건 | 하지만 누가 도와줘야 한다고요.

교사 | 지금 그 의자 다시 갖다놓지 않으면 반성실로 보낼 줄 알아.

메건 | 싫어요! 선생님이 뭔데 저한테 그래요. 우리 엄마도 아니면서!

그리고 상황은 더 악화되었다. 교사는 메건에게 교실 밖으로 나가라고 했다. 메건이 거부하자 교사는 징계를 하겠다고 위협했다. 그 말에 메건은 소리를 지르며 교실 밖으로 뛰쳐나갔고, 결국 사태의 해결을 위해 전문가까지 투입되었다.

모두가 승리하는 접근 방법 | 이와 똑같은 상황에서도 전혀 다르게 접근하는 방법이 있다. 이 방법대로 하면 아이가 어떤 식으로 반응하든 어른의 요구에 순종하는 셈이 되고, 어른과 아이 어느 쪽의 자존심도 해칠 일이 없다. 선생님에게 순응하는 지혜를 가르치기 위한 징벌이 필요하다면 나중에 따로 해도 된다.

교사 | (아이에게 다가가 속삭인다) 메건, 의자를 제자리에 갖다 놓으면 좋겠구나. 한번 생각해 보겠니? 고맙다.('생각해 보라'는 말

은 위협의 느낌이 전혀 없고, 메건이 반항할 기회를 애초에 주지 않는다).

메건 | 하지만 브리트니가 도와주면 좋겠어요.

교사 | (계속 속삭인다) 그래, 그렇겠지. 하지만 네가 옮겨 놓는 쪽으로 생각해 주면 좋겠구나.

메건 | 싫어요. 왜 그래야 해요?

교사 | (여전히 속삭인다) 내가 이렇게 부드럽게 부탁하는데 거절하는 게 잘하는 일일까? 내 생각에 그건 별로 현명한 결정이 아닌 것 같구나. 나중에 다시 이야기해 보자(교사는 앞으로 걸어나가고, 메건은 소란을 일으키지 않는 한 그 자리에 그대로 서 있을 것이다).

교사가 메건에게 의자를 옮겨 놓으라고 명령한 것은 아니기 때문에 아이는 선생님의 요구를 어기지 않은 셈이다. 교사는 아이에게 의자 옮기는 것을 생각해보라고 했을 뿐 옮기라고 하지는 않았기 때문이다. 따라서 아무도 패배하지 않았다. 또 다른 학생들은 이 문제에 대해 모르고 있고, 학생들 앞에서 교사의 권위가 흔들릴 일도 없었다. 메건의 선생님은 메건의 고집스러운 태도를 어떻게 해결할지 고민해 볼 시간이 있다. 만약 징벌이 필요하다면, 따로 조용히 불러도 될 것이다.

싸움을 거는 명령 vs 생각을 부르는 요구 | 아이에게 먹히지도 않을 명령을 마구 해대다 앞의 교사와 같은 전쟁을 치르게 되는 부모

들이 생각보다 많다. 그런 전쟁은 치명적인 결과를 불러올 수 있다. 부모에게 반항할 수 있다는 것을 깨달은 아이는 점점 더 불안정해지고 계속해서 자기 행동 범위를 넘어서는 시도를 하게 된다. 아이가 부모의 요구를 무시하거나 반항할 때마다 부모의 권위는 점점 약해진다. 아이가 이런 생각을 품는 것은 시간문제다. '엄마 아빠가 하라는 대로 다 할 필요 없어.'

사랑과 원칙이 있는 부모는 결코 관대하지 않다. 물론 아이의 인격을 존중하고 명령은 자제하지만, 부모의 소망과 요구가 존중되기를 바란다. 사랑과 원칙 아래서 자라는 아이는 늘 부모의 말에 귀 기울일 준비가 되어 있다. 이런 아이는 서로 협조하는 것이 서로를 위해 좋은 일이라는 것을 경험을 통해 알고 있다. 그렇다면 이런 아이는 절대 부모의 권위에 도전하지 않는 걸까? 물론, 아니다. 그렇지 않았다면 어떻게 반항해 봐야 아무 소용 없다는 것을 알았겠는가.

뒤의 교사처럼 부모도 권위 있는 승자가 될 수 있다. 다음의 '싸움을 거는 명령' 대신 '생각을 부르는 요구'를 적절히 사용하면 된다.

- 싸움을 거는 명령 : "쓰레기 내다버려, 당장!"
  생각을 부르는 요구 : "자기 전에 쓰레기 내다버리면 고맙겠다."
- 싸움을 거는 명령 : "엄마한테 그런 식으로 말하지 마! 네 방으로 가!"

생각을 부르는 요구 : "그런 말은 네 방에서 너 혼자 썼으면 좋겠다."
· 싸움을 거는 명령 : "당장 이리 오지 못해!"
생각을 부르는 요구 : "잠깐 이리 와줄 수 있니? 고맙다."
· 싸움을 거는 명령 : "동생 좀 도와주란 말이야, 당장!"
생각을 부르는 요구 : "지금 동생 좀 도와줄 수 있니? 그러면 정말 고맙겠다."

독자 중에는 이런 생각을 부르는 요구가 전혀 권위가 없다고 생각할지 모르겠다. 사실, 독자 중에는 이렇게 말하는 사람도 있다. "무슨 말을 그렇게 사정하듯 해요. 아이에게 그렇게 말하면 부모 체면이 뭐가 되요?" 그런 분에게는 이렇게 대답하고 싶다. "너무 성급하게 판단하지 마세요."

부모가 부드럽게 요구할 때는 따르는 것이 최선임을 아이가 어떻게 터득하게 되는지 다음 사례에서 알 수 있다.

엄마 | 그런 말은 네 방에서 너 혼자 있을 때만 쓰는 게 좋겠구나. 그러면 참 고맙겠다.
아들 | 싫어요. 왜 그래야 하는데요?
엄마 | 내가 좋게 부탁하지 않았니?
아들 | 네, 그래서요? 전 안 들어가요.
엄마 | 별로 좋은 생각이 아닌 것 같구나. 엄마는 이번 일로 많은

걸 깨달았다.

엄마는 일어나 다른 곳으로 가고, 잠깐이나마 아들이 이 전쟁에서 이겼다고 생각하게 내버려둔다. 하지만 아들은 자신이 얼마나 바보 같은 결정을 했는지 이내 깨닫게 된다. 다음날 아들은 엄마에게 축구장에 데려다달라고 부탁했다가 자신의 비협조적인 태도의 결과가 어떻게 돌아오는지 알게 된다.

아들ㅣ 엄마, 축구장에 데려다 주실래요? 호와트 아줌마가 오늘 운전 못 하신대요.
엄마ㅣ 글쎄, 모르겠다. 지금 좋게 부탁한 거지?
아들ㅣ 네! 왜 그러세요?
엄마ㅣ 좋게 부탁해도 안 되는 일이 있다는 걸 엄마가 어제 알았거든. 네 방으로 들어가라고 좋게 말했던 거 기억하니? 그때 네가 엄마에게 뭘 가르쳐 줬지?
아들ㅣ 모르겠는데요.
엄마ㅣ 좋게 부탁해도 별 소용이 없다는 걸 가르쳐 줬지. 다시 생각해 볼 기회를 줘서 고맙게 생각한다. 혹시 모르지. 나중에 네가 다시 협조적인 아이가 되면 그땐 널 도와줄지도.

이 용감한 엄마는 곧 아들이 애걸복걸하고, 불평하고, 투덜거리고, 엄마의 죄책감을 이용하려 할 거라 예상했고, 물론 아들은 그렇게 했다. 아들이 사정하고 불평하자 엄마는 결국 포기하고 아들을 축구장에 데려다 줬을까? "앞으로는 안 그럴 거지?" 하고 아들에게 다짐했을까? 절대 그러지 않았다. 그날 아들의 태도를 보면서 그 엄마는 더욱더 아들을 따끔하게 가르칠 필요가 있음을 느꼈다. 생각해 보라. 자신의 행동으로 어떤 결과가 생기는지 말로만 듣는 것과 직접 경험하는 것 중 어느 것이 더 효과적이겠는가.

선택권을 준 다음에는
조용히 지켜봐야 한다

그럼, 아이들이 사사건건 부모와 싸우기로 마음먹은 경우에는 어떻게 상황을 통제할 것인가? 다음 이야기는 아이와의 싸움에서 이기는 법을 잘 보여 준다.

일곱 살 된 에이든은 부모를 승산 없는 힘겨루기로 몰아넣는 데 타고난 재주가 있다. 에이든이 부모와 함께 버거킹 테이블에 앉아 있는 모습을 그려 보자. 부모는 마트 문이 닫히기 전에 장을 보려고 남은 음료수를 다 들이켜고 소지품을 챙기고 있다. 그런데 에이든은 다르다. 빨대로 입김을 불어 콜라에 거품을 일으키고 감자튀김으로 비행기놀이를 하는가 하면 햄버거는 입에 대지도 않았다.

엄마는 붉으락푸르락 안색을 바꿔가며 아이에게 말한다. "그거 빨리 먹지 못해! 장보러 가야 하잖아." 에이든은 대답 대신 감자튀김 비행기로 햄버거 위를 저공비행한다. 이제 아빠가 말싸움에 끼어들어 아내에게 말한다. "얘 좀 어떻게 해봐. 이러다 마트 문 닫겠다." 엄마는 에이든의 햄버거를 쥐고 아이의 얼굴에 들이민다. 그러나 에이든은 햄버거 비행기가 들어가도록 격납고를 크게 열지 않는다. 아이의 입은 꽉 다문 채 열릴 줄 모른다.

이번에는 협박이 쏟아진다. "이거 빨리 먹어! 안 그러면 너 여기 내버려두고 장보러 갈 거야." 에이든은 얼굴에서 저만치 거리를 두고 햄버거를 집어 들어올린다. 부모의 명령에 따를 약간의 가능성은 있다는 듯한 몸짓이다.

곧 에이든의 입가에 보일락말락 싸늘하고 만족한 미소가 어린다. 그것을 본 아빠는 자리에서 벌떡 일어나 소리친다. "그래, 이제 그만 우리는 장보러 가야겠다. 이 녀석! 그 다음엔 어떻게 되는 줄 알아? 경찰이 널 잡으러 올 거야!"

갑자기 에이든의 햄버거가 털썩 탁자 위로 떨어진다. 에이든은 틀림없이 이런 생각을 하고 있을 것이다. '이것 봐. 난 일곱 살밖에 안 됐는데 말 한마디 않고도 20분 동안 두 명의 어른을 꼼짝 못하게 만들었잖아. 대단하지. 나는 엄마 아빠의 목소리와 얼굴색까지 바꿀 수 있어. 봐, 사람들 앞에서 바보짓도 하잖아. 경찰이 잡아간다고 하면 내가 겁먹을 줄 알아?'

에이든이 식사를 마치게 하려는 부모의 시도는 완전히 실패했다. 목구멍으로 무엇을 넘길지는 전적으로 그 아이의 뜻에 달린 일이다. 부모가 에이든에게 요구를 하는 대신 선택권을 주었다면, 다시 말해 꼭 필요한 만큼의 통제권만 행사했다면, 자신들의 조건에 따라 그 아이에게 통제권을 줄 수 있었을 것이다. 그러나 어떻게?

아빠와 함께 떠나는 두 가지 방법 | 사랑과 원칙이 있는 부모라면 미소를 띤 채 이렇게 말할 것이다. "상관없다, 에이든. 아빠 차는 5분 후에 떠날 거야. 아빠와 함께 가는 방법은 두 가지야. 배고픈 채 떠나든가, 아니면 다 먹고 떠나든가?" 이렇게 되면 부모는 필요한 만큼의 통제력을 얻게 된다. 햄버거가 아이의 목구멍으로 넘어가는지 여부를 통제할 필요가 없어진다. 사실 그것은 부모의 통제권 밖에 있는 일이다. 그러나 차가 언제 떠날지는 부모가 결정할 문제다.

  에이든에게 선택권을 줌으로써 싸움터는 에이든의 머릿속으로 옮겨간다. 에이든은 선택 사항을 가늠하느라 바쁜 나머지 따질 겨를이 없다. "못 먹고… 다 먹고… 못 먹고… 다 먹고." 그동안 부모는 반가운 5분간의 평안을 누리게 된다. 통제권을 버림으로써 통제권을 얻은 것이다. 그러나 많은 부모가 대안을 제시한 후에 아이가 생각을 하는 동안 같은 말을 되풀이하고 잔소리를 늘어놓고 싶은 유혹을 느낀다. "잊지 마. 이제 3분 후면 차는 떠난다. 저 음식을 먹지 않으면 배가 고플 거야. 한밤중에 배고파 잠이 깨더라도 먹을 게 아무것도 없을 거야. 끔찍한 밤이 되겠지." 쓸데없는 말로 아이를 바보 취급하지 말자. 아이를 내버려두자. 에이든도 자기에게 주어진 선택권 정도는 충분히 기억하고도 남는다.

아이 다루는 것쯤은 식은 죽 먹기다? | "아이 앞에서 진땀 흘리는 모습을 들키지 마라." 이 말은 다른 여러 사례와 마찬가지로 이 경우에도 적용된다. 부모가 자기를 다루기 힘들어 하는 듯한 인상을 받거나, 자기가 부모를 짜증나게 할 수 있다는 것을 알게 되면 아이는 이를 이용한다. 부모의 좌절은 아이에게 이런 메시지를 전달한다. "나를 다루기가 힘들구나. 엄마 아빠에게 나는 골칫덩어리인 게 분명해." 반면 선택권을 주면서 아이를 쉽게 다루면 이런 메시지를 전하게 된다. "엄마 아빠는 나를 정말 편하게 대하시네. 즐기기까지 하시는 것 같아! 부모님이 내 문제로 전혀 고민하지 않는 걸 보니 나는 꽤 괜찮은 아이인가 봐."

사람이 느끼는 몇 가지 감정은 행동의 변화를 가져오는 데 효과적이다. 예를 들어, 극도의 공포는 즉각적인 반응을 불러온다. 하지만 아주 흔한 어떤 감정 하나는 공포만큼이나 효과적이다. 어른이 아이에게 주로 전하는 이 감정은 다른 어떤 것보다 아이의 행동에 큰 영향을 준다. 어른이 아이에게 그렇게 자주 발산하는 감정은 과연 무엇일까?

사랑이라고 생각할 수도 있다. 하지만 사랑에 의해 행동이 유발되기까지는 꽤 시간이 걸린다. 뿐만 아니라 때로는 별 효과도 없다. 사랑은 물론 중요하고, 아낌없이 사랑을 베푸는 부모가 아이들을 훌륭히 키우는 것도 사실이다. 하지만 아이들에게는 매일매일 특별할 것 없는 사랑이 다소 지루할 수도 있다.

가장 효과적으로 아이들의 행동을 변화시키는 감정은 좌절의 표출이다. 아이의 눈에 좌절이란 이런저런 감정이 뒤섞인 매력 덩어리다. 분노와 함께 통제력을 잃은 어른의 모습! 이보다 더 신나는 일이 있을까?

걸음마를 떼는 아이와 까꿍놀이를 하다가 "이런! 들켰네!" 하는 것도 가짜로 좌절하는 척하는 것이다. 아이들은 이런 가짜 좌절을 좋아한다. 어른이 진짜로 좌절한 모습을 보일 때는 강한 감정, 대개는 분노를 발산한다. 그러고는 그 자리에서 자신은 두 손 들었다고 간단히 선언해 버린다. 좌절은 거의 모든 경우 통제력의 상실을 의미한다. 좌절의 순차적 단계는 다음과 같다. 즉 부모의 얼굴이 벌게지고, 불타오르는 듯하다, 목소리가 높아지더니, 결국 아이에게 통제권을 넘겨 준다. 어떤 아이가 이것을 싫어하겠는가?!

아이를 키울 때 사랑과 원칙의 도구와 기술을 사용한다면, 그 부모는 좌절을 피할 수 있는 가장 든든한 보험에 가입하는 셈이다. 사랑과 원칙이 있는 부모는 아이들 문제로 슬퍼하기도 하고, 아이가 뒷일을 감당할 때 함께 아파할지언정 절대로 좌절하지는 않는다. 그러기에는 너무나 노련하기 때문이다.

책임감을 가르치는 일은 공짜로 되지 않는다 | 에이든에게 주어진 5분

이 끝나면 아빠는 아이의 선택을 실행해야 할 것이다. "차에 올라타"처럼 싸움을 거는 말을 쓸 수도 있다. 하지만 "지금 차 떠난다" 같은 생각을 부르는 말이 훨씬 좋을 것이다. 그럼 에이든은 이렇게 말할 것이다. "어, 아직 다 안 먹었는데요." 이번에도 아빠는 에이든에게 선택권을 주면 된다. "상관없어. 네 발로 차에 탈래, 아빠가 태워 줄까?" 그리고 에이든에게 결정할 시간을 10초 준다. 에이든은 자신이 햄버거를 먹든 말든 차는 떠난다는 사실을 분명히 이해해야 한다. 차는 무조건 떠난다.

에이든이 제 발로 차에 타지 않을 거라고 판단한(합리적인 판단이다) 아빠는 에이든을 들어올려 문간으로 향해야 한다(선택 사항에는 세 가지가 있다. 에이든은 이렇게도 저렇게도 할 수 있다. 세 번째 선택 사항은 부모가 결정하는 것이다. 에이든이 아무것도 결정하지 않았으므로 아빠가 대신 결정을 내린 것이다).

많은 부모가 그 다음 벌어지는 상황에 난처해한다. 에이든이 아빠의 눈을 들여다보며 "아빠, 훌륭한 방법이에요"라고 다정하게 말할까? 천만의 말씀. 아이는 발길질을 해대며 공습경보 같은 비명을 내지를 것이다. 버거킹 안에 있던 사람들 모두 이 사나운 아이를 떠메고 나가는 아빠의 일거수일투족을 지켜볼 것이다. 구경꾼들은 상관하지 말자. 첫째, 버거킹 안에 있는 사람들은 '정말 나쁜 아빠다'라고 생각하지 않는다. 오히려 '잘 됐다. 이제 조용히 먹을 수 있겠네' 하면서 하던 일을 계속할 것이다. 둘째, 일곱 살짜리 아이가 있는 부모는 다른 사람들과의 지속적인 인간관계를 위해 버거킹 같은 곳으로 저녁을 먹으러 가지는 않는다. 그러니 다른 사람들이 어떻게 생각하든 무슨 상관인가? 셋째, 아이에게 책임감을 가르치는 일은 공짜로 되는 일이 아니다. 부모는 아이의 저항과 반대에 맞설 모진 각오를 해야 한다. 그것이 부모가 지불해야 할 대가다.

입을 다무는 것이 현명하다 | 에이든이 이 일을 통해 무언가 배우기를 바란다면 부모가 입을 다물어야 한다. 말은 기분 좋을 때를 위해 아껴 두자. 아이와 대화로 풀려면 아이와 부모 모두 기분 좋아야 한다. 아이에게 선택권을 주고도 그 결과를 조용히 지켜보지 못하고 입을 나불대는 부모는 결과의 교훈을 무가치하게 만든다. 아이가 결과를 통해 배우도록 내버려두자.

발길질을 해대고 소리를 지르는 에이든을 떠메고 버거킹 문을 나선 아빠는 아이를 부드럽게 차에 태운 후 시동을 걸고 가는 동안 그 일에 대해 침묵해야 한다. 저녁시간이 지나기 전에 에이든은 분명 이렇게 말할 것이다. "배고파요." 에이든이 이 말을 할 때 아빠는 화를 내며 이렇게 말하고 싶은 유혹을 억눌러야 한다. "물론, 배가 고프겠지. 배고플 거라고 말했지만 너는 듣지 않았어. 이번에 배가 좀 고파 봐야 식당에서 어떻게 해야 하는지 배우게 될 거다." 이런 반응은 아이에게 또 다른 반감과 반항심만 불러일으킬 뿐이다.

아빠는 아이의 선택과 그 결과에 공감과 슬픔을 보여줘야 한다. 이를테면 "에이든, 배고프지. 아빠도 저녁을 굶으면 그렇게 배가 고프더라. 아침식사가 아주 기다려질 거야. 아침 맛있게 해줄게." 에이든은 분명 분노와 협박보다는 이런 반응에서 더 많은 교훈을 배울 것이다. 슬픔과 선택의 결과, 그리고 어깨를 감싸주는 부모의 팔, 그것은 강력한 학습도구다.

한 | 입 | 정 | 보

아이의 책략, 골치썩이기

아이들은 부모가 제시하는 선택 사항을 순순히 받아들이지 않는다. 그 중 하나를 순순히 받아들이고 마냥 행복해하는 아이는 드물다. 그중에는 필사적으로 저항하는 아이도 있다.

그럴 때 아이들이 즐겨 쓰는 책략이 '골치썩이기'다. 골치썩이기 전법으로 부모로 하여금 생각하게 만들어 지력知力을 소진시키려고 한다. 죄책감과 우유부단함을 유도하는가 하면, 엄마 아빠가 자기를 사랑하지 않는다고 하는 둥 머리에 떠오르는 온갖 말을 써먹으려고 한다. "이건 불공평해요." "아빠는 절 사랑하지 않아요." 아이가 이런 말들을 늘어놓을 때마다 부모는 아이에게 제시한 조건을 정당화하기 위해 머리를 써야 한다. 그러나 누군가 머리를 써서 골치가 아파야 한다면 아이에게 그 역할을 넘기자. 부모는 아이가 선택한 것을 고수하기만 하면 된다. 다음의 시나리오를 보자.

닉 | 아빠, 다녀오겠습니다. 메이슨과 나갔다 올게요.

아빠 | 잠깐만, 닉. 너 오늘 아침 다른 일 하기 전에 네 방 치우겠다고 약속했던 것 같은데.

닉 | 하지만 지금은 시간이 없어요, 아빠.

아빠 | 그럴지도 모르겠구나, 닉. 그러니 네 방 치우는 대로 얼른 나가도록 해라.

닉 | 돌아와서 할게요. 메이슨은 놀고 나서 맡은 일을 한대요.

아빠 | 물론, 그렇겠지. 그러니 네 방 치우는 대로 얼른 나가도록 해라.

아이가 선택한 일만 되풀이해서 말해 주자. 화는 내지 말자. 물러서지 말자. 그러면 당신의 두뇌는 상쾌하게 돌아갈 수 있을 것이다. 아이들은 대부분 대화가 이런 식으로 서너 번만 오가면 안절부절 못하고 이렇게 생각하게 된다. '이 말도 안 되는 상황을 어떻게 하면 빨리 벗어날 수 있을까?' 이윽고 아이는 큰 소리로 이렇게 말할 것이다. "알았어요… 그 얘기 그만 좀 하세요."

협박이 아닌 진짜 선택권을 줘야 한다

많은 부모가 좋은 의도를 갖고도 아이에게 선택 사항을 전달하는 과정에서 실수를 한다. 부모들은 아이에게 자신이 감당할 수 있는 조건과 감당할 수 없는 조건의 두 가지 제안을 한다. 예를 들어 버거킹에서 에이든의 아빠가 "햄버거를 먹든지, 여기에 남아 있든지 해라"라고 말했다면, 에이든은 버거킹 문이 닫힐 때까지 그곳에서 시간을 보내기로 결정했을 것이다. 아이는 싸움의 급소를 귀신같이 찾아낸다.

선택 사항을 제시하는 기술은 두 가지로 요약할 수 있다. 첫째, 언제나 둘 중 하나를 선택하게 하되 아이가 결정하지 않으면 부모가 대신 결정한다는 세 번째 사항도 아이에게 분명히 알려 줘야 한다. 둘째, 아이에게 부모가 감당할 수 있는 조건을 제시해야 한다.

선택 사항이 오히려 "내 방식을 선택해라, 아니면…" 하는 식의 협박이 되기 쉽다는 사실을 명심하자. 아이에게 "방 청소 안 하면 텔레비전 못 볼 줄 알아"라고 말하는 것은 직장상사가 우리에게 "오늘 중에 보고서 제출하지 않으면 사표 내야 할 줄 알아"라고 말하는 것과 다를 바 없다. 부모는 협박이 아니라 진짜 선택권을 줘야 한다. 예를 들면, "네 방 청소할래, 아니면 엄마가 네 방 청소할 수 있도록 쓰레기 치워 줄래?" "네 방 언제 청소할래, 오전, 아니면 오후?" "너희끼리 문제를 해결할래, 아니면 제비를 뽑아서 결정할래?"

신경질적이지 않고 차분하게 협박이 아닌 선택 사항을 제시하면, 아이는 자기 문제를 일정 부분 통제할 기회를 갖게 된다. 아이에게 선택 사항을 제시할 때는 다음의 요점을 명심해야 한다.

· 당신 마음에 드는 일들을 고르도록 하라. 당신이 좋아하는 것

과 싫어하는 것 중 하나를 선택하도록 요구하면, 아이는 보통 당신이 싫어하는 것을 고를 것이기 때문이다.
- 아이가 자기 선택의 결과에 책임지도록 지켜볼 의향이 없다면 아예 선택권을 주지 마라.
- 아이가 위험에 처해 있을 때는 선택을 요구하지 마라.
- 아이가 선택하지 않을 때는 당신이 선택해야 한다. 그럴 의향이 없다면 선택 사항을 제시하지 마라.
- 선택권을 주는 방식이 중요한데, 다음 중 한 형태로 이야기를 시작해 보자:

"…하거나 …하면 좋을 것 같다."

"얼마든지 …하거나 …하도록 해."

"…할래, 아니면 …할래?"

"…하는 게 좋겠니, 아니면 …하는 게 좋겠니?"

성공의 비결은
결과에 대한 공감이다

예전에 나는 아이들의 취침 시간 때문에 골머리를 앓은 적이 있다. 당시 나는 자주 이런 말을 했다. "아이들에게 빨리 자라고 소리칠 때마다 1달러씩 받았다면 지금쯤 해외 휴양지에서 편안히 쉬고 있을 거야." 나는 아이들이 잠이 부족해 다음날 힘들어하게 될까 봐 걱정스러웠다. 아이들의 몸은 축 처지고 정신은 몽롱할 것이다. 책상에서 졸 수도 있다. 그래서 나는 아이들을 제 시간에 재우려고 잔소리부터 시작해서 "빨리 안 자면 엉덩이를 때리겠다, 텔레비전을 못 보게 하겠다"는 위협까지 효과가 있어 보이는 건 다 시도해 봤다.

그러던 어느 날 나는 큰 진리를 하나 깨달았다. 그것은 부모가 아이를 잠들게 할 수 없다는 사실이었다. 나는 2층으로 올라가 아이들을 모아놓고 이렇게 말했다. "얘들아, 아빠가 사과할 게 있다. 아빠가 너희 생활을 너무 간섭해 왔어. 그동안 너희가 스스로 결정해야 할 문제들에 대해 아빠가 잔소리를 했던 것 같구나. 그래서 말인데 너희가 두 가지 간단한 규칙만 지킨다면 아빠가 잠자러 가라고 더는 잔소리하지 않을게. 할 수 있겠니?"

"그럼요. 할 수 있어요." 아이들이 말했다.

"첫 번째 규칙. 저녁 8시부터 엄마 아빠는 개인시간을 가질 거야. 이 시간만큼은 너희가 방해하지 않았으면 좋겠어. 하지만 깨어 있는 건 너희 자유야. 두 번째 규칙. 우리 가족은 매일 아침 6시에 일어난다. 알겠지? 그럼 6시에 보자." 나는 아이들에게 가볍게 키스한 다음 거실로 돌아왔다.

밤 10시 30분. 아이들의 방에는 모두 불이 켜져 있었다. 아이들에게 좋은 본을 보여 주려는 뜻에서 나는 아이들 방으로 가서 말했다. "자, 아빠는 자러 간다. 아침에 몽롱한 상태로 일어나고 싶지 않거든. 그럼 아침에 보자."

다음날 아침 6시에 일어나 보니 아이들 방에 여전히 불이 켜져 있었다. 한 아이는 옷을 입은 채 잠들어 있었고, 또 한 아이는 구석에 쪼그려 자고 있었다. 그때 나는 또 다른 위대한 진리를 깨달았다. 아이들을 재우는 것보다는 깨우는 것이 훨씬 쉽다는 것이다. 라디오 두 대를 콘서트장에서처럼 크게 틀어놓는 일은 전혀 힘이 들지 않았다.

그날 아침, 눈이 게슴츠레해진 아이 셋이 징징거리며 집 안을 헤매다 눈을 비비며 이렇게 우는 소리를 했다. "오늘 너무 힘들어서 학교 못 가겠어요." "몸이 아파요, 아빠." "더 자고 싶어요."

나는 아이들에게 화를 내지 않았다. 오히려 아이들의 곤경에 애처로움을 느꼈다. "그래, 그렇겠지. 아빠도 늦게 자면 아침에 그렇단다. 학교에서 아주 힘들 거야. 그래도 할 수 있는 대로 즐거운 하루가 되도록 최선을 다해 보자. 나중에 집에서 보자."

나는 아이들이 무거운 걸음으로 버스정류장을 향해 가는 모습을 지켜보았다. 오후 3시 반, 버스가 집 앞에 섰고 일곱 살 된 찰리가 비틀거리며 차에서 내렸다. 찰리는 야구모를 푹 눌러쓰고 두꺼운 외투를 입고 무릎까지 오는 긴 장화를 그대로 신은 채 오후 내내 잤다.

그날 밤 저녁식사 시간, 찰리는 식탁에 앉아서도 계속 꾸벅꾸벅 졸았다. 그러나 식사가 다 끝나기도 전에 아주 똑 부러지는 이야기를 했다. "오늘은 일찍 잘래요."

내가 몇 년 동안이나 가르치려다 실패한 교훈을 찰리는 하룻밤 새 배웠다. 그것은 내가 아이의 아픔을 이해하고 행동의 결과를 통해 배울 수 있는 기회를 주었기 때문이다. 아이들을 때리거나 텔레비전을 못 보게 했더라면, 나는 숙면의 중요성을 그만큼 효과적으로 가르칠 수 없었을 것이다.

행동의 결과를 통해 아이는 자성과 성찰의 기회를 갖는다

아이들에게 통제권을 넘길 때는 통제가 무너질 수 있다는 점을 기억하자. 그리고 절대 권력일수록 무너지는 것도 한순간임을 기억하자. 아이가 커서 훌륭한 지도자가 되려면 권한과 통제력을 다루는 법을 배워야 한다. 아이가 자기 권한과 통제력을 오용할 때 현명하지 못한 부모는 좌절하고 분노하며 때로는 애원하기도 한다. 그러나 현명한 부모는 행동의 결과를 통해 자연스럽게 배우도록 놔둔다. 농구 스타인 에이브가 자기 권한과 영향력을 남용하여 주요 경기에 3회 출장 정지를 당했을 때 에이브의 아버지는 내심 기뻐했다. 하지만 에이브에게는 이렇게 말했다. "감독님 결정이 정말 불만스럽겠지. 그래도 넌 잘 이겨낼 거야. 그런데 지금도 모든 게 감독님 탓 같니, 아니면 네가 달리 행동했어야 한다고 생각하니?" 권한과 통제력은 돈과 같이 다루면 된다. 아이가 제대로 사용할 때는 기뻐하고, 아이가 실망·고통·후회로 귀결되는 잘못된 선택을 할 때는 도와주지 말고 아이에게 공감을 표현하기만 한다.

회사 주차장에서 자동차 범퍼를 부딪쳤다고 하자. 당신은 그 때문에 기분이 상했고 저녁에 집에 돌아와서 배우자에게 사고에 대해 설명한다. "뭐야?" 배우자는 소리를 꽥 지른다. "어떻게 하다 그런 사고를 냈어? 이번 주말에 스키 타러가자고 했나? 잊어버려. 당신은 이제부터 외출금지야!"

우스꽝스러운 이야기라고? 그렇다. 어른인 우리는 잘못을 저지른다고 해서 외출금지를 당하지는 않는다. 욕을 한다고 우리 입을 때리는 사람도 없다. 현실에서는 범죄를 저지르지 않는 한 처벌을 받지 않는다. 어떤 일로 처벌을 받을 경우, 사람들은 자신을 돌아보지 않는다. 대개는 분개할 뿐이다.

아이도 마찬가지다. 아이가 말대꾸를 한다고 일찍 자게 하면, 그것은 아이를 처벌하는 일이다. 아이가 D와 F 투성이의 성적표를 받아 온다고 두 달 동안 텔레비전을 못 보게 한다면, 아이가 자기 행동의 결과를 통해 배울 기회를 막는 셈이다.

우리가 아이를 처벌할 때면, 아이에게 자기 행동의 결과에서 빠져나갈 커다란 탈출구를 열어 주는 셈이 된다. 처벌을 받고 나면 생각할 필요도, 행동을 고칠 필요도 못 느끼게 된다. 아이는 이렇게 생각한다. '난 내 잘못에 대한 벌을 받고 있어. 대가를 치르고 있는 거야.' 그리고 아이의 분노는 처벌자인 우리에게로 향한다.

사랑과 원칙이 있는 부모는 아이가 마음 깊이 깨우치기를 바란다. 그런 깨달음은 아이에게 행동의 결과를 통해 배울 기회를 줄 때 가능하다. 행동의 결과를 받아들이며 아이는 자신의 행동과 책임에 대해 깊이 생각하게 된다. 행동의 결과가 자기 반성과 성찰로 이끌어주기 때문이다.

자연적인 행동의 결과가 가장 좋다

물론, 자연적인 행동의 결과가 가장 좋다. 오브리가 저녁 식탁에서 말썽을 부리다가 식탁에 앉아 얌전히 먹는 대신 바닥에 내려

한 | 입 | 정 | 보

좋은 부모는 경고하지 않는다

제한속도 90킬로미터의 고속도로를 110킬로미터로 달리고 있다고 상상해 보자. 그때 경찰차의 불길한 불빛이 깜빡이는 게 보인다. 당신에게 떠오르는 생각은 한 가지뿐이다. '속도위반 딱지 떼이겠구나.' 경찰이 당신 차로 다가와 정중하게 속도위반 딱지를 발급하고 안전운행하라는 인사와 함께 떠나간다. 그는 신경질을 부리지도, 화를 내지도, 위협을 하지도 않는다. 예의를 갖춰 종이 한 장을 써줄 뿐이다. 그것이 교통법규를 어긴 결과다.

당신이 그에게 "잘하겠습니다, 경관님. 앞으론 과속하지 않겠습니다"라고 말하면 경관이 "예, 좋습니다. 앞으로 잘하시겠다니 딱지는 떼지 않겠습니다"라고 답할까? 아마도 그런 생각은 꿈에도 하지 않을 것이다. 그러나 집에서는 아이의 간청에 부모가 얼마나 자주 우유부단한 모습을 보이는가?

꼬마 아담이 식탁에서 말썽을 부린다. 입을 삐죽거리고 불평하면서 징징거리다 접시에 소형 모터크로스 구간을 만들었다. 으깬 토마토로 동산을 만들고 셀러리로 경사를 만들더니 콩이 자동차인 양 위아래로 굴렸다.

엄마는 단호해야 한다고 생각하고 이렇게 말한다. "좋아, 아담, 네 저녁 식사는 끝이다. 네 방으로 가거라."

아담이 말한다. "얌전히 먹을게요."

"그래? 정말 얌전히 먹을 거니? 아니면 식탁에서 계속 장난칠 거니?"

"아뇨, 이젠 장난 안 칠게요. 얌전히 먹을 게요."

엄마는 문제가 다 해결되었다고 생각하고 이렇게 말한다. "그럼 좋아. 식탁에 있어도 좋다."

세상에는 다중경고체계가 작동하지 않는다. 우리도 그래서는 안 된다. 수없이 경고를 보내는 부모 밑에서는 수없이 경고를 받기 전에는 꼼짝도 않는 아이가 자란다.

가 노는 쪽을 선택했다면, 잠들 때 배가 고픈 것은 너무나 당연하다. 세스가 계속해서 공부를 게을리하다가 낙제점을 받는다면, 한 학년 유급을 당하는 것도 당연하다. 자연적인 행동의 결과를 통해 아이는 자기 행동에 대한 인과관계를 확실히 기억하게 된다. 아이가 '누가 나를 이렇게 아프게 만드는 거야?'라고 자문할 때 떠오르는 답은 하나뿐이다. '나야.'

그러나 부모 입장에서 이런 행동의 결과들을 지켜보려면 고통스럽고 억장이 무너진다. 아이가 그런 결과들을 겪지 않기를 바라는 것이 부모의 바람이다. 딜런은 외투를 입지 않고 외출했다가 감기에 걸린다. 사만다는 저녁을 먹지 않고 잠자리에 들었다가 배고픔에 시달린다. 우리는 감기에 걸리면 얼마나 아픈지, 배고프면 얼마나 비참한지 아이에게 미리 상기시켜 주고 싶은 유혹을 느낀다. 그러나 행동의 결과를 통해서 아이가 직접 배우게 하려면 그런 여유를 부릴 수 없다.

열 살인 콜은 잠꾸러기였다. 침대 옆 탁자에 놓인 자명종은 죽어라고 울려댔다. 7시에 한 번, 7시 10분에 한 번, 7시 20분에 또한 번, 콜은 자명종 소리가 귀를 때릴 때마다 주먹으로 일시정지 버튼을 누르고는 다시 꿈나라에 빠져들었다.

　엄마는 매일 아침 벌어지는 난장판에 그만 진저리가 났다. 그래서 아들이 행동의 결과를 통해 배우도록 내버려두기로 했다. 어느 날 콜이 수업 시작 20분 전에 아래층으로 달려 내려오자 엄마는 따뜻하게, 그러나 단호하게 말했다. "이제 일어났구나. 오늘 네 방에서 뭐 할 거니?"

　콜이 말했다. "제 방에서라뇨? 학교 가야죠!"

　"글쎄, 좋은 생각이지만, 학교엔 어떻게 갈 거니? 버스는 10분 전에 떠났거든."

　"엄마가 태워다 주셔야죠."

　"저런, 미안해서 어쩌나. 엄마는 그럴 수가 없어. 오늘 하루 종일 집안일이 바쁘거든. 다른 방법을 찾아 보든지, 아니면 오늘 하루 네 방에서 지내도록 해라. 엄마가 방해받지 않고 엄마 일을 할 수 있도록 말이다."

　엄마의 말이 이어졌다. "점심시간이 되면 뭐든지 만들어 먹어. 오늘 엄마가 나갈 일이 생기면 베이비시터는 엄마가 알아볼게. 비용은 걱정하지 마. 나중에 줘도 되고, 아니면 네 용돈에서 뺄 수도 있으니까. 하지만 그건 엄마가 외출할 일이 생길 경우에나 걱정할 일이야. 콜, 그럼 즐겁게 지내다 3시 반에 보자. 그 시간이면 집에 오잖니?"

다음날 아침에 콜이 결석사유서를 내밀었을 때에도 엄마는 이렇게 말했다. "그래, 네 마음은 알겠어. 네가 어제 결석한 이유를 설명해 줄 쪽지가 있으면 좋겠지. 하지만 결석사유서는 네가 아플 때만 써 주는 거야. 어쨌든 선생님과 별 문제가 없기를 바랄게. 그럼 잘 다녀와라."

물론, 이렇게 하려면 두둑한 배짱이 필요하다. 그러나 이것으로 아이의 행동이 달라진다면 해볼 만하지 않은가! 아이가 겪는 괴로움은 등교시간에 맞춰 제때 일어나지 않은 '죄'에 자연적으로 따르는 결과다. 콜은 학교를 빼먹었고, 여느 등교일처럼 엄마에게 폐를 끼치지 않았으며, 결석사유서를 받지 못했다.

놀랍게도 이런 방법을 쓰면 아이는 절대 이틀 연속으로 학교를 빼먹지 않는다. 같이 놀 친구도 없고 관심을 보이고 잔소리하는 부모도 없으면 아이는 눈에 띄게 풀이 죽는다.

때로는 직접 행동의 결과를 부여해야 한다

자연적인 행동의 결과가 가장 좋지만, 때로는 아이의 행동에 상응하는 결과가 따르지 않는 경우도 있다. 그럴 때는 부모가 직접 행동의 결과를 부여해야 한다.

아이의 행동에 적절한 결과를 부여하는 기술을 타고난 부모도 있지만, 연습을 통해 그 기술을 익혀야 하는 부모도 있다. 부모가 부여하는 결과가 적절치 못하거나, 혹은 적절하다 해도 너무

과하거나 약한 경우가 많기 때문이다.

자연적인 행동의 결과가 따르지 않는 경우 부모는, 첫째 실행 가능하고, 둘째 잘못에 상응하며, 셋째 분명한 사랑의 표현이 덧붙은 결과를 부여해야 한다. 때로는 그 결과가 처벌과 다름없어 보이는 경우도 있다. 그러나 부모가 화를 내거나 위협을 하지 않고 아이의 잘못과 그 결과 사이의 연관성을 분명히 보여 줄 경우, 그로 인한 교육 효과는 매우 높다.

한|입|정|보

화내지 말고 공감을 보여라

행동의 결과를 통해 아이가 스스로 배우게 하는 것만으로는 충분하지 않다. 부모는 아이에게 행동의 결과가 닥칠 때 진실하고 애정어린 관심을 보여줘야 한다. 그렇게 할 때 아이는, 부모가 자신을 버렸다고 서러워하지 않고 행동의 결과를 통해 제대로 교훈을 배울 수 있다. 다음의 예를 보자.

자기 몫의 집안일을 제시간에 끝내지 않아 저녁을 굶은 아이에게
화내는 말: "물론, 배가 고프겠지! 이제 다시는 안 그러겠지. 배고플 거라고 했잖아."
공감의 말: "네가 어떤 기분일지 안다. 엄마도 한 끼 굶으면 배가 고프더

구나. 아침은 맛있게 해줄게."

늦게 자서 아침에 피곤해하는 아이에게
화내는 말: "제시간에 자지 않으면 피곤할 거라고 말했잖아. 이제 학교에서 고생 좀 해봐라."
공감의 말: "그래, 피곤하지? 엄마도 잠을 제대로 못 자면 직장에서 그렇던데. 그래도 오늘 하루 잘 보냈으면 좋겠다."

형편없는 점수를 받아 온 아이에게
화내는 말: "숙제도 제대로 안 하더니 이런 거지 같은 점수를 받아왔어. 이제 뭔가 좀 깨닫는 게 있겠지."
공감의 말: "저런, 안됐구나. 아빠도 열심히 공부하지 않을 때는 성적이 나빴단다. 그래도 다음 학기가 있잖니."

그 자리에서 바로 한다고 효과적인 것은 아니다

그 자리에서 바로 행동의 결과를 부여한다고 반드시 효과적인 것은 아니다. 사실, 아이가 잘못된 행동을 하고 무사히 넘겼다고 생각할 때를 노리면 더 효과적이다.

2학년인 콜레트와 미아는 엄마 차를 타고 마트에 갈 참이다. 뒷자리에서 두 아이가 말다툼을 하며 서로 때리고 밀어대자 엄마는 둘이 더 이상 부딪치지 않게 하려고 뒷자리 가운데에 보이지 않는 금을 긋고 서로 넘어가지 못하게 했다. 그때 터져 나오는 외침. "엄마, 콜레트가 제 옆에 붙었어요!" "엄마, 미아가 절 때렸어요." 그것 모두 엄마가 안전벨트를 매기도 전에 벌어진 일이다.

이제 엄마는 참을 만큼 참았다. 장보러 가는 날 엄마는 이렇게 말했다. "지난 번 마트에 갈 때도 뒷자리에서 끝도 없이 싸워댔지. 어찌나 귀에 거슬리는지 운전에 집중할 수가 없었어. 그래서 오늘은 조용하게 다녀오기로 마음먹었단다. 너희를 돌봐줄 베이비시터를 구해 뒀어. 베이비시터 비용은 너희가 토요일에 엄마에게 주든지, 엄마가 너희 용돈에서 제할 거야. 그건 당장 결정해야 할 문제는 아니야. 나중에 어느 쪽을 택할지 말해 줘."

만약 엄마가 아이들이 뒷자리에서 티격태격하는 순간 바로 폭발했다면, 아이들은 그 일로 무엇을 깨닫거나 자신들의 행동을 돌아볼 시간이 없었을 것이다. 하지만 얼마의 시간 간격을 두면, 아이들은 당장은 그 일을 잊어버리게 된다. 그러나 베이비시터와 함께 집에 있는 동안 아이들은 이런저런 생각을 해보게 될 것이다. '베이비시터 비용은 어떻게 해야 하지?', '다음번에 엄마를 따라가려면 어떻게 해야 하지?', '언니랑 사이좋게 지내려면 어떻게 해야 하지?' 또 이런 행동의 결과는 충분히 실천 가능한 것이기도 하다.

헌터가 친구 집에서 놀다가 집에 늦게 돌아왔다면, 그 행동의 결과로 친구 집에 가도 되느냐고 다음번에 물을 때 이렇게 대답하면 될 것이다. "지난번에 집에 늦게 돌아왔던 일 기억하니? 엄마는 오늘도 그런 걱정을 하고 싶지 않구나. 오늘은 집에서 혼자 놀거나 텔레비전 보도록 해. 다음에 또 친구 집에 가게 되면 그때 다시 이야기하자." 이런 행동의 결과는 친구 집에 가면 제때 귀가해야 한다는 사실을 헌터가 마음속에 되새기게 한다.

그러나 적절한 결과가 언제나 바로 떠오르는 것은 아니다. 그럴 때는 성급한 마음이나 홧김에 아무 말이나 꺼내기보다는 시간을 갖고 생각해 보는 쪽이 훨씬 낫다. 적절한 결과를 생각하느라 조금 시간을 들인다고 해서 결코 무능한 부모가 되는 것은 아니다. 이런 말로 생각할 시간을 벌 수 있다. "지금 당장은 이 문제를 어떻게 처리해야 할지 모르겠다. 하지만 곧 네게 말해 줄게." "네 살배기의 아빠 노릇을 처음하다 보니 생각 좀 해봐야겠구나. 그런 후에 말해 줄게." "글쎄, 뭐라고 해야 할지 모르겠구나. 생각 좀 해봐야겠는데."

시간을 두고 행동의 결과를 따져 보는 일은 아이에게도 도움이 된다. 아이는 그 시간 동안 어떤 결과가 닥칠지 고민하게 된다. 생각할 수 있는 아주 좋은 기회를 얻는 것이다.

부모의 공감은 '그래도 괜찮다'는 사랑의 표현이다

아이들이 잘못을 할 때 사랑과 원칙이 있는 부모와 그렇지 않은 부모의 반응이 상당히 다르다는 것을 알았을 것이다. 사랑과 원

한|입|정|보

설탕 한 스푼과 같은 유머

사랑과 원칙의 기술은 행동의 결과를 강조하고, 그 결과는 때로 고통스럽다. 하지만 '설탕 한 스푼이 약을 부드럽게 넘기게 해주는 것'처럼 사랑과 원칙의 창의력과 유머는 행동의 결과를 받아들이게 도와준다.

이런 이야기를 하다 보니 최근 내포스터가 워크숍에 갔다가 들은 멋진 이야기가 떠오른다. 할 수만 있다면 이 이야기를 들려준 그 엄마에게 모든 공을 돌리고 싶다.

제 남편은 조용한(때로는 훈련관형 부모에 가까운) 사람이었죠. 박사님이 출연한 프로그램을 보면서도 남편은 웃어넘기거나 비판하기도 했어요. 하지만 사랑과 원칙의 기술이 남편에게도 어느새 녹아들었다는 것을 어느 날 한 사건으로 알게 됐죠. 우리가 운전을 하고 가는데 뒷자리에서 아이들이 위험수위를 넘나들며 소란을 피웠죠. 그러자 남편이 박사님의 비디오에서 본 대로 말하는 거예요. "얘들아, 집에 도착할 쯤엔 차 안이 아주 조용할 거야. 왜냐하면 엄마 아빠만 타고 있을 테니까!"

한동안 차 안이 쥐죽은 듯 조용하더니 아홉 살 먹은 아들 녀석이 은근히 비난하며 대드는 투로 이렇게 말했어요. "안 그러실 거잖아요!"

그러자 남편은 순식간에 이렇게 말했어요. "타미도 그렇게 말했지."

다시 한 번 정적이 흘렀어요. 그러고는 한 녀석이 물었어요. "타미가 누군데요?"

남편이 대답했어요. "너희 형이야."

집을 1마일쯤 남겨두고 아이들은 집까지 걸어와야 했고, 물론 그 방법을 다시 쓸 일은 일어나지 않았어요. 이제 다 자란 그 아이들은 자기 가족과 여행을 하다가 우리에게 편지를 할 때면 그 끝에 "길 잃은 가엾은 타미 올림"이라고 쓴답니다. 정말 귀엽고 재미있지 않나요? 이제 이 말은 우리 가족 사이의 농담이 됐어요. 방황하는 탐은 아직도 저 밖 어딘가에 있는 거죠. 차에서 쫓겨난 뒤에 집으로 오는 길을 잃고 이길 저길을 방황하고 있는 거예요.

이분의 이야기가 전하는 교훈은 명백하다. 상황이 힘들어질수록 웃으면서 해결해야 한다. 아이들이 행동의 결과를 치르게 할 때 웃고 농담하며 사랑을 표현한다면, 아이들도 그런 자세로 세상과 대응하는 법을 익히게 될 것이다.

칙이 있는 부모는 화를 내거나 "내가 뭐라고 했어"라는 말로 아이를 몰아세우지도 않고, 아이를 앉혀 놓고 잘못한 일에 대해 잔소리를 늘어놓지도 않는다. 부모가 화를 내면 행동의 결과가 주는 힘이 사라지고 만다. 그 결과의 작용 과정에 부모가 끼어들어 제 기능을 방해하게 되기 때문이다. 아이의 분노는 부모를 향하게 되고, 행동의 결과가 주는 교훈을 배우지 못하게 된다. 또 부모가 아이를 앉혀 놓고 아이가 무엇을 잘못했고 그렇게 하면 왜 안 되는지 일일이 설명하면, 그것이 아무리 근사한 설명이라 해도 아이가 결과를 통해 스스로 생각하지 못하도록 막는 셈이 된다. 그것은 행동의 결과가 주는 힘을 저해하는 일이다.

아이들이 잘못을 한 후 그것을 통해 확실한 교훈을 배우게 하려면 부모의 슬픔과 공감을 보여줘야 한다. 부모는 아이와의 관계를 무엇보다 우선시해야 한다. 아이에 대한 사랑이 가장 중요한 것이다. 부모는 아이가 아주 어릴 때부터 "사랑해," "넌 할 수 있어," "그래, 잘한다"라고 말해 주며 건강한 자아상을 심어주어야 한다. 아이가 아무리 몹쓸 짓을 해도 달라지는 것은 없다. 부모는 자신이 아이를 얼마나 사랑하는지 알려줘야 하고, 사랑한다고 끊임없이 말해줘야 한다.

아이들이 잘못을 할 때 부모는 그로 인해 마음이 아프다. 그 잘못이 무엇을 의미하는지 알기 때문이다. 부모는 아이에게 자신의 마음을 진지하게 보여줘야 한다. 아이가 잘못을 하고 그 결과를 겪을 때면 부모도 슬프다는 사실을 알리는 것이 매우 중요하다.

미첼은 사랑과 원칙이 있는 부모가 되어가는 과정을 밟아가고 있었다. 불필요한 통제권은 내주고, 6학년인 딸 브리엔이 스스로 생각할 수 있도록 해주었다.

브리엔이 국어 시험에서 D를 받아 왔을 때 미첼은 가혹한 시험에 들게 되었다. 미첼의 머릿속에서 계속 이런 말이 들려왔다. '이건 엄청난 기회가 될 수 있어. 이 기회를 날려버리지 말자.'

미첼은 딸을 나무라지 않았다. 학교에서 이미 그에 상응한 결과를 치른 것을 알았으므로 그 일에 대해 아무 말 하지 않았다.

미첼은 옳다고 믿는 대로 행동했다. 그녀는 딸이 안쓰러웠다. 딸이 치른 결과를 자기 일처럼 아파하며 말했다. "저런, D를 받다니 정말 당황했겠다. 공부를 제대로 안 했을 때는 선생님 얼굴을 똑바로 보기가 어렵지. 기분이 엉망이겠네."

브리엔은 한마디 말도 없이 자기가 한 일에 대해 생각하고 있었다. 그때 미첼에게 사랑과 원칙의 기술 하나가 떠올랐다. "할 말이 없어지면 질문을 하여 문제를 아이에게 넘겨라." 그래서 미첼은 물었다. "어떻게 할 거니, 브리엔?"

브리엔은 고개를 숙인 채 힘없이 대답했다. "모르겠어요."

여기까지는 좋았다. 미첼은 필요한 만큼의 통제권을 얻었고, 브리엔은 자기 문제를 인식하고 스스로 생각하며 해결책을 고민하고 있었다. 그러나 그때 미첼은 불쑥 이렇게 말하고 말았다. "네가 공부를 안 했으니 금요일 파티에는 못 가는 거지."

브리엔이 소리쳤다. "파티에 못 간다니 그게 무슨 말씀이세요? D를 받은 건 제 잘못이 아니에요. 선생님이 쓴 글을 보셔야죠. 공부할 시간도 안 주고, 손을 들어도 도와주지도 않았단 말이에요. 그리고… 그리고… 이건 불공평해요!"

아이로 하여금 행동의 결과를 감당하게 하되 아이에게 공감을 보이는 것은 사랑과 원칙의 기술 중에서도 특히 어려운 일이다. 그에 비해 분노를 표출하는 것은 너무 쉽다. 특히 아이에게 화를

한 | 입 | 정 | 보

공감을 담은 메시지

아이가 잘못을 하면 홧김에 벌을 주고 싶어진다. 그래도 아이의 마음을 헤아리며 그에 상응한 결과를 통해 배우게 하는 것이 좋다. 부모가 아이를 얼마나 사랑하는지, 아이의 결정과 그에 따른 문제로 부모가 얼마나 속상해하는지 아이가 곧바로 느낄 수 있게 해야 한다. 화를 내거나 아이 문제에 휘말려들기 전에 다음과 같은 말을 건네 보자.

"정말 싫겠다."
"정말? 넌 틀림없이 좋은 수를 생각해 낼 거야."
"정말 안됐다. 그 문제를 어떻게 처리할 생각이니?"
"저런, 그것(성적표, 숙제, 그 밖의 구체적인 문제들) 때문에 정말 고민되겠다. 어떻게 해결할 수 있을까?"
"음, 그걸 그렇게도 볼 수 있다니 정말 흥미롭구나. 어떤 결과가 나오는지 알려줘."
"윽, 엉망이네. 이걸 다 어떻게 할 건지 알려줘."

이런 말들은 아이와 대립하지 않고, 곧바로 아이 편에 서서 실수를 통해 배우도록 격려한다. 아이는 문제를 해결하는 과정 내내 부모가 함께해 줄 것임을, 하지만 자신의 책임을 덜어 주지는 않을 것임을 알 필요가 있다.

내는 것은 정말이지 쉽다. 아이를 처벌하는 일은 부모에게 힘이 있는 듯한 느낌을 준다. 그러나 분노와 처벌이 더해지면 교육의 성과는 치명적일 만큼 비생산적이 된다.

　미첼의 분노와 처벌로 인해 브리엔이 배우고 있던 교훈은 통째로 허사가 되었다. 행동의 결과가 효과를 발휘하려면, 부모가 아이에게 소리를 지르지 않고 아이를 딱하게 여겨야 한다. 부모가 아이를 위해 슬퍼하면 아이는 자기 자신 외에는 분노할 대상이 없어진다. 브리엔은 엄마의 분노와 처벌 때문에 엄마와 선생님을 탓하게 되었다.

　우리는 아이들에게 끊임없이 메시지를 전한다. 그 중 가장 중요한 메시지는 '그래도 괜찮다'는 것이어야 한다. 아이들은 어려운 시기를 겪을 수 있다. 아이는 잘못을 하고 그에 상응한 결과를 치러야 할 수도 있지만, 우리는 아이 편이고 변함없이 아이를 사랑한다. 부모의 공감은 아이에게 사랑을 느끼게 한다. 그럴 때 아이는 행동의 결과를 통해 제대로 배울 수 있다.

조명, 카메라, 자녀교육 액션!

쉰 살의 남자가 한 음악가를 찾아가 물었다. "제가 트롬본을 잘 불 수 있도록 가르쳐 주실 수 있습니까? 시민 밴드와 퍼레이드, 그리고 여기저기에서 연주할 수 있을 정도의 실력이 되었으면 하는데요."

"그럼요." 음악가가 말했다.

"얼마나 걸릴까요?" 남자가 물었다.

음악가가 대답했다. "글쎄요, 한 5년 정도 배우면 원하는 곡은 모두 연주하실 수 있을 겁니다."

남자가 말했다. "5년이요? 그럼 전 쉰다섯이 되는 거 아닙니까?"

음악가는 이렇게 응수했다. "예, 그러시겠죠. 그럼 트롬본 연주를 배우지 않으시면 5년 후에 몇 살이 되십니까?"

연습, 연습, 또 연습해야 한다

이런저런 방법으로 아이들을 훈육하다 좌절한 부모들이라면 사랑과 원칙의 기술이 힘들게 느껴질 수도 있다. 긍정적인 자아상의 정립, 생각을 부르는 말의 사용, 부모와 아이 문제의 분별, 선택권의 부여, 행동의 결과에 대한 공감 등 기억해야 할 것들도 많다. 사랑과 원칙의 기술에 익숙하지 않은 사람이 이 모든 요소를 한꺼번에 적용하려 하다가는 짜증이 나기 쉽다.

사랑과 원칙의 기술은 다이어트와 같다. 다이어트를 하는 사람들과 마찬가지로 사랑과 원칙의 기술을 한 번에 하나씩 차근차근 적용해 보자. 아이의 행동 중 신경이 쓰이는 한 가지(사랑과 원칙의 기술로 바로잡힐 가능성이 가장 높아 보이는 것 한 가지)를 골라 원리를 적용해 보자. 그러나 바로 시작하지는 말자. 먼저 예행연습을 해보자. 아이가 어떻게 반응할지 먼저 예측해 보고 그에 대한 준비를 하자. 한 영역에서 성공하면 또 다른 영역을 골라 시도해 보는 식으로 이어가면 된다. 다음의 지침이 도움이 될 것이다.

- 어떤 상황에서 아이가 어떻게 행동하기를 바라는지 정한다.
- 똑바로 서서 아이의 눈을 들여다보며 당당하게 아이에게 순응을 요구하는 자신의 모습을 상상해 본다.
- 자신의 목소리를 상상해 본다.

- 친구들에게 시연해 보고 의견을 들어 본다.
- 마음속에서 "꼬마, 덤벼. 새로운 무기를 보여 주마!"라는 소리가 들릴 때까지 연습한다.

사랑과 원칙의 기술은 실행 시기를 잘 골라야 한다. 당신에게 시간과 에너지와 당신의 행동에 대한 충분한 예비 지원이 있을 때 시작해야 한다. 아이는 당신을 시험할 것이고, 화를 낼 것이며, 당신을 이전의 모습으로 되돌리려 온갖 시도를 다할 것이다. 심지어 "엄마가 그딴 책을 읽고 나서부터 엄마가 싫어졌어요!"라고 말하기까지 할 것이다. 일단 저항을 한다는 것은, 효과가 있다는 뜻이다. 그러므로 흔들리지 말자. 아이가 부모의 분노·동정심·죄책감을 건드려 부모를 통제할 수 있다면, 아이는 부모를 통제할 필요성을 느낄 때마다 그렇게 할 것이다.

사랑과 원칙의 기술을 실행하다 보면 아이가 성장하는 만큼 당신도 성장한다는 사실을 알게 될 것이다. 당신이 성공을 거듭할수록 당신의 자아상도 더 크게 자랄 것이다.

사랑과 원칙의 기술에서 벗어난 사례들

지속적인 연구와 세미나를 통해 지난 세월 동안 깨달은 것이 있다면, 좋은 의도와 실천도 잘못 이해되거나, 잘못 전달되거나, 핵심을 벗어나는 경우가 꽤 많다는 것이다. 그래서 "지옥으로 난

길은 선의로 포장되어 있다"고 하는 모양이다. 어쩌면 그 지옥의 길에서나 만날 법한 10대 중에는 부모가 어린 천사를 길러내는 방법에 관한 책을 읽고 키운 아이들도 있을 수 있다. 도대체 무엇이 잘못된 것일까?

사랑과 원칙의 기술이 천사 같은 10대들을 보장하지는 못하지만, 사랑과 원칙의 개념과 방법, 기술로서 노력하는 것이 아이들을 잘 키울 수 있는 가장 확실한 방법이라고 말할 수 있다. 사랑과 원칙의 기술도 때로는 잘못 이해되거나 잘못 사용될 수 있다. 사랑과 원칙의 기술 중에는 훌륭한 구상이지만 오용될 가능성이 큰 방법들이 수두룩하다. 좋은 뜻을 가진 부모들도 그럴 수 있는데, 그들의 과거가 왜곡된 가족 관계와 학대, 고통으로 얼룩진 경우는 더 말할 필요가 없다.

사랑과 원칙의 기술은 제대로 하지 않으면 아무 효과가 없다. 한 예로, 사랑과 원칙의 기술에서는 본example의 중요성을 강조한다. 본은 경험experience, 공감empathy 과 함께 사랑과 원칙의 핵심 요소인 3E 중 하나다. 부모의 본은 효과적인 자녀교육의 뼈대다. 부모의 자아상이 건강하지 않은 경우에는 자기 아이를 위해 본을 보이기가 쉽지 않다.

사랑과 원칙의 기술의 초보자들은 몇 가지 방법을 혼동하곤 한다. 사랑과 원칙의 개념과 방법, 기술 중 몇 가지는 왜곡되거나 오용될 여지가 있는 것도 사실이다. 여기에서는 혼란을 부를 수 있는 몇 가지 안타까운 사례를 다룸으로써 독자들이 그런 함정에 빠지지 않도록 돕고자 한다. 지난 몇 년 간 부모들이 너무나 바보 같은 짓을 저지르는 것을 보고 들으며 충격을 받았다. 게다가 그들이 "저는 이것을 사랑과 원칙의 기술로부터 배웠습니다"라고 자랑스럽게 떠들고 다닌다는 것을 알게 된 후에는 그 배로 충격을 받았다. 다음은 가장 흔한 사례들이다.

말뿐인 공감 | 사랑과 원칙의 기술은 아이와의 공감을 강조한다.
"안됐구나."
"속 좀 상하겠구나."
"다 잘될 거야."
"너라면 이번 실수를 통해 뭔가 배울 수 있을 거야."
"때로는 자신이 싫어질 때도 있는 거야."
"너 아니면 누가 이 일을 할 수 있겠니."
"일이 힘들어질수록 너도 강해질 거야."
"그거 정말 골치 아프겠다."
"좀더 깊이 생각해 보면 좋은 답을 얻을 수 있을 거야."

이는 모두 호의와 공감, 이해를 표현하고자 하는 말들이지만, 불행히도 이들 모두 얼음장처럼 차갑게 들릴 수도 있다. 어떤 부모들에게는 공감을 보이는 법을 배우는 게 익숙지 않을 수 있다. 그동안은 화를 내거나 좌절감을 보이는 데 더 익숙했기 때문이다. 따라서 새로운 표현을 써야 한다는 강박관념을 갖다 보면 (확신도 들지 않고 낯선 지식에 대한 자신감도 없다 보니) 말은 적절해도 속뜻은 다를 수 있다. 그들의 묵은 실망감은 못마땅함과 분노, 그리고 비판적이고 냉소적인 태도를 통해 묻어나게 된다.

진실한 공감이 담긴 표현은 머리가 아닌 가슴에서 우러나온다. 이따금 부모들이 "속 좀 상하겠구나"라고 말하는 것을 들어보면 어찌나 냉랭한지 오뉴월 강물도 꽁꽁 얼릴 수 있을 것 같다. 예를 들어, 로버트가 공부를 안 해서 시험에서 떨어졌다고 하자. 로버트의 엄마는 아이의 문제를 대신 해결해주지 않는다는 사랑과 원칙의 기술을 막 배운 참이라 이렇게 말한다. "시험 공부를 좀더 열심히 해야 했는데, 참 안됐구나." 그러자 아들한테서 엄동설한의 칼바람이 불어나와 그녀의 가슴을 찌른다. 같은 생각을 하는 또 다른 엄마는 아들의 어깨에 팔을 두르고 이렇게 말한다. "아들, 다른 일들도 중요한데 공부에만 집중하기가 어렵지, 그렇지?" 그러면 해님이 구름 뒤에서 얼굴을 내밀고 창문의 얼음을 녹이기 마련이다.

어떻게 표현하느냐, 어떤 마음으로 하느냐에 따라 결과는 엄청나게 달라질 수 있다.

노골적으로 아이를 위협하는 행동 | 때때로 행동의 결과로 아이를 위협하게 되면 그 의도가 분명히 드러난다. "개빈, 얌전히 앉아있지 않으면 네 방으로 들여보낸다!" 부모가 다음과 같이 말할 때도 위협은 여전히 노골적이다. "네가 똑바로 행동하지 않는다면, 엄마는 너랑 같이 있기 싫다."

어른으로서 스스로를 존중하는 결과를 제시한다면 부모와 아이 모두 좀더 행복해질 것이다. 아이는 여전히 선택권을 갖게 된다. "에단, 너의 그런 행동은 정말 보고 있기 힘들구나. 네 맘껏 행동할 수 있는 곳이 어디일까?"

있으나마나한 선택권 | 부모가 제시하는 선택 사항이 바람직하지도, 솔직하지도, 그리고 진실하지도 않은 경우가 있다. 스펜서는 차 뒷자리에서 로렌을 괴롭히고 있었고, 이를 본 엄마는 이렇게 말했다. "스펜서, 이따 도착한 후에 로렌한테 맞을래, 아니면 엄마한테 맞을래? 사랑과 원칙이 있는 부모는 다음의 지침에 따라 아이에게 선택권을 준다.

- 아이가 두 가지 다 선택하기 싫어해서는 안 된다. 둘 중 하나는 기꺼이 선택할 수 있는 것을 제시해야 한다.
- 아이가 어떤 것을 선택하든 부모가 실행할 수 있는 것이어야 한다.
- 아이가 선택을 거부할 때는 부모가 대신 선택해 주되, 그 선택은 실천 가능한 것이어야 한다(서두르지 마라. 실천 가능한 대안을 생각할 시간이 필요할 수도 있다: "흠… 마땅한 대안을 생각하기가 쉽지 않구나. 이 문제는 다음에 다시 이야기하자").

자기존중과 이기심을 혼동하는 행동 | 이기심, 이타심, 자기중심, 자

기존중. 이 말들은 미묘한 차이로 혼동을 줄 수 있다. 더욱이 부모의 성장 과정이 평탄치 않은 경우에는 그 중요한 차이점을 놓칠 수 있다. 예를 들어 '이타적'인 것은 좋지만, '자의식이 없는' 것은 좋지 않다. '자신을 존중하는 것'은 좋지만, '자기중심적인 것'은 나쁘다.

사랑과 원칙의 기술에서는 부모가 자신을 존중함으로써 아이에게 본을 보이는 것을 매우 강조하기 때문에 이런 차이를 알아야만 한다. 부모가 스스로를 존중하면 아이도 자신을 존중하는 어른으로 자랄 가능성이 매우 높아진다. 부모가 늘 아이를 우선시하면 부모는 늘 뒷전으로 밀리게 되고, 아이는 모든 것을 당연시 하는, 만족할 줄 모르는 아이로 클 수 있다(더 흔한 표현을 빌면 '버르장머리 없는 놈'이 되겠다).

사랑과 원칙이 있는 부모는 스스로를 존중하기 위해 자신을 우선순위에 둔다. 그리고 이기적이지 않은 윈-윈 관계를 고수한다. 막 걸음마를 뗀 아이가 부모를 우선순위에 두지 않는 것은 당연하다. 아이는 그럴 수밖에 없다. 따라서 아이가 두 돌이 지나면 부모가 아이에게 이렇게 가르쳐야 한다. "엄마는 너를 정말 사랑해. 엄마가 먼저 한 다음, 네가 얼마나 잘하는지 해보자! 엄마가 행복할 때 너도 행복한 거란다."

두 돌 혹은 그 이후에 윈-윈의 의미를 제대로 배우지 못한 아이가 사춘기를 겪게 되면 반항심에 부모를 상대로 늘 한 쪽은 질 수밖에 없는 상황을 만들어내게 된다. 그런 상황은 곧 양쪽 모두

지는, 모두 불행한 상황으로 악화되기 마련이다. 따라서 사랑과 원칙이 있는 부모는 청소년을 다룰 때 존중에 역점을 둔다. 반항적이고 만족할 줄 모르는 아이가 얼마간 힘든 시간을 겪게 된다고 해도, 사랑과 원칙이 있는 부모는 먼저 스스로를 존중하고 돌본다.

아이의 모든 행동을 통제하는 행동 ㅣ 아이와의 힘겨루기에서 당신이 이길 수 있도록 사랑과 원칙의 기술을 제공하는 이유는, 책임감 있는 아이를 키우기 위함이지 결코 아이의 모든 행동을 일일이 통제하라는 뜻이 아니다. 사실, 사랑과 원칙의 기술은 세월을 두고 통제권을 아이에게 넘겨주는 과정이지 통제권을 강화하려는 것이 아니다. 아이도 당신의 그 모든 노력이 권한과 통제력으로 자신을 쥐고 흔들기 위함이 아니라 자신을 사랑하기 때문이고, 훌륭한 어른으로 자라게 하려는 것임을 알아야 한다.

아이와 좋은 관계를 만들어가기보다 사랑과 원칙의 기술에 더 몰두하는 행동 ㅣ 사랑과 원칙에 대한 연구를 시작했을 때, 부모라면 당연히 아이를 사랑하고 아이가 잘되기를 바란다고 생각했다. 사랑을 표현하는 능력이 조금 떨어지는 부모들이 있기는 하지만 그 생각에는 변함이 없다. 여러 역할을 동시에 해내야 하는 부모들은 단지 사랑을 표현할 시간이 부족할 수 있다. 또 어떤 부모들은 좋은 관계의 역할 모델이 없어서 어디서부터 시작해야 할지 막연한 나머지, 문제를 정면으로 해결하기보다는 다른 취미나 텔레비전, 혹은 아이를 피할 수 있는 다른 일을 찾기도 한다.

　사랑과 원칙의 기술의 중요한 이점 중 하나는, 부모 자식 사이를 갈라놓곤 하는 요인들 즉 분노 · 훈계 · 위협 · 경고를 배제할 수 있다는 것이다. 사랑과 원칙의 기술은 생활 속에서 바로 활용할 수 있고 실천하기 쉬우며 재미가 있다. 그래서 남용하기도 쉽다. 예를 들면, 자기 나이에 자연스러운 행동을 하는 유아에게 '저런~저런!'이란 표현을 자주 쓰는 경우다. 그 나이의 아이가 기쁨덩어리만은 아니겠지만, 그렇다고 자기 방으로 쫓겨날 나이도 아니라는 것을 기억해야 한다. 재미있는 방법을 남용하거나 오용하는 것은 이해할 수는 있지만 그대로 용납할 일은 아니다.

　예를 들어, 가장 자주 쓰는 방법이 "너를 너무 사랑하기 때문에 너와 말다툼하고 싶지가 않구나"라고 말하는 것이다. 몬태나에 사는 한 엄마는 이 말을 자주 쓰기 시작한 뒤부터 품행이 좋던 어린 아들이 점점 더 화를 잘 내고 부정적으로 변했다는 이야기를 했다. 나포스터는 그 엄마에게 아들이 무엇을 가장 기분 나빠했는지 물었다. 그 엄마는 아들이 "엄마는 내 얘기를 제대로 듣지도 않잖아"라고 자주 말한다고 했다. 상황을 분석해 본 결과, 엄마는 애정 어린 반응을 보이는 대신 그저 "넌 너무 사랑해서 말다툼하기 싫다"라는 말만 반복했다는 것을 알았다. 그 엄마는 한쪽 무릎을 꿇고 애정 어린 말투로 "애야, 우리 이 문제는 나중에 다시 이야기하자. 지금은 바빠서 그래. 고맙다"라고 말하는 대신, "널 너무 사랑해서 말다툼하기 싫다"라는 말만 반복했다. 무엇보다 중요한 것은, 그 엄마가 아이 말을 대충 듣고 넘기기 위해 그 말을 이용해 왔음을 깨달은 것이다.

처음엔 부모, 다음엔 아이 ㅣ 부모가 스스로를 존중해야 한다고 계속 강조하는 이유는 어른이 스트레스를 받거나, 신경이 곤두서 있거나, 화가 나 있거나, 자신을 제대로 돌보지 않으면 사랑과 원칙도 아무 소용이 없기 때문이다. 아이를 상대할 때 늘 화를 내던 부모가 자신의 화를 먼저 다스리지 않으면, 아이에게 행동의 결과를 치르게 할 때도 늘 해오던 대로 하기 쉽다.

사랑과 원칙 안에서 부모는 본이 된다. 자녀를 자제력 있는 아이로 기르고 싶다면 부모가 먼저 아이 앞에서 본을 보여야 한다. 책임감 있는 아이로 기르고 싶다면 부모가 먼저 아이에게 책임감 있는 모습을 보여야 한다. 아이가 말과 행동으로 부모를 존중하기를 원한다면 그렇게 가르칠 뿐만 아니라 부모도 아이를 존중해야 한다. 사랑과 원칙의 기술에서는 이렇게 두 박자가 맞아야 한다. 처음엔 부모, 다음은 아이.

시작하기에 결코
늦은 때란 없다

사랑과 원칙으로 아이를 기르는 일에 너무 늦은 때란 없다. 아이가 이미 10대로 접어들었고 사랑과 원칙의 기술을 접해 본 적이 없다 해도, 그것을 통해 부모와 아이 모두 도움을 받을 수 있다. 중요한 것은 10대뿐만 아니라 평생토록 이어질 부모 자식 관계를 만드는 일이다. 그리고 그런 일은 언제 시작해도 늦지 않다.

아이들은 우리의 가장 소중한 자산이다. 아이는 우리에게 한 가지 요청을 한다. "부모님과 함께 지내는 짧은 18년 동안 저에게 삶의 진리를 가르쳐 주시고, 책임감 있는 어른이 되어 세상으로 나갈 수 있도록 해주세요." 아이를 키우는 18년 동안 우리는 많은 어려움에 부딪힐 것이다. 아이에게 문제가 생길 때마다 우리의 사랑은 위기에 처할 것이다. 그 사랑은 아군이 될 수도 있고 적군이 될 수도 있다. 아이가 알아야 할 것을 배우도록 도울 수도 있고, 아이가 책임감 있는 어른으로 자라지 못하도록 방해할 수도 있다.

아이들의 요청을 들어 주자. 아이를 뜨겁게 사랑하되 아이가 책임감을 가지고 살아갈 수 있도록 그에 꼭 필요한 핵심적인 기술을 스스로 배우게 해주자.

Part 2

사랑과 원칙의 실전 전략

아무리 어린 아이도 자기 삶에 대한 일정한 자유와 통제권을 부여받으면 부모의 기대만큼 책임감이 자라고 성숙하게 된다. 스스로 내린 결정들로 인해 지혜가 생기고 독립심을 갖게 되어 세상에 대해 더 잘 배울 수 있다.

자녀교육의 몇몇 개념들에 대한 이해는 좋은 출발점이 된다. 그런 개념들은 훈육의 체계를 세울 수 있는 토대가 되기 때문이다. 그러나 그 개념들을 실생활에 적용하는 일은 이해하는 일보다 훨씬 더 어렵다. 자기 뜻대로 안 될 때마다 무섭게 폭발하는 아이들을 어떻게 다뤄야 할까? 아무리 부드러운 말로 물어도 "저리 비켜, 바보"라고 대꾸하는 사내아이들은 어떤가? 제시간에 자지도 않고, 제시간에 일어나지도 않으며, 방 청소부터 숙제, 애완동물 먹이 주는 일까지 손 하나 까딱하지 않으려는 아이들을 어떻게 해야 할까? 우리가 원하는 것은 철학이 아니라 정답이다. 긍정적인 자아상의 정립, 부모와 아이 문제의 분별, 생각을 부르는 말의 사용, 선택권의 부여, 행동의 결과에 대한 부모의 공감이 실생활에서는 어떤 모습으로 나타날까?

2부는 사랑과 원칙의 기술을 41개의 실례로 구성했고, 아이들을 키우면서 흔히 겪게 되는 훈육상의 문제와 그에 대한 실질적 조언을 담고 있다. 각 주제별로 건전하고 현실적인 대처 방법을 제공하는 한편, 아이와의 대화 방법도 사례로 제시했다.

그러나 실례만 보고 곧바로 실전에 돌입해서는 안 된다. 반드시 1부를 읽고 나서 이 예들을 실험해야 한다. 기반도 제대로 다지지 않고 집부터 지으려고 해서는 안 된다.

아이들은 용돈 관리를 통해 경제적 책임감을 배운다

모든 아이에게는 경제적 책임이란 것이 뾰족한 코를 불길하게 쑥 들이미는 시기가 찾아온다. 용돈이라는 것이 바로 그것인데, 보통 아이가 예닐곱 살이 되면 시작된다.

우리는 아이에게 돈 관리하는 법을 가르치고자 용돈을 준다. 용돈을 관리해야 하는 아이는 경제적으로 좀더 책임감 있게 행동할 뿐만 아니라, 다른 부분에서도 보다 책임감 있는 아이가 된다. 용돈 관리를 잘하는 아이는 대개 학교 공부도 더 잘한다고 한다.

용돈 관리에 대한 몇 가지 규칙을 지킨다면, 아이가 이를 통해 많은 것을 배울 수 있을 것이다.

규칙 1 | 아이가 용돈을 벌게 해서는 안 된다. 아이가 집 안에서 잔일을 한다고 돈을 줘서는 안 된다는 뜻이다. 잔일을 했다고

돈을 주는 것은 집 안에서 정당한 자기 몫을 해낸다는 긍지를 박탈하는 일이다. 집안일로 아이에게 돈을 주려면 부모 몫의 잔일을 아이에게 맡길 때로 제한해야 한다.

규칙 2 | 매주 같은 날에 용돈을 지급한다. 주급봉투를 만들어 넣어주면 좋다. 봉투에는 용돈과 함께 그 명세가 적힌 작은 쪽지를 넣자. 예를 들어 초등학교 1학년 아이라면, 아이의 이름이 적힌 봉투에 "1달러는 용돈, 6달러는 점심값"이라고 적은 쪽지를 넣어 주는 것이다. 쪽지에는 이런 말도 쓴다. "엄마 아빠의 사랑을 담아. 지혜롭게 아껴 써라." 그 다음에는 아이가 봉투를 챙겨야 한다.

규칙 3 | 아이에게 용돈을 저축하라고 강요해서는 안 된다. 용돈을 벽장 뒤 구두상자 속에 넣어 큰돈이 될 때까지 모아 가지고는 돈 쓰는 법을 배울 수 없다. 아이는 나름대로 경기 불황을 겪어야 한다. 돈을 낭비하고 정작 필요할 때 곤란을 겪어 봐야 돈에 대해 배울 수 있다. 보통 사람들은 빈털터리가 되어 봐야 저축의 중요성을 깨닫게 된다. 아이도 마찬가지다.

규칙 4 | 불법적인 행동이 아닌 한 아이의 뜻대로 돈을 쓰게 놔둔다. 아이가 돈을 낭비하더라도 간섭하지 않는다. 다만, 용돈이 떨어지면 그것으로 끝이다. 다음 주 봉투를 받을 때까지 더 이상의 용돈은 없다.

용돈을 일찌감치 다 써버린 아이가 다음 용돈을 받는 날도 되기 전에 쪼르르 달려와 손을 내민다면, 부모는 대공황기의 은행처럼 인색해져야 한다. 물론, 용돈 받을 날이 되면 용돈을 줘야 할 것이다. 아이가 부모의 죄책감을 건드려대도 한 푼도 줘서는 안 된다. 다음 사례에서 주중에 용돈을 다 써버린 딸을 아빠가 어떻게 다루는지 보자.

딸 | 아빠, 용돈이 더 필요해요.
아빠 | 그래, 나도 언제나 그렇단다. 나도 언제나 버는 것보다 더 많은 돈이 필요하지. 이제 어떻게 할 생각이니?
딸 | 그래서 지금 부탁하는 거잖아요. 아빠, 용돈 좀 더 주시면 안 돼요?
아빠 | 그럼, 토요일이 되면 얼마든지 주지. 하지만 지금은 집안일을 대신 해주고 돈을 버는 방법을 생각해 보렴.
딸 | 하지만 전 지금 필요해요!
아빠 | 물론, 그렇겠지. 하지만 걱정하지 마. 토요일에는 돈이 생길 테니까.
딸 | 그건 불공평해요!
아빠 | 그럴 수도 있지. 어쨌든 토요일이 되면 용돈을 줄게.
딸 | 친구들은 이런 문제가 없어요. 부모님의 사랑을 받으니까요.
아빠 | 그렇겠지. 어쨌든 토요일에는 용돈을 줄게.

딸아이가 계속 조른다면, 아빠는 이렇게 실랑이를 끝낼 수 있다. "아빠가 그런 식으로 회사 사장님에게 계속 조른다면, 사장님이 아빠에 대해 어떻게 생각하겠니? 오히려 월급을 깎아버리고 싶지 않겠니? 그러니 최선을 다해 이 문제를 해결해 봐. 나중에 보자."

때로는 60초짜리
따끔한 질책이 필요하다

아이들의 문제에 화를 내야 할까? 그것은 누구의 문제로 보는지에 달려 있다. 부모는 언제나 아이의 문제에 공감을 보여야 한다. 아이가 문제 해결을 위해 애쓸 때 소리를 지를 게 아니라 딱하게 여겨야 아이의 책임감이 자란다. 아이가 길을 가다 무언가에 걸려 넘어졌거나, 눈이 시퍼렇게 멍든 채 씩씩거리며 돌아오거나, 과목 절반이 낙제하는 등 문제의 피해자가 아이뿐이라면 부모가 화를 내봐야 별 도움이 되지 않는다. 오히려 문제만 악화시킬 뿐이다. 아이는 세발자전거를 길에 내팽개치거나, 부모의 물건을 쓴 후 제자리에 갖다놓지 않는 등 자신의 행동이 부모에게 직접적인 영향을 끼칠 때는 부모가 화를 낸다는 사실을 안다.

아만다는 종이인형을 너무 열심히 자르다가 엄마의 가위를 부러뜨리고 말았다. 엄마는 화를 내도 괜찮은 상황임을 알고 말했다. "아만다, 엄마는 너무 화가 나서 이걸 어떻게 해야 할지 모르겠다. 봐, 엄마 가위가 못 쓰게 됐잖니. 설마 이대로 가만있지는 않겠지? 오늘밤 잠자기 전까지 어떻게 할 건지 엄마에게 말해 줘." 엄마는 화를 내어 아이를 비참하게 하지도 않았고, 바보 같다거나 무책임하다고 말하지도 않았다. 대신 아이의 행동이 엄마에게 피해를 주었고 해결책이 필요하다는 데 초점을 맞추었다.

부모가 합리적으로 판단하여 화를 내기로 했다면 대개 그 결정은 타당하다. 아이에게는 때때로 60초짜리 엄한 질책이 필요하다. 때로는 부모가 화가 났음을 보여 줄 필요가 있다. 우리는 다음의 선택 사항을 곰곰이 따져봐야 한다. 즉 아이를 혼자 있게 해야 할까? 아니면 같이 대화를 하며 문제를 해결해야 할까? 아니면 60초 동안 아이를 꾸짖은 다음 안아주면서 이렇게 말할까? "엄마가 화가 나는 이유는 네가 이보다 훨씬 더 잘할 수 있는 아이라는 걸 알기 때문이야."

화를 낼 때는 침착해야 한다. 냉정을 잃고 아이의 가슴을 손가락으로 찔러대며 호통을 쳐서는 안 된다. 일반적으로 아이의 행동이 부모와 직접적인 관련이 있을 때에만 화를 내야 한다.

한 가지 주의할 일은, 아이가 부모의 분노를 의례적으로 받아들이게 될 만큼 자주 화를 내서는 안 된다는 것이다. 아이들을 포함해 우리는 누구나 감정을 표현한다. 일단 아이가 어떤 감정에 익숙해지면 그것이 수치심이든, 분노든, 죄책감이든, 사랑이든 그 감정을 표현하게 된다.

아이가 잠드는 시간은
아이와 친밀한 교감을 나눌 수 있는 기회다

"자러 갈 시간이다." 당신이 매일 밤 아이에게 하는 말이다. 그리고 아이가 자러 가는 시늉이라도 하게 하려면 아이의 온갖 요구를 들어줘야 한다. 아이는 늘 조건을 단다. "이 프로그램만 보고요." "뭐 좀 더 먹으면 안 돼요?" "이야기책 읽어 주세요." "잠이 안 와요." 이불 속에 들어가지 않을 이유를 찾는 데에는 모든 아이가 아인슈타인 뺨친다.

아이는 될 수 있는 한 늦게까지 놀려고 하고, 부모는 빨리 재우려고 한다. 저녁시간은 부모가 아이에게 잔소리를 가장 많이 하는 시간이고, 아이는 핑계를 가장 많이 대는 시간이다.

유치원에 다니는 아이에게는 침대에 뉘어 줄 엄마나 아빠가 있어야 한다. 잠자리에 드는 시간을 아이와 친밀한 대화를 나누는 기회로 활용할 수 있다. 그러면 아이는 잠자리에 드는 시간을 기다리기 시작한다.

아이들은 엄마나 아빠와 단 둘이 함께 있는 시간을 좋아한다. 부모가 귀를 기울여 들어주기만 하면, 아이는 두려움이나 희망, 소원 따위를 모두 말할 수 있다. 이런 다정한 접촉은 아이의 불안을 덜어 주고 단잠을 잘 수 있게 해준다.

좀더 큰 아이도 부모가 잠자리를 봐주는 것을 좋아한다. 부모는 그런 소원을 존중하고 충족해줘야 한다. 부모 눈에는 아이가 어린애 같은 행동을 하고 싶어하는 것으로 보이겠지만, 이를 놀리거나 비난해서는 안 된다. 또 큰 아이에게는 잠자리에 드는 시간을 융통성 있게 적용해야 한다. "8시에서 9시 사이나, 9시에서 10시 사이에는 자러 가야 해. 어느 시간에 잘 건지는 네가 정해."

시간 범위는 부모가 정해 주고, 그 범위 안에서 일정한 시간을 아이가 선택하게 한다. 다른 많은 문제처럼 잠자는 시간 역시 통제권을 포기할 때 문제는 사라진다. 그러므로 마음을 비우고 아이에게 약간의 통제권을 주자. 또 아이에게 자기 방에 얌전히 들어가되 문을 열어놓을지 닫아놓을지, 방의 불을 켤지 끌지, 스탠드를 켜놓을지 끌지 물어 보자. 하지만 그럼에도 아이가 계속해서 부모를 자기 방으로 부른다면 이렇게 말해주면 된다.

"엄마가 너하고 더 있어 주기를 바라는 거 알아. 하지만 이제는 엄마와 아빠가 함께 지낼 시간이야."

"엄마가 너랑 더 오래 있으면 좋을 텐데. 하지만 이제는 엄마도 잠잘 준비를 해야 할 시간이야."

대장 노릇하는 아이 뒤에는 명령하기 좋아하는 부모가 있다

명령하기 좋아하는 부모 밑에는 명령하기 좋아하는 아이가 있다. 당연한 일이다. 훈련관이 신병을 부리듯 아이에게 명령을 하는 부모는 자신과 똑같은 아이를 길러낸다. 아이들은 어른처럼 행동하기를 좋아하고, 어른을 똑같이 따라한다. 그러므로 아이가 대장 노릇을 한다면, 가장 먼저 부모 자신을 돌아봐야 한다.

 물론, 늘 부모 때문은 아니다. 때로는 엄마 아빠는 전혀 그렇지 않은데 유독 명령하기 좋아하는 아이가 있다. 이런 아이는 자기 뜻대로 하는 것이 습관이 된 경우다. 제 뜻대로 하지 않으면 성이 안 차는 아이는 부모에게도 함부로 이래라저래라 입을 놀릴 것이다. 아이의 그런 행동을 참아서는 안 된다. 이런 문제에 대비해 바로 사용할 수 있는 한두 마디 대사를 생각해 두는 것도 한 가지 방법일 것이다.

 아이가 부모를 부려먹으려 하면, 먼저 미소를 머금고 아이를 한참 동안 지긋이 쳐다봐야 한다. 뜻밖의 상황에 당황한 아이는 머리를 굴리며 이게 대체 어떻게 된 일인지 고민하게 된다. 그런 다음 아이에게 차분하게 말한다. "알리샤, 가족들이 모두 대장 노릇을 하려고 하면 우리 집이 어떻게 될까? 도움이 될까 안 될까? 지금 당장 대답할 필요는 없어. 그냥 생각 좀 해봐." 그러고는 자리를 뜬다.

대장 노릇하는 아이를 감정적으로 대해서는 안 된다. "감히 아빠에게 이래라저래라 하지 마!"라고 위협해서도 안 된다. 이성적이고 솔직하게 아이의 행동을 다뤄야 한다. 그러나 내 아이가 다른 아이를 좌지우지한다면, 그때는 카운슬러의 역할을 맡아야 한다. 결국 그 일은 부모의 문제가 아니라 아이들의 문제이기 때문이다.

엄마 | 알리샤, 네가 친구들을 부하처럼 부리더구나. 그렇게 하면 아이들이 널 싫어할 거라는 생각은 안 해봤니? 그렇게 하다간 친구들이 남아 있지 않을 거야.

알리샤 | 에이, 친구들과의 우정은 변함없을 거예요.

엄마 | 물론, 네가 다른 사람들한테 명령을 하면서도 여전히 친구로 남을 수 있는 아주 희귀한 사람일지도 모르지. 네 생각은 어떠니? 아이들한테 이것저것 시키면서도 친구로 남을 수 있는 방법을 찾아냈니?

알리샤 | 모르겠어요.

엄마 | 그래, 일이 어떻게 될지 정말 궁금하구나. 네 뜻대로 잘되길 바란다.

아이가 계속 그렇게 행동하다가는 어디선가 문제가 생길 가능성이 높다. 무례하게 굴면 친구는 떠나고 적만 생기는 것이 현실이기 때문이다. 아이가 그 문제를 안고 엄마를 찾을 때, 엄마는 아이에게 진정한 친구의 슬픔을 보여 줄 수 있다.

엄마 | 저런, 친구들과의 일이 뜻대로 잘 안 풀렸구나. 그런 거니?
알리샤 | 그래요.
엄마 | 그거 정말 안됐구나. 어떻게 하면 친구들의 마음을 되돌릴 수 있을까?
알리샤 | 모르겠어요.
엄마 | 정말 이 문제가 잘 풀렸으면 좋겠다. 엄마 생각을 듣고 싶어지면 말해. 엄마는 언제든 너와 함께 이야기하고 싶으니까.

아이에게 "명령하지 마!"라고 말하는 것은 부모의 명령으로 아이를 화나게 하는 것일 뿐, 아이의 버릇은 고쳐지지 않는다. 그러나 그 문제의 짐을 아이의 어깨에 올려놓고, 아이가 조언을 구할 때 도와주면 아이 스스로 해결책을 찾아나갈 수 있다.

똑똑한 아홉 살짜리도
친구들의 놀림에는 흔들린다

학교에서 유독 괴롭힘을 당하는 아이들이 있다. 그 중에는 착하고, 조용하며, 예의 바르고, 똑똑한 아이들이 많은 것도 사실이다. 특히 중학교라고 불리는 난장판이 그 주 무대다(중학교를 차라리 '큰애들이 다니는 초등학교'라고 부른다면 사람들의 기대치를 낮출 수도 있을 텐데). 사춘기 직전의 아이들은 자기와 조금이라도 다른 데가 있으면 놀려대기 마련이다. '다양성을 존중하자'는 연설이나 외침은 중학생들 귀에는 공염불일 뿐이고, 어쩌면 아직 발달 중인 그 나이 아이들의 자연스러운 반응일지도 모를, 그런 행동을 바꾸지도 못한다.

학교마다 조금씩 차이가 있지만, 불행히도 어떤 아이들은 아주 잘생겨서, 책임감이 강해서, 심성이 착해서 동네북이 되기도 한다. 특히 아홉 살짜리 친구들의 말도 안 되는 농담을 유연하게 받아치지 못할 경우에는 더더욱 그렇다. 어른들과 능숙하게 대화를 주고받거나 또래보다 성숙한 아이들도 동년배의 유치함에 응수하는 데에는 어려움을 겪는다.

많은 부모가 자기 자식에게 좀더 편한 환경을 만들어주려고 애쓴다. 아이가 힘들어할수록 환경을 개선해 주는 일은 더더욱 중요하다. 하지만 아이에게 상황에 대한 이해력과 해결 능력이 있다면 스스로 극복해 나가는 법을 배우도록 도와주는 편이 낫다. 외부 상황을 바꿔 주는 대신, 아이가 내면의 성장을 통해 문제를 극복해 나가도록 부모가 도와주는 것이다. 하지만 아이가 신체적 위협을 당하는 경우에는 당연히 상황 자체를 바꿔줘야 한다.

엄마 아빠가 이렇게 아이를 격려할 수도 있다. "지금 못되게 구는 아이들도 나중에 좋은 사람으로 자라기도 한단다. 믿기지 않지? 걔들도 언젠가는 너만큼 성숙해질 거야! 지금 저러는 것도 삶의 한 과정일 뿐이라니 얼마나 다행이니. 네가 대처하는 모습을 보니 정말 자랑스럽다." 현명한 부모는 아이 자신에게 문제가 있어서 놀림을 받는 게 아니라, 놀리는 아이들이 문제인 거라고 이야기해 준다.

학교에서 누가 뭐라고 하든 자신이 '옳다'는 흔들리지 않는 확신으로 상황에 대처하는 방법을 배울수록 아이는 강한 어른으로 자랄 수 있고 또래들의 결정에 덜 의존하게 된다. 부모로서 이렇게 조언할 수 있다. "애야, 인생을 살다 보면 종종 널 괴롭히는 사람들이 나타날 거야. 지금 그에 대처하는 법을 배우는 게 얼마나 다행인지 모른다. 어떤 사람들은 어른이 되어서도 그 대처법을 모르기도 하거든. 이 일로 네가 더 지혜로워지고 더 신중해지며 사람들을 더 이해하게 될 거라 믿는다."

다음과 같은 방법은 효과를 장담할 수 없는 것들이다.

- 주변 환경을 좀더 편하게 바꿔 주려는 것(물론, 아이가 심각한 위협을 당할 때는 학교 관계자들이 개입하여 위협 요소를 제거해 줘야 한다)
- 진심이 빠진 동조와 말뿐인 칭찬으로 아이의 기분을 좋게 해 주려는 것
- 아이가 원하지도 않는 충고와 제안을 하는 것
- 그 일로 당신이 얼마나 상처받고 좌절했으며 무력함을 느끼는지 아이에게 표현하는 것

차 안에서의 소동은
조기 진압이 중요하다

싸움은 별 악의 없이 시작된다. 차 뒷자리에서 카메론이 몰리의 영역을 침범하자, 몰리가 소리친다. "엄마, 카메론이 내 자릴 뺏어요." 그때 몰리가 카메론의 팔을 때리며 소리친다. "지저분한 네 발 저리 치워."

카메론은 전열을 가다듬느라 자기 자리로 물러선다. 몰리의 몸집이 좀더 크고 오른손 잽도 강하기 때문이다. 그러나 카메론의 장난기는 수그러들지 않는다. 조심조심 오른손을 한가운데로 가져간다. 처음에는 집게손가락, 다음에는 나머지 손가락, 그 다음에는 손 전체가 누나의 자리로 들어간다.

몰리가 소리친다. "엄마! 애 좀 말려 주세요!" 그 다음 공격에 들어간다. 주먹질, 비명, 머리카락 잡아당기기. 뒷자리에서 제3차 세계대전이 발발한다.

아이들은 이상하게 차 뒷자리에만 앉으면 흥분한다. 객실열병

이랄까, 밀실공포증이랄까, 부모가 어쩌지 못하는 기회를 포착했다고 할까. 두세 아이를 뒷자리에 앉혀 놓으면 아이들은 어느새 게릴라 전사가 됐다가 정보원이 됐다가 한다. 말다툼을 하다 싸움을 벌이고 서로를 들볶다가 부모를 들볶는다. 그러면 부모가 말한다. "얘들아, 조용히 해라." 그렇게 말하면 잠시 수그러들지만 효과가 그리 오래 가지는 않는다. 두세 블록도 못가 다시 시끄러워지기 마련이고, 부모는 더 심한 말을 할 수밖에 없다.

뒷자리 소동은 부모가 조기에 저지할 수 있고, 또 그래야 하는 문제다. 초기에 손을 쓰면 심각한 상태까지 가지는 않는다. 그러나 조치를 취하려면 때를 잘 골라야 한다. 시간 제한을 받지 않고 부모의 메시지를 확실히 전해 줄 수 있는 때라야 한다. 그 메시지는, 간단히 말하면 이렇다. "우리는 뒷자리의 싸움을 묵인하지 않을 것이고, 싸움을 계속하면 무슨 일이 벌어질 것이다."

초등학교 아이라면 다음과 같은 방법을 시도해 봄직하다.

어느 날 아침, 랜드는 뒷자리 전사들의 소동을 막을 만반의 준비를 했다. 어떻게 할지 예행연습까지 했고 분명 그대로 허비하게 될 시간에 읽으려고 책까지 준비했다.

아니나 다를까 때가 되자 아이들은 뒷자리에서 티격태격하기 시작했다. 랜드는 차를 멈추고 침착하게 고개를 돌리며 말했다. "얘들아, 이렇게 좁은 차에 갇혀 있다 보면 너희 핏속의 산소량이 부족해진단다. 그래서 너희가 짜증이 나고 싸우게 되는 거야. 하지만 차 밖으로 나가 산소를 보충하면 기분이 훨씬 좋아질 거야. 너희는 차에서 내려 산소를 보충하고 둘 사이의 문제도 해결하는 게 어떻겠니? 아빠는 먼저 가서 너희를 기다릴게."

아이들에 대한 보호 조치로 랜드는 이렇게 덧붙였다. "차도 가까이 가지 말고 인도로 걸어가야 해. 그럼 안전할 거야."

그런 다음 랜드는 아이들의 시야에서 벗어나지 않는 몇 블록 앞으로 차를 몰고 간 후 차를 세우고 책을 읽기 시작했다. 그는 아이들이 서로를 탓하며 걸어오는 모습을 보았다. 그러나 차와 가까워질수록 아이들의 모습은 점점 좋아졌다. 차 있는 곳까지 오자 아이들은 침착해졌다.

한 아이가 손을 뻗쳐 차문을 여는 순간 다른 아이가 앞으로 끼어들면서 다시 전쟁이 시작되었다. 랜드는 또 몇 블록 앞으로 가서 차를 세우고 책을 읽었다. 차 있는 곳까지 왔을 때 아이들은 다시 얌전해졌다.

이제 랜드는 차를 몰고 가다 아이들이 싸움을 시작할 때면 "얘들아, 산소를 보충해야겠니?"라고 묻는다. 그러면 아이들은 금세 조용해진다.

위험이 따른다는 이유로 어떤 부모들은 이 방법을 거부할 수 있기 때문에 몇 가지 분명히 짚고 넘어가려고 한다. 우리 사회는 전반적으로 점점 더 보호를 강조하게 되었다. 만 7세 미만의 아이들은 카시트에 앉혀야 하고, 취학 아동은 미성년노동법에 따라 법적으로 집안 사업도 도울 수 없으며, 어떤 아이도 다른 아이들의 공부에 방해가 된다고 학교에서 쉽게 쫓아낼 수 없다. 부모가 아이에게 교훈을 줄 목적으로 신중하게 아주 작은 위험을 감수하려고 해도 사회에서 용인하지 않는다. 시대가 변한 것이다.

이 방법으로 부모들에게 자녀를 위험에 빠트리라고 부추길 의도는 없다. 아이를 차에서 내려 걸어가게 할 때는 아이의 안전을 위해 아이의 나이와 부근의 교통량, 이웃의 안전도 등을 모두 고려하여 걸어갈 거리를 정해야 한다. 또 너무 어리거나 충동적인 아이의 부모라면 절대 아이 혼자 집까지 걸어가게 하지 못할 것이라는 점도 이해한다. 하지만 10년에 한 번쯤 유괴 사건이 일어날까 말까 한 인구 1천만의 조용한 동네에 살면서도 단순히 부모의 걱정 때문에 몇 블록 거리를 걸어가게 함으로써 얻을 수 있는 산 경험을 놓치게 한다면 그것은 참으로 슬픈 일이다.

집안일은 아이가
어릴 때 시작해야 한다

아이들이 집안일을 도와주는 모습만큼 부모의 마음을 흐뭇하게 하는 광경도 없다. 아이가 책임감과 소속감을 느낀다는 의미이므로 부모의 뿌듯한 심정은 당연하다. 게다가 일은 일대로 진행되니 행복할 뿐이다!

이곳은 꿈나라가 아니다. 사실, 부모나 아이들이나 똑같이 자질구레한 일을 기피하는 게 보통이다. "설거지 할 사람?" 하고 물어도 순식간에 손이 올라가지는 않는다. "좋았어, 오늘 청소 지원자가 누굴까?"라고 물어도 빗자루를 가지러 가는 가벼운 발걸음은 들리지 않는다. 그러나 제대로 다룬다면 집안일과 관련된 신경전을 피할 수 있다. 다만, 아이가 어릴 때 시작해야 한다.

아이들이 어릴 때는 부모와 함께 일하는 것을 좋아한다. 부모를 '돕는다'는 표현보다 부모와 '함께 뭔가를 한다'고 말하는 게 맞다. 솔직히 아이가 하는 일은 별 도움이 안 되기 때문이다. 아이는 단순히 부모 흉내를 내고 싶어할 뿐이다. 엄마가 설거지할 때 물에다 손을 담그고 휘젓기를 좋아하고, 아빠가 청소기를 돌릴 때 자기만의 기계를 밀고다니기를 좋아한다. 눈이 올 때면 길에 쌓인 눈을 치우는 일을 '도울' 수 있도록 작은 플라스틱 삽을 사줘야 한다. 안 그랬다간 하염없이 운다(아이가 열세 살이 되면 더 이상 그렇게 하지 않는다. 정말 안타까운 일이다!).

아이들에게 집안일에 대한 좋은 인상을 심어 주는 비결은 부모가 집안일을 재미있게 하는 것이다. 부모가 집안일을 고역으로 여기면 아이는 '집안일이 그런 거라면 전 빼주세요'라고 생각할 것이다. 그러므로 부모는 아이가 걸음마를 배우는 동안 '일은 재미있다'는 생각을 심어줘야 한다. 현명한 부모는 이렇게 말한다. "얘야, 아빠는 집 안 청소를 하는 게 너무 좋아. 정말 상쾌해!" "얘야, 난 항상 너와 함께 뭘 하는 게 좋아!" "둘이 같이 하니까 정말 재밌다!"

유치원생이나 초등학교 1학년 정도가 되면 아이에게 일정한 책임을 물을 수 있다. 그 나이가 되면 자기가 어질러놓은 물건 치우기나 자기 방 정리하기, 이부자리 펴기 등 집 안의 가장 기초적인 일을 맡길 수 있다. 초등학교 3학년 이상이 되면 설거지를 하고, 청소기로 거실을 밀며, 쓰레기를 내다버리고, 냉장고 안을 닦으며, 더러운 유리창과 차 안팎을 청소하는 일을 도울 수 있다.

그러나 아이들은 불만을 터뜨릴 것이다. 아이들은 머리가 아주 잘 돌아간다. 어떻게든 자기가 맡은 집안일을 피하려고 구실을 찾거나, 누가 무슨 일을 맡는지 따지거나, 자기가 맡은 일을 언제 해야 하는지를 놓고 불평한다.

사랑과 원칙이 있는 부모는 집안일에 대해 아이와 협상을 벌인다. 이들은 부엌 한 편, 잘 보이는 곳에 집안일 목록을 붙여 놓고 어떤 일을 하고 싶은지 아이가 직접 선택하게 한다. 하루나 이틀 뒤 온 가족이 둘러앉아 집안일을 나눈다. 부모가 집안일을 할당할 게 아니라 아이가 선택하도록 기회를 주자. 이유가 무엇이든 집안일이 불공평하게 나눠지면 '피해를 본' 아이가 낌새를 채고 협상을 요구할 것이다.

언젠가 내 포스터 아이들이 집안일을 놓고 둘러앉은 적이 있다. 열여섯 살 제리와 열두 살 멜린다 사이에 아주 불공평한 합의가 있었던 것이다. 문제의 집안일은 개먹이주기와 설거지였다. 개먹이는 지하실에 있었고 멜린다는 어둠을 무서워했기 때문에 어두운 지하실에 내려가기보다는 매일 설거지하는 쪽을 택했다. 그러나 멜린다는 얼마 지나지 않아 불공평한 분업의 현실을 깨달았고, 어둠에 대한 무서움도 이겨냈다. 그리고 맡은 일에 대한 재협상이 이루어졌다. 아이들은 일정한 통제권이 주어지면 서로 간의 집안일 분쟁도 스스로 해결한다.

이보다 더 큰 문제는 부모가 원하는 시간 안에 아이로 하여금 집안일을 끝내게 하는 것이다. 현명한 부모는 "다음 식사 때까지"나 "축구장(수영장, 친구 집)에 데려다주기 전까지" 등의 표현으로 시간대를 분명히 정해 준다. 그렇게 해서 아이는 기본 규칙을 알게 된다.

반항하는 아이를 둔 부모들의 유형 중 하나가 '그건 그렇고' 족이다. 그들은 아이가 한가롭게 앉아 있는 모습만 보면 온갖 할 일을 생각해 낸다. 맡긴 적도 없는 집안일들이 줄줄이 떠오르는 것이다. 그들은 이렇게 말한다. "그건 그렇고, 부엌 베란다의 쓰레기봉투 좀 버려 줄래?" "그건 그렇고, 차의 그릴 좀 닦을 수 있겠니?" 어린 시절 엄마는 나에게 이런 식으로 일을 맡겼고, 결국 나는 엄마 눈에 띄지 않는 곳에서 책을 읽어야 했다.

창의력은 절제력과 만날 때 가장 빛난다

창의적인 아이와 함께 있으면 즐겁다. 아이의 창의력은 우리를 놀라움과 기쁨, 자부심으로 채워 준다. 창의적인 아이들은 스스로를 자극한다. 이 아이들에게는 스스로 성취하고자 하는 욕구가 있다. 창의력이란 '행동하는' 개념이다. 그 누구도 축구 경기나 텔레비전을 보면서 창의적일 수는 없다. 창의적인 아이는 "뭐하지?" "뭘 보지?" 하며 징징대지 않는다.

하지만 창의력은 자기 절제력과 만날 때 가장 빛난다. 만약 절제력이 없이 창의적이기만 한 아이를 뒀다면 그 아이는 '지옥에서 온 아이'나 다름없다. 벽지 위에 색을 칠하고, 개털에 매니큐어를 바르며, 물총에 잉크를 넣어 천장에 쏘아대는 것도 어쨌든 창의적인 일이니까. 절제력과 창의력은 연관 관계가 아니라 독립적인 변수다. 절제력이 있는 아이가 창의적일 수도 있고 아닐 수도 있다. 또 창의적인 아이가 절제력이 있는 경우도 있고 아닌 경우도 있다. 진짜 기쁨을 주는 아이는 창의력과 절제력을 겸비한 아이다!

유아기는 세상을 탐험하는 시기다

창의력은 넘치는 호기심과 강한 연관성이 있다. 유아기는 부모가 아이의 호기심을 자극해야 하는 가장 중요한 시기다. 기본적인 토대를 세워 가는 이 시기의 뇌는 아주 유연하기 때문에 주변 환경과 기대에 따라 발달 정도가 전적으로 달라진다. 놀랍게도 영유아기의 경험에 따라 뇌의 형태도 달라진다.

만 2세부터 6세까지는 끈기 있게 새로운 것을 추구하는 시기다. 현명한 부모는 아이가 주변을 탐험하도록 격려한다. 하지만 안타깝게도 어린아이가 공항 대기실이나 교회 안을 아장아장 걸어 탐색하고 있으면 아무도 방해하지 않음에도 부모가 "이리 와!" 하며 아이의 의지를 꺾는 모습을 종종 보게 된다. 아이를 내버려두자. 탐험하게 해주자. 타인의 공간이나 평안을 침범하지 않는다면, 느긋해지자.

현명한 부모는 아이가 유아기를 거치는 동안 세상을 탐험하고 알아가는 것에 열의를 보이며 아이를 자극한다. 부모가 자동차를 보고 탄성을 지를 수도 있을 것이다. "저게 어떻게 움직이는 걸까?" 또 촛불을 바라보다가 "와, 뜨거워지니까 보글보글 하네." 아장아장 걷기 시작하는 아이들은 DVD 플레이어나 텔레비전의 버튼 조작법을 알고 싶어 안달한다. 아이들은 블록을 얼마나 높이 쌓아 올릴 수 있는지, 커피를 저을 때 크림이 어떻게 섞이는지 알고 싶어한다. 호기심과 창의력은 불가분의 관계다. "와, 저것 좀 봐! 저게 어떻게 되는 거지?" 현명한 부모는 이 말을 입에 달고 산다.

처음에 말했듯이, 절제력은 호기심 많은 아이가 행복하기 위한 필수 요소다. 절제력이 있어야 부모와 아이 모두 즐거운 주변 탐험이 가능하다. 부모가 부를 때 돌아와야 공항 대기실이나 교회 안에서 탐험하는 아이를 즐거운 마음으로 바라볼 수 있는 법이며, 뜨거운 컵은 만지지 말라는 부모의 부탁을 존중할 때 커피와 크림이 섞이는 것을 지켜보는 아이가 사랑스러운 법이다.

최근에 방문한 어느 집에서는 아이들이 온 부엌 바닥에 강줄기를 굽이굽이 만들고 있었다. 나포스터는 그 집 엄마에게 냉장고와 가스레인지 앞에 아이들이 해놓은 물바다에 대해 물었다. 그러자 그 엄마는 웃으며 이렇게 말했다. "뭐 어때요, 부엌 바닥은 늘 젖기 마련인데. 그리고 제가 치우라고 하면 애들이 바로 치우니까 괜찮아요!"

아동기 초반은 무언가를 보기보다 무언가를 하는 시기다

어린아이의 창의력을 북돋는 가장 쉬운 방법은 텔레비전을 내다 버리는 것이다. 하지만 자아가 싹틀 때부터 텔레비전과 함께 자란 젊은 부모들에게는 거의 불가능한 일이다. 그래도 분명히 말할 수 있는 점은, 아이들은 무언가를 '보는' 것보다 무언가를

'하며' 시간을 보내야 한다는 것이다. 다음은 아동기 초반에 창의력을 북돋기 위해 부모가 할 수 있는 일들이다.

- 재활용센터를 장난감가게처럼 이용하자. 시계나 온갖 전자 제품을 분해해 보고, 옷으로는 변장 놀이를 하며, 오래된 보석함에는 소중한 물건들을 넣어 두자. 엽서·양념통·자물쇠 등 어떤 것이라도 내 아이만의 재미난 수집품을 모아 보자.
- 플라스틱으로 된 흰 벽을 마련해서 아이가 마커 펜으로 그림을 그릴 수 있게 해주자.
- 집 안에 최첨단 미디어 장비를 갖추는 것보다 붙박이 무대를 만드는 편이 훨씬 좋다.
- 책을 읽어 주지만 말고, 아이와 번갈아가며 이야기도 만들어 보자.
- 메리 포핀스 이야기에 나오듯 모든 일에는 재미난 요소가 있다는 것을 기억하자.

아동기는 무엇이든 부모가 함께 흥분하고 즐거워해야 효과적인 시기다

아동기는 미래의 사업가와 발명가가 본격적으로 싹을 틔우는 시기다. 부모들은 자기 아이가 두각을 나타내는 분야를 발견하고 열광하며 이를 북돋는다. 이 시기는 세상의 경이로움 즉 박물관, 아트쇼, 연극, 극장식 레스토랑 등을 접하는 때다. 아이가 무엇을 접하든 부모가 함께 흥분하고 즐거워해야 가장 효과적이다.

어떤 활동을 하든지 부모가 동참하며 즐거워하면 아이는 즐기게 되고, 시간이 흐르면 부모의 영향 없이도 빠져들게 된다. 내 어머니는 짧은 시간이나마 암실, 구피에게 먹이 주기, 나비 수집, 글쓰기에 열광하는 식으로 우리 형제의 흥미를 유발한 뒤 암실, 수족관, 나비그물, 타자기를 우리에게 넘겨주셨다. 어머니의 좌우명은 "한 번 해봐. 아마 좋아하게 될 거야!"였다. 어머니의 사랑은 어머니의 세상을 향한 즐거운 호기심과 짝을 이루어 70년이 넘도록 우리에게 남아 있다.

요약하면, 세상이 움직이는 원리에 열광하고, 아이와 함께 무엇이든 해보며, 아이와 함께 발견한 것에 즐거워해야 한다. 그럴 때 당신의 아이는 의욕적이고, 호기심 가득하며, 창의적인 아이로 자랄 것이다.

통제할 수 있는 것만 통제해야 한다

효과적인 자녀교육의 열쇠는 통제할 수 있는 것만 통제하는 것이다. 아이가 우는 것, 어른을 귀찮게 하는 것, 손가락을 빠는 것, 징징대는 것을 막을 방법은 없다. 가능하고 또 가능하게 해야 하는 것은 그런 행동을 '정해진 장소'에서만 하도록 통제하는 것이다. 부모가 단호하게 "제발 그만해"라고 말하는데도 아이가 듣지 않는다면, 애원하거나 우는 소리를 하는 대신 아이가 다른 곳에서 '미운 짓'을 할 수 있게 해줘야 한다. 그 장소는 아이의 방이다. 하지만 아이를 벌하기 위해 방으로 보내는 것이 아니고 아이가 스스로 평정을 찾을 기회를 주는 것임을 기억하자. 만약 아이가 여전히 화가 나 기분 나쁜 채로 나오면, 아이 나이에 5분을 더한 시간만큼 다시 방에 가 있게 한다.

우리는 아이에게 늘 사랑을 표현해야 한다. 아이 기분이 좋아지면, 잘한 행동의 보상으로 꼭 안아줘야 한다. 또 훈육 과정에서 저지르기 쉬운 세 가지 실수를 염두에 둬야 한다.

첫째, 너무 가혹해질 수 있다. 어린아이들도 때로는 기분이 별로일 수 있다. 우리도 그렇지 않은가. 누구나, 우리 아이조차도 때로는 괴팍해지거나 우울해질 수 있다는 것을 기억해야 한다. 예를 들어, 우리가 아이의 취침 시간을 훌쩍 넘겨 재워 놓고는 그 다음날 아이가 짜증을 낸다고 혼자 방에 가 있게 한다면 과연 정당한 처사일까? 부모 자식 간에도 이해와 상식이 통해야 하는 법이다.

둘째, 지나치게 관대하게 하거나 너무 오래 참다가 "들어가!"라고 할 수 있다. 아이의 허튼 짓이 도를 넘어서면 인내심은 바닥나게 되어 있다. 마침내 아이에게 작별을 고하게 될 때는 효율적이기보다는 흥분해 있을 것이다.

셋째, 분노를 단호함으로 잘못 생각할 수 있다. 단호한 사람 중에는 큰소리를 내거나 약간의 육체적 힘을 가하는 이가 있을 수 있다. 하지만 단호함과 진중함을 겸비한 사람은 고함치거나 소리 지르지 않고 좌절감도 보이지 않는다.

다음은 통제하기 어려운 유치원생이나 초등학교 1학년을 다루는 데 특히 적합한 아홉 가지 지침이다.

· 몸싸움은 피한다. 예를 들어, 왜소한 엄마라면 몸집이 큰 아이

를 방까지 안아서 옮기지 않는다.
- 명령은 가능한 피한다. 아이가 따르지 않을 명령은 절대 하지 않는다.
- 명령하기보다는 아이가 어떻게 해줬으면 좋겠다는 바람을 전한다.
- 온전한 '내 생각 I message'을 전한다. "서로 감정이 풀어지도록 지금 네 방으로 가주면 좋겠다"('내 생각'을 말하면 왜 그렇게 해야 하는지 알릴 수 있다).
- 때로 요구를 하게 될 때는 아이가 따라주기를 바라며 고맙다는 말을 먼저 한다.
- 아이의 기분이 좋을 때는 이런저런 이야기를 나누며 아이의 기분을 살피기도 하고 앞으로에 대한 기대를 말하기도 한다.
- 어떤 행동을 제지하기보다는 분리하거나 장소를 옮겨 주는 것이 좋다.
- 결과가 좋을 때는 감정적으로 해도 좋지만, 결과가 나쁠 때는 감정을 배제하고 냉정하게 결과를 따져야 한다.
- 혼자 힘으로 바로 상황을 해결하지 못할 때는 행동의 결과를 잠시 미룬다. 그런 뒤에 아이 잘못에 부합하는 효과적인 해결책을 찾는다. 아이가 자기 잘못을 잊어버리지는 않을까 걱정하는 사람도 있는데, 그것은 문제가 되지 않는다. 행동의 결과를 뒤로 미루는 것은 아이가 아니라 부모에게 매우 유용한 방법이다. 부모에게 생각하고 계획할 시간을 주기 때문이다.

다음에 리사가 여섯 살 된 아들 블레이크를 방으로 보내기 위해 위의 지침들을 어떻게 사용하는지 보자.

블레이크ㅣ 엄마, 이리 와 봐, 당장!
리사ㅣ 아들, 네가 그렇게 말하는 거, 엄마는 별로다. 지금 네 방으로 가서 반성 좀 하는 게 좋겠어.
블레이크ㅣ 싫어! 안 갈 거야!
리사ㅣ 블레이크, 네 방으로 가주면 좋겠다.
블레이크ㅣ 싫어!
리사ㅣ 블레이크, 좋지 않은 선택 같은데.
블레이크ㅣ 엄마가 날 가게 할 수 있을 것 같아?
리사ㅣ 널 어떻게 하고 싶은 게 아냐. 네가 잘못된 선택을 하고 있잖니. 지금 네 방으로 가는 게 현명한 선택이야.
블레이크ㅣ 싫어!
리사ㅣ 그래? 정말 실망이야. 좀 더 신중하게 생각해야지. 지금은 아니지만 이 일을 그냥 넘기지는 않을 거야. 나중에 다시 이야기하자. 그렇다고 너무 걱정하진 마.

리사는 실패한 걸까? 틀렸다. 리사는 자기가 할 수 있는 일만 했다. 아이를 때리지 않았다. 아이를 안아서 방으로 데려가지도 않았다. 아이가 너무 무거웠기 때문이다. 듣지 않을 명령을 입 밖에 내지도 않았다. 리사가 한 말은 모두 '내 생각'이었다. 자기가 할 수 있는 것만 말하며 아이에게 이래라저래라 하지 않았다. 올바른 대처였다. 하지만 결과는 얻어내지 못했다. 그래서 나중에 남편 에릭의 지원을 요청했다. 남편이 퇴근했을 때 그 일에 대해 말한 뒤 저녁식사 때 블레이크를 대화에 끌어들였다.

에릭ㅣ여보, 오늘은 별일 없었어?

리사ㅣ별일 없었어. 하지만 블레이크가 자기 방으로 안 가려고 하더라고.

에릭ㅣ설마.

리사ㅣ진짜.

에릭ㅣ그래, 그럼 이 녀석 연습 좀 해야겠네.

블레이크ㅣ나 연습 같은 거 필요 없어. 어떻게 가는 줄 안다고.

에릭ㅣ엄마가 가라고 하시면 그땐 가야 하는 거야.

블레이크ㅣ알았어, 알았어.

에릭ㅣ몇 번 연습하면 될까? 백 번쯤 왔다 갔다 하면 되나?

리사ㅣ아니, 여기서 방까지 스무 번이면 충분해. 애한테 필요한 만큼만 하면 돼. 블레이크는 영리한 아이니까.

에릭ㅣ그래, 블레이크. 그럼 네 방까지 스무 번만 왔다 갔다 하면 저녁을 먹어도 좋다. 지금 시작! 얼른!

블레이크ㅣ하지만….

에릭ㅣ아빠가 어떻게 가면 좋겠다고 했지?

블레이크ㅣ얼른.

에릭 | 어떻게 움직이라고 했지?

블레이크 | 얼른!

에릭 | 고맙구나. 자 얼른 시작해.

블레이크 | 알았어, 가요, 가.

아이를 다루며 리사는 위신을 떨어뜨리지 않았음을 주목해야 한다. 리사는 이렇게 말하지 않았다. "아빠가 집에 오시면 두고 보자." 오히려 그녀는 내내 통제권을 쥐고 있었다. 나중에는 자비롭게도 연습 횟수를 줄여 주기까지 했다.

에릭은 자제력을 잃지 않으면서도 매우 단호하게 대처했다. 에릭은 하고자 했던 말을 모두 했고, 진심이었다. 가장 중요한 점은 아내를 최대한 지원했다는 것이다. 에릭은 아들이 부부 사이를 갈라놓을 틈을 주지 않았다.

공공장소에서의 버릇없는 행동에는 전략적 훈련이 효과적이다

아이들은 태어날 때부터 영리하다. 또박또박 말을 하기 훨씬 이전부터 언제 말썽을 부려도 되는지 안다. 대개 아이들은 상점·쇼핑몰·식당 등의 공공장소에서 말썽을 부린다.

부모라면 누구나 겪어 본 일일 것이다. 어린 케이틀린을 쇼핑 카트 앞에 태우면 소방차 흉내를 내기 시작한다. 교회에서 잠시 꼬마 앤소니한테서 눈을 떼면 아이는 언제 그랬는지 모르게 세 칸 떨어진 자리의 신더 부인에게 기어가 부인의 나일론 옷을 씹어댄다. 부모가 나무라면 아이는 록 가수의 샤우팅 창법이 무색할 정도로 엄청난 울음을 터뜨린다.

한 엄마의 하소연이다. "줄리아는 자기가 있고 싶은 곳에서는 아주 얌전해요. 하지만 엄마가 쇼핑하러 간다 싶으면 흥분하기 시작하죠. 그런 일은 언제나 제가 어쩔 수 없는 장소에서 벌어져요. 사람들의 시선이 쏟아질 때마다 창피해 죽을 지경이에요."

아이들은 공공장소에서는 부모가 전혀 손을 쓰지 못한다고 생각한다. 부모 역시 사람들이 보고 있는 곳에서는 아이를 야단치면 안 된다고 생각한다. 그러나 정작 지켜보는 사람들은 부모가 버릇없이 구는 아이를 왜 그냥 내버려두는지 의아해 한다.

공공장소에서 보이는 아이들의 버릇없는 행동은 정말 골치 아픈 일이 아닐 수 없다. 그러나 공공장소라고 해서 달라질 것은 없다. 물론, 공공장소는 부모 자식 간의 의미 있는 대화를 나누기에 적합한 곳은 아니지만, 그렇다고 사랑과 원칙의 기술을 잊어도 되는 곳은 아니다. 공공장소에서 버릇없이 구는 아이들은 벌을 받아야 한다. 그러지 않으면 쇼핑하러 나가는 일은 곧 재난의 시작을 의미하게 된다.

그런 나쁜 버릇을 고칠 수 있는 방법 중에 '전략적 훈련'이라는 것이 있다. 이 방법은 부모가 세심하게 신경을 써야 하고, 사전계획과 친구나 다른 가족들의 협조가 필요하다. 그러나 일단 시행하기만 하면 효과 만점이고, 아이들은 더 이상 공공장소에서 소동을 부리지 않게 된다.

헤더는 딸 피비에게 이 방법을 시도해 보았다. 어느 날 저녁 그녀는 절친한 친구에게 전화를 걸었다. "쇼핑하러 나갈 때마다 피비가 말썽을 부려. 좀 도와주라. 내일 오전 10시 반에 쇼핑몰 부근에 있어 줄래? 내가 전화할 테니까." 그리고 헤더는 친구에게 자신의 계획을 알려주었다.

다음날 헤더와 피비는 쇼핑을 하러 갔고, 언제나처럼 피비는 쇼핑몰의 자동문이 닫히기도 전에 벌써 말썽을 부리기 시작했다. 헤더가 조용한 목소리로 말했다. "피비, 얌전히 있을래, 아니면 네 방에 가서 앉아 있을래?"

재미있다는 듯 엄마를 바라보는 피비의 눈은 이렇게 말하는 것 같았다. "엄마, 지금 장난해요?" 아이는 점점 더 심하게 까불어댔다. 결국 피비는 엄마에게 이끌려 쇼핑몰 밖으로 나왔고, 거기서 엄마가 어디론가 전화를 하더니 이렇게 말하는 것을 들었다. "오늘 쇼핑은 재미가 없네. 지금 올래?" 1분 후 엄마의 친구가 나타나 피비의 손을 잡고 이렇게 말했다. "네 방으로 가자. 거기에서 엄마를 기다리면 돼." 피비의 눈은 왕방울만큼 커졌다.

피비는 엄마 친구를 따라 집으로 가서 제 방에 있어야 했다. 헤더는 모처럼 쇼핑의 기쁨을 맛보았다. 헤더가 돌아온 다음에야 피비는 방에서 나올 수 있었다. 피비는 엄마를 다시 보게 되어 무척 기뻤고, 헤더는 즐겁게 쇼핑을 했기 때문에 친절하고 유쾌하게 아이를 대했다. 헤더는 어린 딸에게 공공장소에서 버릇없이 굴면 그 결과를 치러야 한다는 것을 가르쳐 주었다.

전략적 훈련은 배우자나 아이의 다른 형제들과 협의하여 시행할 수도 있다. 버릇이 나쁜 아이를 꼭 집까지 보내지 않아도 된다. 차로 보내기만 해도 충분하다. 다만, 누군가 들키지 않고 멀찍이서 아이를 지켜볼 수 있으면 된다. 아이가 공공장소에서 버릇없이 구는 데도 그냥 넘어갈 이유가 전혀 없다. 한 번, 많아도 두 번만 전략적 훈련을 시행하면 이 문제를 해결할 수 있다.

이혼 문제는 언제 말하느냐보다 어떻게 말하느냐가 더 중요하다

부모가 이혼하게 되면 피해자는 당사자인 남편과 아내에 그치지 않는다. 아이도 고통을 받는다. 아이는 감정의 급변, 신체 접촉에 대한 거부, 변을 가리지 못하는 퇴행 현상(유아), 과잉 행동(초등학생), 무례한 말버릇(10대), 그리고 학습 부진, 의욕 상실, 게으름 같은 문제들을 겪을 수 있다. 다행히 이런 현상들은 슬픔을 겪는 정상적인 과정의 일부이고, 이혼 부모를 위한 다음의 열 가지 지침을 따르면 점차 나아질 수 있다.

- 부모의 이혼에 대한 아이의 대처 방식도 부모 자신의 그것과 같다고 이해하면 된다. 즉 이혼 과정에서 원망과 분노가 쌓이고 대화가 부족했다면 아이도 부모와 똑같은 상태가 된다.
- 부모의 이혼이 아이 탓이 아님을 알려 준다. 어른인 우리는 아이 때문에 부모가 이혼하는 경우는 거의 없다는 것을 안다. 그

러나 아이는 이렇게 생각하기도 한다. '내가 좀더 착한 아이였다면 부모님이 이혼하지 않았을 거야.' 그럴 때 부모는 이렇게 말해 줄 수 있을 것이다. "아이작, 간혹 친구로 지내가다도 서로 안 맞는다는 걸 알게 되는 경우가 있잖니? 아빠와 엄마 사이에 그런 일이 벌어진 것뿐이야. 하지만 우리 둘 다 여전히 너를 사랑해."

- **감정과 생각을 솔직하게 말한다.** 부모는 이혼한 배우자에 대한 감정과 그에 대한 이유를 아이에게 간략하게 말해줘야 한다. 그 부모의 입장을 설명하는 것도 도움이 된다. 전처나 전남편의 험담은 해봐야 좋을 게 없다.

- **아이의 못된 행동을 이해하되 그냥 넘기지 않는다.** 아이가 감정을 솔직히 털어놓도록 격려하되, 못된 행동에 대해서는 그 결과를 치르게 한다. 부모로서 아이의 무례함을 용인해서는 안 된다.

- **아이에게 후원집단을 제공한다.** 아이는 가족 외에 마음을 터놓을 사람이 필요하다. 학교의 상담 선생님, 교사, 친구 또는 가족의 친구들도 될 수 있다.

- **이혼 후 상담이 도움이 될 수 있다.** 부부간의 대화가 부족하고 서로 불신하는 상태라면 상담은 거의 언제나 도움이 된다. 두 사람 다 상황이 개선되기를 바라는 경우에는 특히 그렇다.

- **아이에게 대화의 문을 열어 놓되 꼬치꼬치 캐묻지 않는다.** 아이는 부모가 듣고 싶어하는 대답을 하곤 한다. 부모가 원하는 바

가 무엇인지 아는 것이다. 부모는 아이의 생각이 무엇이든 "네 생각을 말해 봐. 난 감당할 수 있으니까"라는 태도를 가져야 한다.

- **전처나 전남편에게 전할 말은 직접 한다.** 아이를 전달자로 내세우는 일은 현명하지 못하다.
- **아이에게는 '엄마들'과 '아빠들'이 필요하다.** 아이에게 새 부모가 생긴다면 그들을 '엄마'와 '아빠'로 부르도록 권하는 것이 좋다. 아이는 누가 '진짜' 부모인지 잊어버리지 않는다.
- **친부모는 새 부모의 훈육을 전적으로 지원해야 한다.** 부모는 새로운 배우자가 평생의 동반자라는 사실을 아이에게 알려줘야 한다.

요즘은 이혼 가정이 전체 가정의 50퍼센트를 넘는다. 안타까운 현실이지만 어른들은 이에 솔직하게 대응해야 하고, 아이도 극복해 나갈 수 있는 힘을 기르도록 돕는 기회로 삼아야 한다. 때로 부모들은 눈앞에 닥친 이혼에 대해 언제 이야기해야 할지 고민한다. 하지만 '언제' 이야기하느냐보다 '어떻게' 이야기하느냐가 더 중요하다.

아이에게 자꾸 사과하게 되면 마치 부모에게 죄가 있는 듯한 느낌을 준다. 부모의 죄책감을 이용하는 아이들이 많다는 것은 별로 놀랄 일도 아니다. 부모가 죄책감을 느끼는 모습을 보이면 무의식중에 이런 메시지를 전하게 된다. "내가 잘못하지 않았다면 네가 이렇게 행동하지 않았을 텐데. 그러니 내게 마음껏 불평하고 버릇없게 굴고 못된 짓을 해도 좋다." 사랑과 원칙이 있는 부모는 지나치게 사과하지 않는다.

다음은 한 엄마가 딸과 함께 이혼에 대해 이야기하는 내용이다. 아이와 이혼에 대해 말할 때 참고가 될 것이다.

엄마 | 커트니, 넌 엄마 아빠의 이혼을 어떻게 생각하니? 너에게 어떤 영향이 있을 것 같니?

커트니 | 정말 안 좋은 일 같아요.

엄마 | 정말? 왜 그렇지?

커트니 | 전 엄마랑 아빠가 이혼하지 않았으면 좋겠어요.

엄마 | 어머, 왜 그럴까? 너도 알다시피 엄마 아빠는 늘 싸웠잖니?

커트니 | 그래요, 하지만 전 두 분이 싸우지 않도록 착한 아이가 되려고 애썼어요.

엄마 | 네가 나쁜 아이라서 엄마 아빠가 싸웠다고 생각하니?

커트니 | 모르겠어요.

엄마 | 엄마와 아빠가 많이 싸웠지만 너 때문에 그런 건 아니야. 우리에게 아이가 없었더라도 우리는 이혼했을 것 같아. 너도 알겠지만 이 일로 엄마는 아주 마음이 아파. 하지만 너까지 그래야 할 필요는 없어. 엄마는 네가 이 상황을 잘 견뎌냈으면 좋겠다.

커트니 | 전 엄마가 속상해하지 않았으면 좋겠어요.

엄마 | 글쎄, 엄마는 속이 상해. 난 네 아빠와 평생 같이 살고 싶었

거든. 하지만 어쨌든 앞으로도 아빠를 자주 보게 될 거야. 그러니까 엄마가 속상해 한다고 너까지 속상해 할 필요는 없어. 네 기분은 네가 결정하면 되는 거야.

이혼하는 부모는 아이들에게 이런 메시지를 보내야 한다. "이 일로 네 인생이 엉망이 되는 건 아니란다. 너에겐 감당할 능력이 있어. 힘들겠지만, 우리 모두 잘 이겨낼 거야." 이혼하는 부모가 긍정적인 태도를 보이면 아이들도 좀더 잘 극복할 수 있다.

무엇을 얼마나 먹을지는
아이 스스로 결정할 문제다

레이첼은 오후 내내 주방 조리대 앞에 서 있었다. 집에서 처음으로 선보이는 닭고기 요리였다. 갖은 양념과 땀방울, 사랑이 버무려진 음식이었다. 이만하면 근사하군, 그녀는 이렇게 생각했다.

뿌듯해진 레이첼이 뚜껑을 덮은 요리를 저녁 식탁에 올리자, 모든 눈이 그녀에게 쏠렸다. 레이첼은 뚜껑을 열어 구수한 냄새를 음미하고는 사랑하는 아이들의 감탄을 기다렸다. 레이첼은 어떤 반응을 접했을까? "으, 웩! 냄새가 이상해!"의 합창이었다.

저녁 식탁의 기쁨을 망쳐 놓을 수 있는 말이다. 음식이나 식사 예절에 대한 불만으로 문제가 생기면, 식탁은 사랑의 전당이 아니라 전쟁터가 된다. 그러나 레이첼은 사랑과 원칙이 있는 부모였다. 레이첼은 실망했지만, 아이들의 비판에 잘 대처했다. 레이첼은 "상관없어"라고 말하고는 아이들의 접시를 집어 들고 음식물쓰레기통으로 가서 음식을 쏟아 부었다.

그 다음 레이첼은 잔잔한 목소리로 말했다. "일어나라, 애들아. 각자 저녁 먹은 후에 할 일들 해. 아침식사 시간에 보자."

그날 저녁 늦게 배고픈 아이들이 냉장고를 급습했다. 레이첼이 예상했던 일이었다. 그녀는 흥미롭게 아이들을 지켜보고는 이렇게 말했다. "너희는 방금 5.95달러어치의 음식을 먹었다. 음식값은 어떻게 낼래? 현금으로 할래, 용돈에서 제할까? 선택은 너희 몫이다." 그녀의 말에 담긴 논리는, 그녀가 이미 저녁식사 거리를 준비했으니 그 음식을 거절한 아이들이 별도의 음식값을 내야 한다는 것이었다.

식사 문제 역시 본과 선택을 통해 해결할 수 있다. 싸움을 거는 말 대신 생각을 부르는 말을 쓰는 것이 좋다. "그거 먹어. 전부 다 먹어." "자기 그릇에 담긴 음식을 다 먹기 전에는 식탁에서 못 일어난다." 이런 말 대신 사랑과 원칙이 있는 부모는 이렇게 말한다. "다음 식사 때까지 배고프지 않을 만큼 충분히 먹었니? 그러기를 바라지만 선택은 네가 하는 거니까."

무엇을 얼마나 먹을지는 아이 스스로 결정해야 한다. 아이가 자란 후에는 아이가 무엇을 먹든지 부모가 통제하지 못하게 되므로, 현명한 부모라면 아이에게 일찍부터 선택할 기회를 주고 현실에 대처할 수 있도록 준비시킬 것이다.

새로운 음식을 식탁에 올릴 때는 지나의 방법이 도움이 될 것이다. 지나는 자신만의 방법으로 아이들에게 새로운 음식을 아주 수월하게 먹였다. 무언가 새롭고 독특한 음식을 만들 때 지나는 자신과 남편 몫의 2인분만을 준비하고, 아이들에게는 핫도그를 주었다. 그리고 두 어른은 이제껏 오븐에서 나온 요리 중 가장 맛있다는 듯 싹싹 핥아먹었다. 남편은 이렇게 소리치곤 했다. "와, 맛이 끝내 줘! 이 요리 자주 해주면 좋겠어."

식사가 끝날 때쯤이면 아이들이 말했다. "우리 건 없어요?"

지나는 이렇게 말했다. "이건 어른들이 먹는 음식이야. 너희 입맛에 맞을지 모르겠구나." 그러고는 조금도 주지 않았다.

다음날 저녁, 그녀는 똑같은 음식을 내놓았고 남편과 함께 더 요란하게 너무 맛있다고 격찬을 하며 허겁지겁 먹었다. 아이들은 다시 이렇게 말했다. "우리 건 어디 있어요? 우리에게도 먹을 권리가 있다고요."

그러나 지나는 국자를 함부로 놀리지 않았다. "이건 너희에겐 너무 강할 거야. 너희 입맛에는 이런 음식이 맞지 않을 거야. 아직 어려서 말이지."

셋째 날, 아이들은 분개하며 요구했다. "우리도 먹을 권리가 있어요! 우리도 좀 먹고 싶어요."

비로소 지나는 한 발 물러서서 "그래, 좋아"라고 대답하고는 아이들의 접시에 아주 조금씩 덜어 주었다. "하지만 너무 많이 먹지는 마라." 그때부터 지나는 저녁식사로 준비한 음식을 아이들에게 먹일 때 거의 어려움을 겪지 않았다.

완벽한 삶을 만들어 주는 데 급급하지 마라

카운슬러 | 대니엘, 무슨 일로 상담까지 받게 됐죠?

대니엘 | 다 부모님 때문이에요. 정말 구질구질해요! 하시는 일이라고는 제 카드랑 핸드폰 요금 청구서 보고 한탄하는 것밖에 없다니까요. 너무 구닥다리세요. 이해를 못 하신다니까요. 성적보다 중요한 게 얼마나 많은데요. 그리고 자식들이 뭘 원하는지 감도 못 잡으세요. 저희 아빠는 저 바보 같은 문 네 짝짜리 차를 사 주셨다니까요. 제가 컨버터블을 갖고 싶어한 거 다 아시면서. 누가 저런 고물차를 학교에 몰고 와요!

카운슬러 | 아버지가 상담 신청을 하실 때 이야기를 들어 보니 돈 문제가 꽤 심각해서 지금 뭔가 달라지지 않으면 개인 파산을 고려해야 할지도 모른다던데. 이런 상황에서 돈을 너무 많이 쓰는 것에 죄책감은 안 드나요?

대니엘 | 전혀요! 이런 거지 같은 집에 태어나고 싶다고 부탁한 적

없어요. 더구나 부모라면 자식에게 좋은 것들을 사줘야 하는 거라고요.

이런 상황에서는 대체 누구를 딱하게 여겨야 할지 모르겠다. 대니엘인지 그 아이의 부모인지, 아니면 이 나라의 미래인지. 대니엘이 터무니없어 보이지만, 사실 우리 모두 이런 아이들을 알고 있다. 대니엘이 좀 가엾게 느껴지기도 한다. 일단 원하면 무엇이든 다 갖는 게 타고난 권리라도 되는 양 믿기 시작한 순간 이 아이는 끝장난 셈이다. 아무리 많이 가져도 대니엘은 만족을 모를 것이다. 이 아이의 행복은 스스로 노력해서 얻는 것이 아닌, 다른 사람들이 주는 것에 좌우될 것이다. 남에게는 너무 많이 바라고 자신에게는 아무 기대도 없는 어른이 될 것이다.

대니엘의 부모는 일찌감치 부모 자격을 내던진 사람들이다. 아이를 마치 집안의 귀한 손님처럼 대하면서 부모 노릇은 하지 않고 상품과 서비스만 제공했다. 세월이 흐르면서 대니엘의 부모는 아이로부터 책임감 있는 행동의 필요성을 박탈했다. 대니엘은 점점 더 부모에게 의존하게 되었고, 부모가 해주는 것들을 점점 더 당연시하게 되었다.

대니엘이 어른 세상에 발을 내딛게 되면 한때 부모가 해주던 것들이 사회의 몫이 된다. 사회에서 제공하는 것들이 대니엘 눈에 차지 않을 것은 누가 봐도 뻔하다. 자기가 누리는 것을 당연하게 생각하는 사람들은 늘 자신을 피해자로 여긴다. 이런 인식이 자리를 잡으면 불행과 실망은 모두 다른 사람 탓이 된다. 대니엘의 부모는 아이에게 완벽한 삶을 만들어 주는 데 급급해서 현실 사회에서 개개인의 행동에는 책임이 따른다는 사실을 가르치지 못했다. 카운슬러와의 상담 내용을 보면 대니엘은 집과 사회에서 자기 행동이 다른 사람에게 어떤 영향을 미치는지 깨달을 능력이 없다.

많은 아이가 자기가 벌지 않은 돈으로 대학까지 간다. 부모한테 손 벌리는 것 말고는 자기 삶을 개척하고 유지하는 방법을 전혀 모른다. 쓸 돈은 많은데 돈을 어떻게 버는지 모른다. 다시 말해, 자기가 쓰는 돈이 누군가의 고된 노동과 희생, 책임감으로 생겼음을 알지 못한다. 돈을 책임 있게 쓸 줄도 모르면서 지갑에는 신용카드가 빽빽하다.

아이들에게 그런 태도가 급속히 번지는 현실에 대한 우려가 크다. 이 문제를 연구하면서 '자신이 누리는 것을 당연하게 여기는 사람들'의 신조 몇 가지를 발견했다. 다음은 그 신조를 정리한 것인데, 하나같이 심신에 독이 되는 것들뿐이다.

· 물질과 남의 도움에 대한 의존도가 높다.
  성공이나 직장의 유지에 대한 압박감이 낮다.
· 즐기고 노는 데 투자하는 시간이 많다.
  성취를 위해 투자하는 시간이 적다.
· 다른 사람들에게 바라는 게 많다.

야망이 거의 없다.
- 공부와 노력으로 성공하라고 하는 사람들에게 쉽게 분노한다.
교육의 기회에 대해 좀처럼 감사하는 마음이 없다.
- 늘 오락과 재미를 찾는다.
부모의 희생에 대한 자각이 별로 없다.
- 사회의 전통적 규범과 가치에 대한 반항심이 가득하다.
윗사람과 지도자들에 대한 존경심이 거의 없다.
- 술·마약처럼 기쁨을 대체해 주는 것에 대한 의존도가 높다.
사회의 전통 규범을 따를 생각이 없다.

이런 문제와 신조는 아이들이 고등학교를 졸업할 무렵에나 생기는 게 아니다. 이런 신조의 토대는 이미 어릴 때 형성된다. 이런 문제는 아이들로부터 시작되는 게 아니고 그들에게 적절한 행동 범위를 정해 주는 데 실패한 부모들로부터 기인한다. 아이가 광고를 보고 물건을 갖고 싶어하는 것은 당연하지만, 아이가 원하는 것과 필요한 것을 구분할 수 있도록 도와주는 부모는 별로 없다. 어린아이 스스로 행동 범위를 정하지는 못한다. 그것은 부모의 일이다.

부모들은 곧잘 이렇게 말한다. "애가 왜 이러는지 모르겠어. 뭐든 다 사 달래." 이런 사람들은 마치 자기에게는 아이를 말릴 권리가 없다는 듯한 태도를 보인다. 아이가 텔레비전을 많이 보는 이유가 자기가 허락했기 때문임을 알지 못하는 부모와 다를

게 없다. 모두 부모 자격을 포기한 사람들이다. 현명한 부모들은 다음의 세 가지 지침을 지킨다.

- 아이에게 자신이 원하는 것은 스스로 노력해서 얻어야 한다고 가르친다. 노력을 통해 성공을 추구하다 보면 자존감을 높일 수 있다.
- 아이의 행동 범위를 정하고 그 경계선을 지키게 하는 방법을 연구한다.
- 비슷한 생각을 가진 사람들과 어울린다. 그래서 고마움을 모르는 아이들을 키워내기에 여념 없는 사람들의 잘못된 생각은 들을 일이 없다.

아이들이 대학에 들어갈 때까지는 고등학교와 지역 공동체, 부모들이 함께 협력하여 쓰든 달든 자기 선택에 따른 결과를 직접 맛보며 삶의 대처 방식을 배우는 풍토를 만들어야 한다. 아이가 원하는 것은 스스로 노력해서 얻도록 믿고 지켜봐 주는 부모의 아이들은 진정 행운아다.

적절한 행동 범위를 정해 주고, 아이가 납득할 만한 선택권을 주며, 아이가 세상에 나갈 준비를 할 수 있도록 선택에 따른 결과를 받아들이게 하는 부모의 아이들은 진정한 행운아다.

정상적인 부모의
정상적인 아이들은 다 싸운다

한 번도 빗나가는 경우는 없다. 아이들에게 각각 운송회사를 차릴 만큼의 장난감 트럭을 사줘도 결정적 순간에는 같은 트럭 하나를 놓고 싸움이 붙는다. 잡아당기고, 밀고, 소리 지른다. 어떻게 해도 둘 다 물러나지 않는다. 정말 미칠 노릇이다.

정상적인 부모의 정상적인 아이들은 싸우기 마련이다. 보통 아이들은 다 싸운다. 싸우는 것도 자라는 과정이다. 하지만 불행히도 아이들이 싸우면 좋은 부모가 못되는 것 같다고 말하는 사람들이 많다. 만약 그것이 좋은 부모를 가리는 기준이라면 이 지구상에 좋은 부모는 단 한 명도 찾아낼 수 없을 것이다.

아이들이 싸울 때 꼭 기억해야 할 일은, 일단 뒤로 빠지라는 것이다. 아이들의 싸움은 자기들끼리 해결하게 해야 한다. 아이들은 부모가 개입하기를 간절히 원하기 때문에 이 원칙을 지키기가 매우 어렵다. 하지만 부모의 개입이 사실상 아이들을 마음

놓고 싸우게 해준다. 아이들은 누군가 다치기 전에 부모가 개입할 것을 알기에 치고받으면서도 별로 망설이지 않는다.

아이들의 싸움에 개입하려거든 어른들로부터 멀찌감치 떨어져서 싸우게 하는 정도로 그쳐야 한다. 싸우는 소리가 들리는 순간 "얘들아, 밖에 나가 싸워!"라는 한마디로 부모의 영역에서 떠나게 한다.

물론, 목숨을 위협하거나 다칠 정도가 되면 개입해야 한다. 큰 아이가 계속해서 작은 아이에게 분노를 터뜨리며 공포에 떨게 하면 제지해야 한다. 하지만 대부분의 경우에는 손뼉도 마주쳐야 소리가 난다는 점을 기억해야 한다. 아무리 작고 나약한 아이도 손위 형제자매를 괴롭히는 자기만의 요령이 있다. 그 아이들은 큰형이나 누나, 언니, 오빠가 단 2분이라도 벌을 받게 하기 위해서라면 자기는 몇 시간 벌서는 것도 기꺼이 감수할 것이다.

아이가 입을 다물고 꼭 쥔 주먹을 풀고 나면, 그때는 싸움에 대해 아이와 이야기해도 좋다. 감정적으로 흥분해 있는 아이와 이성적으로 따지는 것은 시간 낭비일 뿐이다. 아이가 문제를 해결하도록 도우려면, 먼저 아이의 감정이 어떤지부터 살펴야 한다. 아이의 감정이 분노인지, 슬픔인지, 좌절인지, 소외감인지, 혹은 또 다른 무엇인지. 왜 사이좋게 놀지 않고 거친 말을 주고받았는지. 먼저 아이로 하여금 자기 감정이 무엇인지 알아보게 하고, 그 다음에 그 기분을 풀 다른 방법을 찾아야 한다.

이쯤에서 부모를 본으로 들어도 좋다. "좌절감이 들 때마다 아빠가 상사인 잭슨 씨를 때렸다면, 다른 방법으로 좌절감을 풀 때보다 행복할 수 없었을 거야." 먼저 아이의 감정을 헤아린 다음에 다른 방법으로 해결하도록 돕는 것이 핵심이다. 하지만 유난히 성미가 고약한 아이, 또래에게 포악하게 구는 것을 자랑스럽게 생각하는 아이에게는 중대한 배움의 기회를 줄 필요가 있다.

나^{포스터}는 다른 아이들을 겁주고 못살게 구는 데 일가견이 있는 커트라는 어린 소년을 상담한 적이 있다. 그 아이의 작업 방법은 단순하지만 효과적이었다. 놀이터에서 놀고 있는 아이 중에 목표를 정하고 달려가 덮치는 것이었다.

내가 커트를 위탁가정에 보내고 2주가 흐른 뒤 커트와 위탁모가 상담을 받으러 왔다. 어린 사자는 순한 양이 되어 있었다. 심지어 위탁모의 손을 꼭 쥐고 있었다. 두 사람 사이에는 사랑이 넘쳤다. 내가 물었다. "커트, 요즘 싸움하는 건 어떠니?"

"아, 요즘은 거의 안 싸워요." 커트가 대답했다.

"그래? 그게 네 특기였잖아."

커트는 위탁모를 한 번 올려다보더니 "아, 집안일 하는 게 정말 싫거든요"라고 말했다.

나는 아이에게 의아한 표정을 지어 보였다. 커트의 거친 행동과 집안일이 도무지 연결이 안 되었기 때문이다. 커트는 나의 당황한 표정을 보더니 설명했다. "클라인 선생님, 제가 싸우면 식구들 기운이 쭉 빠진대요. 하지만 제가 냉장고 청소를 하고 나면 식구들이 다시 기운이 생긴대요."

그것으로 설명이 되었다. 훈련이 안 되어 있는 집의 부모는 커트의 행동을 제지하는 명령만 했을 것이다. "커트, 그 애 계속 때리면 후회하게 될 거야." 하지만 그 말이 끝나기도 전에 커트는 이미 그 아이 위에 올라앉아 있을 것이다. 위탁모는 커트의 행동에 결과를 부여했다. 커트가 나쁜 행동을 할 때마다 아이를 쳐다보며 "커트, 내 기운이 빠지기 시작하는 것 같구나"라고 말했다. 그러면 커트는 이렇게 생각할 것이다. '아, 그것만은 안 돼!' 그리고 커트는 더 이상 싸우지 않을 것이다.

아이의 친구들에 대한
접근 방법을 바꿔라

아이들이 무릎으로 길 때부터 걸음마를 배워 제 발로 땅을 딛고 다니는 때까지 아이 주위에는 계속해서 친구들이 있을 것이다. 그들과 인형놀이와 공던지기를 하고, 야구 카드를 교환하며, 함께 동네를 뛰어다닌다. 아이는 친구들을 사귈 것이다. 아이에게 친구들이 있다는 것은 멋진 일이다. 그러나 불행하게도 아이가 고르는 친구 중에는 부모 마음에 들지 않을 경우가 많다.

부모들이 저지르는 가장 큰 실수 중 하나는, 아이가 어떤 친구를 사귈 것인지를 놓고 아이와 힘겨루기에 들어가는 것이다. 그 싸움은 백전백패한다. 부모가 이길 수 없는 싸움이기 때문이다. 아이의 친구들에 대해 이러쿵저러쿵하지 말고 접근 방법을 바꿔야 한다. 부모가 통제할 수 있는 영역에 집중해야 한다.

부모는 아이에게 선택권을 줄 수 있다. 부모가 인정하는 친구를 택해 그 친구와 집에서 놀거나, 부모가 인정하지 않는 친구를 택해 집 근처에는 얼씬도 않는 것이다. 아니면 이렇게 말할 수 있다. "너의 판단력과 사고력을 시험하는 친구가 좋니, 아니면 편하게 사귈 수 있는 친구가 좋겠니?"

부모가 아이의 친구 관계를 억지로 바꾸려고 하면 아이와의 관계가 훼손될 수 있다. 아이는 부모의 요구와 명령에 반항한다. 부모가 어떤 친구와 놀지 못하게 아이를 막으면, 아이는 자기가 그 친구의 태도나 가치관, 행동 등을 따라하지는 않을까 부모가 걱정하는 것으로 생각한다. 그 결과 그 친구가 더 재미있고 매력적으로 느껴지게 된다. 그러나 부모로서 아이에게 자신의 생각을 말할 수는 있다. 비록 아이라도 생각과 의견에 맞서 반항하지는 못한다. 부모 자식 간에 대화의 문이 열려 있다면, 언젠가 아이는 부모 마음에도 드는 친구들을 택할 것이다.

토리는 아빠가 마음에 들어하지 않는 친구들과 만나기 위해 집을 나서는 참이다.

토리 | 안녕, 아빠. 다녀올게요.
아빠 | 엠버와 멜리사와 함께 가는 거니?
토리 | 네… 그런데 왜요?
아빠 | 그냥 네가 그 애들을 잘 챙겨줬으면 해서.
토리 | 아빠도 참.
아빠 | 아빠는 진심이야. 그 애들에겐 너 같은 친구가 필요할 거라는 생각이 들 때가 있어. 어쩌면 네가 그 애들에게 좋은 영

향을 미칠 수 있을 거야.

토리 | 아빠는 그 애들 싫어하시죠?

아빠 | 이건 그 애들을 싫어하는 것과는 상관없는 문제란다, 토리. 아빠는 네 걱정은 하지 않지만 그 애들 삶에 어려움이 많지는 않을까 걱정될 뿐이야. 즐거운 시간 보내라.

반면 아이의 친구들을 알게 되면 뜻밖의 유쾌한 경험을 할 수도 있다. 아이는 부모가 보지 못하는 다른 사람의 좋은 면을 보기도 한다. 아이의 친구들을 알게 되면 아이에 대해서도 더 많이 알게 될 것이다. 또 아이가 어떤 사람에게 매력을 느끼는지, 그 이유가 무엇인지도 알게 될 것이다.

하루의 첫 시작은
아이에게 책임감을 가르칠 절호의 기회다

"내가 널 몇 번이나 더 깨워야겠니?"

"빨리빨리 해!"

"이러다 학교 늦겠다!"

우리는 아침마다 이렇게 아이를 재촉하는 자신의 모습을 발견할 때가 얼마나 많은가? 어쩔 수 없다고 우리는 생각한다. 아침마다 시간은 빠듯하고 챙겨야 할 일은 많다. 그러나 아이는 학교 갈 준비를 하면서도 꾸물거린다. 하루의 첫 시작은 아이에게 책임감을 가르칠 절호의 기회. 방법은 아이 스스로 생각하게 하고, 부모가 대신 해주는 대부분의 일을 직접 하게 하는 것이다. 다음의 네 가지 지침을 지키면 아침이 훨씬 평화로워질 것이다.

첫째, 부모의 일과 아이의 일을 구분한다. 자명종을 맞추고, 자명종 소리에 일어나며, 씻고, 옷을 골라 입으며, 시계를 보고,

점심도시락과 학교 준비물을 챙기며, 밥을 얼마만큼 먹을지 결정하는 것까지 결국 다 자기 일이라는 것을 아이와의 대화를 통해 깨닫게 한다.

둘째, 아이의 일을 아이에게 상기시키지 않는다. 그렇게 하면 아이가 실수를 통해 교훈을 배울 기회를 갖지 못한다.

셋째, 아이를 위기에서 건져주지 않는다. 그렇게 하면 아이가 학교 갈 준비를 서둘러야 한다는 교훈을 배울 기회를 갖지 못한다. 아이가 걸어서 통학하는 경우, 아이가 지각하지 않도록 차에 태워 보내서는 안 된다. 지각사유서 같은 쪽지도 써주면 안 된다.

넷째, 아이가 실수를 했을 때 화 내지 않고 공감해 준다. 현명한 부모는 아이가 지각할 것 같을 때 이렇게 말한다. "저런, 학교에서 선생님께 혼날 수도 있겠네. 잘 해결되면 좋겠다."

다음 대화는 제시간에 일어나는 문제를 놓고 아이와 상의하는 방법을 보여 준다.

아빠 | 아침에 통학버스가 몇 시에 오니, 잭?
잭 | 8시 20분이요.
아빠 | 그래, 넌 몇 시에 일어나고 싶니?
잭 | 물론, 8시요.
아빠 | 좋아. 어떻게 일어날 건데?

잭 | 아빠가 깨워 주셔야죠.

아빠 | 그래, 전에는 그랬지. 하지만 이제 네가 아홉 살이나 되고 보니 그동안 아빠가 널 어린애 취급했던 것 같구나. 네 또래의 아이들은 대부분 아침에 혼자 일어나거든. 그럼 어떻게 하면 혼자 일어날 수 있을까?

잭 | 자명종이 있잖아요.

아빠 | 좋은 생각이야. 시간 맞춰 놓고 8시에 일어나면 되겠네.

잭 | 자명종 소리를 못 듣고 계속 자면 어떡해요?

아빠 | 글쎄, 그럼 학교에 지각하게 되겠지. 선생님에게 지각한 이유를 어떻게 설명할 거니?

잭 | 그거야, 아빠가 사유서를 써주시면 되잖아요.

아빠 | 아빠는 사실 그대로 써줄 거야. 네가 아침에 혼자 일어나지 못했고, 아빠는 학교의 규칙을 따르다고 말이야.

잭 | 하지만 제가 계속 지각을 하면 낙제하게 될지도 몰라요!

아빠 | 그럴 수도 있겠지. 그건 속상하겠다.

잭의 경우, 다음날 아침 제시간에 일어나 통학버스를 기다릴 확률이 높다. 부모로서 아이의 낙제를 걱정하기보다 아이에게 그 문제에 대해 생각할 기회를 줄 수 있는 방법을 고심한다면, 아이는 스스로 생각할 줄 알게 되어 결국 낙제할 일도 없어질 것이다. 부모가 아이의 문제를 걱정하지 않으니, 아이 스스로 자기 문제를 걱정하게 되는 것이다.

선물의 고마움을 모르는
아이에게는 선물을 줄인다

아이들에게 선물보다 더 큰 만족감을 주는 것이 있을까? 선물을 주는 것은 단순히 새로운 장난감으로 아이를 기쁘게 해주는 것 이상의 기회가 되기도 한다. 대부분의 부모는 명절이나 기념일의 진정한 의미를 가르치는 게 중요하다고 생각하고, 선물이나 장식 등은 부수적인 것일 뿐이라고 가르치려 한다. 하지만 우리의 잘난 아이들은 종종 이런 소리를 해댄다. "저한테 뭘 주실 거예요?" 혹은 "뭘 사오셨어요?" "누나 게 제 거보다 크잖아요!" "왜 동생한테 더 많이 주시는 거예요?" 그리고 부모들은 가끔 이런 고민을 한다. '트레이에게 하나 사주면서 제이슨에게 똑같이 안 사줘도 되나?' 또 어떤 부모는 이렇게 말할지도 모른다. "여보, 이만하면 우리 애들한테 충분히 사주지 않았나요?"

아이들을 선물에 파묻히게 하는 부모들이 꽤 많다. 선물을 풀어 보는 일이 제멋대로 즐기는 잔치가 되어 버린 집들도 많다.

아이는 포장지를 찢어서 선물 하나를 열어 본 다음 잠깐 들여다 보고는 그 다음에 풀어 볼 게 무엇인지 찾아다닌다.

다음은 아이에게 선물을 줄 때 지켜야 할 몇 가지 지침이다.

아이가 선물을 보고 고마워하지 않으면 선물을 줄인다
선물을 줄 때 아이가 시큰둥해하거나, 고마워하지 않거나, 혹은 기뻐하는 반응이 없다면, 당신은 '고마움을 모르는 녀석'을 키우고 있을 확률이 높다. 당신의 아이는 너무 많이 받고 너무 많이 바라는 것이다.

오래된 크리스마스 노래에서 아이들에게 "울면 안 돼, 울면 안 돼"라고 경고하는 이유는, 산타 할아버지가 누가 "착한 앤지 나쁜 앤지" 두 번씩 확인하셨기 때문이다. 하지만 요즘 아이들은 '착한 것과 나쁜 것'은 자기가 당연히 받아야 할 선물과는 아무 상관이 없다고 생각한다. 아이들은 선물을 맡겨 놓은 양 생각한다. 만약 진심어린 감사의 인사가 없다면 당신은 고마움을 모르는 아이를 키우고 있는 것이다. 아이가 어릴수록 그 정도는 무시하고 넘어가기 쉽지만, 그런 아이가 10대가 되면 원망 많고 적대적인 사람이 되기 쉽다.

모든 아이가 똑같이 사랑받고 똑같은 대우를 받아야 한다. 하지만 똑같은 대우가 똑같은 선물을 의미하지는 않는다
행복한 부모는 저마다 방식이 다르다는 것을 잘 안다(그리고 현명한 아이는 이 사실을 금방 배운다). 어떤 아이는 비싼 물건이 필요하지만, 어떤 아이는 그런 물건이 필요 없을 때가 있다. 현명한 부모는 형제 중 한 아이에게 선물을 주면서 다른 아이에게도 똑같이 주는 식의 행동을 하지 않고, 그럴 때 아이가 욕구를 다음 기회로 미루는 법, 감사함을 표현하는 법, 상황에 대처하는 법, 질투심을 다스리는 법, 다른 형제만 필요한 것도 있음을 이해하는 법을 배울 수 있도록 돕는다. 평소에 아이들을 똑같이 사랑하고 동등하게 대하는 부모는 매번 똑같은 값의 선물을 줘야 한다고 생각하지 않는다.

아이가 광고에 현혹되지 않도록 돕는다

크리스마스 시즌이 되면 아이들은 쏟아지는 광고 세례를 받게 된다. 아이는 '나처럼 생긴 인형'이나 특정 게임을 원하게 된다. 만약 아이가 광고 속 물건이 매력적인 진짜 이유를 잘 알고 있다면 아이의 기분을 만족시켜줘도 괜찮다. 하지만 현명한 부모는 아이가 광고에 현혹되지 않도록 돕는다. "와, 저 플라스틱 로켓, 광고에서는 실제보다 두 배는 더 커 보이잖아. 그리고 저 애들도 열 배는 더 재미있는 척하네. 너도 그 정도는 알고 있지?"

이렇게 말하는 것도 괜찮다. "얘야, 엄마 기준으로는 저런 물건을 돈 주고 사는 게 아깝구나. 엄마는 그런 짓은 안 해. 하지만 네가 원할 수는 있겠지. 원한다면 나중에 네가 직접 사는 게 좋겠다."

아이에게 주는 기쁨을 가르친다

주는 기쁨은 받는 기쁨보다 크다. 당신의 아이에게 이 사실을 가르쳐라. 이를 스스로 깨치지 못하는 아이들도 있다. 당신이 남에게 베풀며 즐거워하면 아이도 그 영향을 받을 것이다. "이 칠면조를 구세군에 갖다 주면 정말 좋아하겠지? 다들 활짝 웃을 거야." 혹은 "동생한테 나누어 줄 것을 고르기가 힘들지? 하지만 네가 골라준 걸 받으면 동생이 정말 좋아하잖아. 올해는 뭘 골랐는지 정말 궁금하다!"

선물은 아이가 자기 돈을 털어 샀을 때에만 진정한 가치가 있다. 그렇게 하면 선물로 무언가를 만들거나 살 때에도 아이가 창의적으로 생각하게 된다. 선물을 살 때보다 직접 만들 때 아이는 더 신나고 만족해한다.

잘한 과목에는 열광하고
못한 과목에는 담담해져야 한다

"헤일리가 수학을 못해서 걱정이에요. 담임선생님과 상담도 해보고, 매일 밤 한 시간씩 문제도 풀게 하지만 여전히 성적이 하위권이에요. 1학년 성적은 D였어요. 2학년 때는 어떻게 해야 할지 모르겠어요."

헤일리 엄마의 하소연이다. 부진한 성적 문제에서 가장 중요한 사실은, 성적표를 받는 당사자는 부모가 아니라 아이라는 것이다. 교실에 앉아 배우는 사람도, 공부를 해야 하는 사람도 아이다. 아이의 성적 문제를 해결하려면 성적을 부모의 문제로 여겨서는 안 된다. 아이가 성적을 자기 일로 여기게 하는 것이 중요하다. 물론 부모는 신경이 곤두서겠지만, 문제 해결은 아이의 몫이다.

다른 많은 문제가 그렇듯이, 아이들은 성적표로 부모의 관심을 끌고 싶어한다. 아이들은 부모가 감정적으로 반응하기를 바란다. 아이들은 부모의 감정이 긍정적이든 부정적이든 개의치 않고 부모의 반응을 얻어내려 할 것이다. 그러므로 아이가 들쑥날쑥한 성적표를 내밀 때는 성적이 좋은 과목에 대해서는 열광하고, 성적이 나쁜 과목에 대해서는 담담해져야 한다. 아이와의 대화는 이렇게 이어질 것이다.

아빠ㅣ 야, 미술이 A야! 대단한데! 넌 언제나 미술을 좋아했지?
아이ㅣ 예, 미술은 재미있어요.
아빠ㅣ 그리고 체육이 B라. 그래, 넌 언제나 바람처럼 달리잖니. 음악도 B. 아주 좋아. 어, 수학은 D네. 더 잘할 수 있을 텐데. 이야, 사회도 B잖아. 역사와 지리에 대해 아는 것도 중요하지. (그 다음 담담하게) 수학 성적은 어떻게 할 거니?"

부모는 언제나 아이가 잘하는 부분에 깊은 관심을 보여야 한다. 아이가 과학을 잘한다면 아이와 함께 현미경으로 생물을 들여다보며 시간을 보내도록 하자. 역사가 아이의 마음을 사로잡는다면, 화려한 색상으로 흥미롭게 역사를 알려 주는 책을 찾아보도록 하자.

부진한 성적에 대해 이야기할 때는 담담한 태도를 유지하면서 관심을 보이자. "역사 과목에 대한 계획이 있니?" "수학 성적에 대해서는 어떻게 할 생각이니?" "시간이 지나면 과학 성적이 나아질까?" 이런 질문들이 '증인을 심문' 하는 듯한 느낌을 주어서는 안 된다.

사실, 성적이 나쁜 것은 문제가 아니다. 그 이유가 진짜 문제다. 아이의 성적이 나쁜 데에는 여러 가지 이유가 있을 수 있다. 초라한 자아상, 부모의 가치관에 대한 반항, 불안, 우울, 학습 장애, 그 외의 다른 요인들이 있을 수 있다. 가끔은 태도가 문제일 때도 있다. 부모는 그 원인에 따라 달리 반응해야 한다. 아이의 상태에 대해 제3자의 조언을 받는다면 적절한 반응을 결정하는 데 도움이 될 것이다.

아이의 성적 문제를 해결할 때는 편지를 쓰는 것도 한 가지 방법인데, 특히 아이와 대화할 때마다 늘 폭발하는 부모에게 권한다. 다음은 이런 문제에 효율적으로 대응하기 위해 부모가 쓴 편지 견본이다. 이렇게 편지로 쓰면, 아이가 반항하거나 방어하기 전에 부모의 생각을 온전히 전할 수 있다는 이점이 있다. 답장을 하기 전에 아이에게 시간을 두고 생각해보라고 하면 더 효과적이다.

사랑하는 아들,

엄마는 왜 네가 어디에 있고 언제쯤 집에 돌아올지 알고 싶어 할까?

엄마는 왜 내가 너를 존중하듯이 너도 엄마를 존중해주기를 바랄까?

엄마는 왜 너의 성적에 일정한 기대를 거는 걸까?

엄마는 왜 네가 가족과 함께 식사하기를 바랄까?

엄마는 왜 너의 행동을 제한하는 걸까?

이런 행동들이, 엄마가 너를 얼마나 사랑하고 소중하게 여기는지를 가장 잘 보여준다고 생각하기 때문이야. 너에 대한 일정한 기대치를 정하는 것도 쉬운 일은 아니란다. 네가 책임감을 갖게 하려면 엄마가 해야 할 일도 많아져. 게다가 너는 엄마가 너를 정말 사랑하고 신뢰하는지 종종 시험해 보잖니.

엄마가 어떡하나 보려고 밤늦게 들어왔을 때는 얼마간 외출금지를 시켰지. 넌 엄마가 널 정말 사랑하는지 보려고 말대꾸를 하기도 하지. 엄마의 인내심을 시험하려고 학교 갈 준비를 안 하고 꾸물댔을 때는 결국 버스를 놓쳤지. 학교까지 걸어가는 길이 정말 멀게 느껴졌을 거야. 쇼핑몰에서 네가 한바탕 소란을 피운 뒤에는 너만 남겨 두고 다른 식구들만 쇼핑하러 갔지.

매번 네 행동의 결과를 치르게 할 때마다 엄마 가슴은 찢어진단다. 네가 상처받은 만큼 엄마도 똑같이 아팠어. 그리고 엄마가 나쁜 사람이라 너를 그렇게 대한다는 소리는 정말 듣기 힘들었어. 차라리 너에게 소리를 지르고 때리거나, 네 행동을 감싸 주게 훨씬 쉬울 텐데. 하지만 너를 사랑하는 마음과 장차 네가 훌륭한 사람이 될 거라는 믿음이 있기에 엄마로서 해야 할 일을 할 수 있단다.

지금 행복하게 살고 있는 어른들도 한때는 부모의 인내심을 시험하는 아이들이었지만 부모를 지쳐 떨어지게 하지는 않았다는 걸 엄마는 잘 알아. 그래서 그 아이들은 제대로 교육받으며 책임감 있는 사람들로 자랐고, 자기 꿈을 이루는 데 필요한 덕목을 갖추게 된 거란다. 어릴 때 행동에 아무런 제한도 받지 않았던 사람들이 세상에 많다는 것도 알아. 너도 그런 사람들을 많이 봤을 거야. 그 사람들의 삶은 실망만 가득할 거야.

어제 네가 가져온 성적표를 보니 네 능력에 훨씬 못 미치는 점수를 받았더구나. 너를 감싸 주는 게 널 책임 있는 사람으로 만드는 것보다 훨씬 쉽다는 걸 알아줬으면 좋겠다. 점수가 낮은 이유를 너의 나이 탓으로, 친구 탓으로, 선생님 탓으로 돌릴 수도 있겠지. 하지만 그렇게 너를 포기하기에는 엄마가 너를 너무 사랑한단다.

너의 학업 성적에 대해 깊이 고민해 보고, 성적을 회복하기 위한 계획을 세워 보렴. 그리고 함께 의논해 보자. 엄마 아빠는 금요일 저녁에 너와 이야기할 시간을 내기로 했다. 앞으로의 계획이 뭔지, 엄마 아빠가 어떻게 지원하고 도우면 되는지에 대한 준비된 답변을 기대할게.

네가 금요일 저녁에 나갈 일이 있다는 것도 알아. 엄마 아빠도 마찬가지야. 하지만 우리에게는 네가 정말 중요하고, 네가 나중에 어떤 사람이 되는지도 중요하기 때문에 기꺼이 집에 있기로 했다.

성적표 때문에 마음이 많이 아팠을 거라고 생각해. 정말 실망이 컸겠지. 선생님께는 부모님이 언제나 너를 사랑하고 지지하고 있다고 말씀드려 줘.

　　　　　　　　　　　　사랑을 담아, 엄마가

이런 식의 접근법은 좋은 점이 많다. 무엇보다 부모와 아이가 화를 삭이고 문제를 제대로 볼 수 있는 시간을 갖게 된다. 부모로서는 선생님이나 카운슬러의 조언을 들을 시간을 벌 수 있다. 이런 접근법은 부모가 이 문제로 아이를 어떻게 대해야 하는지 연습해 볼 수 있는 시간적 여유를 주고, 감정 소모를 줄이며, 힘겨루기를 피할 수 있다. 특히 이 과정에서 아이가 부모의 사랑과 지원이 자신이 가질 수 있는 가장 귀중한 것임을 알게 된다.

아이에 대한 통제권이 누구에게 있는지 분명히 한다

여름휴가. 가족들이 다시 뭉쳤다. 할머니 할아버지와 엄마 아빠와 아이들이 모처럼 멋진 시간을 보낼 수 있는 기간이다. 그러나 삼대가 함께한 자리에서 아이들의 버릇없는 행동 때문에 부모와 아이 사이에 종종 문제가 생긴다. 대개 아이들은 부모와 있거나 조부모와 있을 때는 별 문제가 없다. 그러나 삼대가 한자리에 모이면 작은 소동이 벌어진다. 그것은 우리의 교육법이 때로 부모님의 교육법과 상충하기 때문이다.

  부모님은 우리가 아이들을 기르는 방식을 이해하지 못할 수 있다. 아이의 잘못에 대한 우리의 반응은 분노가 아니라 슬픔이다. 우리는 아이를 보호하려 하기보다는 친절하게 대한다. 아이에게 관심을 갖지만 염려하지는 않는다. 우리는 가능한 아이에게 책임을 지게 하고 실패할 기회를 준다. 실패의 대가가 그리 크지 않고 아이가 그런 경험을 통해 큰 교훈을 배운다는 것을 알기 때문이다.

그러나 대개의 경우 부모님은 우리를 전혀 다르게 다루셨다. 사랑과 원칙의 기술을 이해하지 못하는 부모님은 우리를 비판하고 나무랄 수 있다. "어떻게 애가 그런 일을 당하도록 방치할 수 있니?" 그로 인해 우리와 부모님 사이에 긴장감이 생긴다.

우선, 우리가 부모님을 대하는 태도를 아이가 본받는다는 것을 명심해야 한다. 우리가 부모님을 대하는 방식 그대로 아이도 우리를 대할 것이다(등골이 오싹한가?).

또 우리와 부모님 사이에 긴장감이 생기는 이유는, 우리가 부모님과 유독有毒한 관계를 이어온 때문일 수도 있음을 기억하자. 장성한 자녀는 불나방이 불빛을 찾아들듯 부모를 찾곤 한다. 좀처럼 이루어지지 않는 친밀한 관계를 갈망하면서 번번이 불에 데면서도 계속 부모를 찾는다. 손자의 양육을 둘러싼 충돌은 보다 깊고 오래된 문제들의 징후에 지나지 않는다.

우리는 부모님의 한없는 너그러움과 무조건적인 사랑을 구한다. 그러나 그것은 운좋은 일부를 제외하면 거의 불가능한 요구다. 대부분은 평생 그것을 얻어내고 싶어 애를 쓰면 쓸수록 욕구불만만 커질 뿐이다. 이 사실을 기억하고, 부모와 조부모의 상호작용에 대한 네 가지 기본 지침을 살펴보자.

아이에 대한 통제권이 누구에게 있는지 분명히 한다

할머니 할아버지가 아이의 행동에 대해 의논하고 싶어한다면,

아이가 얌전히 있을 때나 자리에 없을 때 그렇게 해달라고 요청해야 한다. 그분들이 이런 식으로 생각을 전한다면 좋을 것이다. "나는 너와의 관계를 소중하게 여긴다. 그것을 훼손하고 싶은 마음은 없다. 손자들에 대해 하고 싶은 말이 있는데, 들어 보겠니?" 그리고 우리가 듣겠다는 의사를 표시할 경우, 그분들은 그에 대한 말을 계속하실 수 있을 것이다.

부모님에게 우리의 희망사항을 적극적으로 표현한다

부모님의 말씀에 반박하기보다 상황을 어떻게 다뤄야 할지 살피고 적극적으로 대처하는 편이 낫다. 예를 들면, 부모님에게 이렇게 말할 수 있을 것이다. "어머니, 제가 아이들을 기르는 방식에 대해 말씀하시기 전에 제가 왜 애들을 그런 식으로 기르는지 애정을 갖고 물어봐주셨으면 좋겠어요."

부모님에게 우리가 함께 시간을 보내는 이유에 대해 말씀드린다

의무감이나 죄책감에서일까? 아니면 즐거운 시간을 갖기 위해서일까? 때로는 부모님에게 이렇게 말씀드려야 할 경우도 있다. "어머니 아버지, 의무감이나 죄책감 때문에 휴가 때마다 모이는 가족도 있고 함께 즐거운 시간을 보내기 위해 모이는 가족도 있습니다. 두 분이 저희 가족과 함께 보내는 시간이 즐거우신지 모르겠습니다. 그렇지 않다면 어떻게 해야 할까요? 순전히 의무감에서 찾아뵙는 자식이 되고 싶지 않아 드리는 말씀입니다."

최소한의 기대치를 분명하게 정한다

몇 가지 사항은 서로 명확히 해둘 필요가 있다. 아이들이 보는 앞에서 우리의 교육법에 대해 부정적으로 말하지도 말고, 우리의 허락 없이는 아이를 벌하지도 말아 달라고 부모님에게 꼭 요청해야 한다. 할머니 할아버지가 육아에 간섭하고 싶은 마음이 너무 강할 때는 아이들을 집에 두고 오는 것도 생각해 볼 필요가 있다.

그러나 할머니 할아버지에게도 권리가 있다. 아이들이 제멋대로 굴면, 그분들도 우리에게 아이의 버릇을 바로잡으라거나 아예 집으로 가라고 요구할 수 있다.

우리의 교육법이 부모님의 그것과 판이하게 다르다면, 부모님을 찾아뵙기 전에 사랑과 원칙의 기술에 대해 미리 설명을 드리는 게 현명할 것이다.

숙제는 아이에게
유익할 경우에만 도와야 한다

아이의 숙제는 아이의 문제다. 연필을 움직여야 하는 것도 아이이고, 머리를 써야 하는 것도 아이이며, 아이가 집으로 가져오는 성적표도 아이의 것이다. 그러나 어찌된 일인지 많은 부모가 아이의 공부를 자신의 문제로 여기는 함정에 빠진다. 그들은 아이에게 최후통첩을 한다. 숙제를 끝내지 않으면 외출도, 노는 것도, 텔레비전 보는 것도 금지다. 권리를 박탈하고, 위협하고, 언성을 높이고, 소리를 지른다. 그리고 숙제를 안 하거나 성적이 안 좋으면 아이에게 벌을 내린다.

  부모의 책임은 아이가 숙제를 할 수 있는 분위기를 조성해 주는 것이다. 30분이나 한 시간, 아니면 한 시간 반 정도 아이는 숙제를 위해 책상에 앉아있어야 한다. 부모는 아이에게 시간과 장소(거실, 부엌, 자기 방)를 선택할 수 있게 해준다. 따지고 보면 아이의 학습에는 두 가지 방법이 있다. 하나는 실제로 숙제를 함으로써(즉 읽고 쓰기를 통해) 학습하는 것이고, 다른 하나는 숙제에 대해 생각해 봄으로써 학습하는 것이다. 배움의 내용은 다를지 몰라도, 어느 쪽이든 아이는 배움을 얻는다. 잘못하면 벌을 주는 학교 선생님들은 두 번째 학습 방법을 인정하지 않을 수도 있다.

크리스틴은 아들 이안의 숙제 문제를 다음과 같이 다루었다.

크리스틴 | 이안, 숙제할 시간이다. 준비됐니?
이안 | 어, 엄마, 꼭 해야 해요?
크리스틴 | 글쎄… 배우는 방법은 두 가지란다. 숙제를 할 수도 있고, 숙제에 대해 생각만 할 수도 있어. 오늘밤은 어느 쪽을 선택하고 싶니?
이안 | 그냥 숙제에 대해 생각만 할까 봐요.
크리스틴 | 원한다면 그렇게 해도 좋아. 선생님도 같은 생각이셨으면 좋겠는데. 선생님이 그런 숙제도 인정해 주실까?
이안 | 모르겠어요.
크리스틴 | 글쎄, 숙제에 대해 생각하기 전에 그 문제부터 생각해 보는 게 좋겠구나. 한 시간 안에 생각해 볼 것들이 꽤 많겠네. 그럼 네 생각이 끝나면 보자.

부모가 아이의 숙제를 도와주는 것은 잘못이 아니다. 많은 아이가 도움을 원하고, 부모라면 필요한 아이디어나 설명을 통해

도와야 한다. 그러나 아이가 도움을 청할 때만, 그리고 그 도움이 유익할 경우에만 도와야 한다. 부모가 화가 나기 시작한다면, 이미 정도가 지나친 것이다. 부모는 아이의 문제가 자신의 문제가 되지 않게 함으로써 아이에게 본을 보여 줄 수 있다. 그러나 거기서 그쳐서는 안 된다. 부모는 자신의 숙제나 직장일의 중요성을 거듭 말하며 아이에게 숙제에 대한 올바른 접근법을 보여 줘야 한다. 저녁식사 직후에 "난 내 숙제를 끝내야지"라고 말하거나 "내 일을 끝내기 전에는 다른 일을 못하겠어"라고 말하고 일을 마무리하면, 아이는 그런 모습을 본받게 된다.

아이가 숙제하기 싫어하는 것은 복잡한 문제다. 게으름은 그 중 한 가지 이유일 뿐이다. 문제의 핵심에는 수많은 다른 문제가 복잡하게 얽혀 있을지 모른다. 아이에게 학습 장애나 신경 장애, 주의력 결핍 혹은 태도의 문제가 있을 수 있다. 이런 경우에는 숙제가 문제가 아니다. 그 밖의 보다 심각한 근본 원인이 있다는 판단이 들면 전문가의 상담을 받아야 한다.

심심하다는 말을 달고 사는 아이, 진짜 심심한 게 아닐 수 있다

크리스마스 아침이 밝은 지 세 시간쯤 지나자, 날아다니던 선물 포장지와 기쁨의 비명 소리는 차분하게 가라앉았다. 수많은 장난감이 바닥에 널려 있다. 그 정도면 탁아소 세 곳을 몇 년 동안 운영할 수 있을 정도의 놀잇감이다. 그때 그 장난감 더미에서 슬픈 표정의 작은 얼굴이 비죽 나오며 쓸쓸한 목소리가 들려온다. "엄마, 심심해요." 부모의 반응은 불 보듯 뻔하다. "뭐야? 심심해? 온 동네 장난감을 다 모아놓은 것보다 더 많은 장난감을 가진 아이가 심심하다고? 아냐, 그건 있을 수 없는 일이야."

심심한 아이는 여름방학 첫날부터 우리를 불안하게 한다. 끊임없이 들려오는 "엄마, 뭐 할까?"는 우리로 하여금 노란 버스의 운행일만을 손꼽아 기다리게 한다.

아이가 뭐라고 하든 아이는 심심한 게 아닐 가능성이 높다. 아이가 심심하다고 말할 때는 보통 이런 의미다. "엄마 아빠가 저와 더 많이 놀아줬으면 좋겠어요." 아이와 함께 노는 것은 부모의 큰 기쁨 가운데 하나다. 그러나 함께 놀아주기로 할 때도 심심하다는 것은 아이의 문제라는 사실을 분명히 해야 한다. 다음 대화 속의 부모는 그 문제를 잘 다루고 있다.

아이 | 심심해요. 신나는 일이 아무것도 없잖아요.
부모 | 정말 심심하니? 그거 참 안됐구나. 뭘 할 생각인데?
아이 | 글쎄요, 뭘 할까요?
부모 | 그거 좋은 질문이구나. 네 방에는 뭐가 있지?
아이 | 어, 거긴 맘에 드는 게 없어요. 다 싫증났어요.
부모 | 그럼, 집 안엔 맘에 드는 게 있니?
아이 | 없어요.
부모 | 자기가 좋아하는 일에 몰두하다 보면 심심하지 않은 법인데. 네 말은 맘에 드는 일이 없어서 심심하단 뜻이니?
아이 | 맞아요.
부모 | 그럼 그냥 심심하게 앉아 있을 수밖에 없다는 말로 들리는데. 그러고 있겠다는 뜻이니?
아이 | 비디오게임을 할 수 있을 것 같아요.
부모 | 엄마랑 비디오게임 했으면 좋겠니?
아이 | 예!
부모 | 딱 한 게임밖에 하지 못할 것 같구나. 그런데 한 게임 하고 나면 "고맙습니다" 하고 말할 거니, 아니면 우는 소리로

"한 게임만 더 해요, 제발" 하고 조를 거니?

아이ㅣ 한 번 더 하자고 조르지 않을게요. 약속해요.

우리는 아이가 의욕을 갖고 흥미를 느껴 재미있게 시간을 보내는 방법을 배우기를 바란다. 아이에게 재밋거리만 제공할 게 아니라, 아이가 스스로 만든 심심함의 껍질을 깨고 나올 수 있도록 도와주자.

외부의 어떤 통제보다
아이 내면의 목소리가 중요하다

인터넷은 벌레와 썩은 사과가 끝도 없이 나오는 사과궤짝과도 같아서 부모들의 걱정이 많다. 지금도 전체 웹사이트의 3분의 1은 음란물로 채워져 있다. 부모들은 차단 프로그램을 설치해 이를 막아보려 하지만, 불행히 어떤 차단장치로도 독버섯처럼 올라오는 음란물과 청소년 유해물을 제대로 막기 힘들다. 차단장치를 믿을 수 없는 데에는 몇 가지 이유가 있다.

우선, 차단장치로 모든 사이트를 검열할 수는 없다. 둘째, 컴퓨터에 능숙한 10대들은 차단장치쯤은 쉽게 피해 다닐 수 있다. 셋째, 아이가 작정만 하면 차단장치가 없는 컴퓨터는 어디서든 찾을 수 있다. 넷째, 차단장치는 적법한 콘텐츠까지 차단할 수 있다. 실제로 키워드에 의한 차단장치는 유방암이나 전립선암에 대한 검색을 막을 수 있다. 무엇보다 차단장치의 설치는 아이에게 "너에게는 어떤 콘텐츠를 보고 어떤 채팅방에 들어가는 게 좋은지 생각하고 선별할 능력이 없다"는 메시지를 전달한다.

사랑과 원칙의 기술은 스스로 자기 행동을 통제할 수 있는 아이로 기를 것을 강조한다. 인터넷 차단장치는 아이가 자기 방에 있지 않으려 한다고 방에 가둬 놓는 것과 본질적으로 다를 게 없다. 외부에서 통제할 경우 반항적이고 저항적인 기질의 아이는 그 통제를 피해가려고만 하므로, 사랑과 원칙의 기술은 아이 내면의 통제와 자제력을 굳게 믿는다. 이런 힘은 부모가 아이에게 사실 정보를 숨김없이 알려 줄 때 키울 수 있다.

사랑과 원칙이 있는 부모 밑에서 자라는 아이에게는 '나의 결정이 앞으로 나에게, 내 주위 사람들에게 어떤 영향을 미치게 될까?' 하고 자문하는 내면의 목소리가 생긴다. 이 목소리는 부모의 사랑과 공감 아래 잘못된 선택에 따른 결과를 감당했을 때 얻을 수 있다. 이 내면의 목소리는 부모가 생각해 낼 수 있는 다른 어떤 외부 통제보다도 중요하다.

다음은 사랑과 원칙이 있는 부모가 아들과 나눈 대화를 간추린 것이다. 이 대화를 보면, 현명한 부모는 행동의 결과를 부여하기 전에 아이에게 선택과 결정에 참여할 권한을 준다.

부모ㅣ데릭, 네 컴퓨터에 인터넷 차단장치를 설치하는 게 어떻겠니?

데릭ㅣ왜요? 절 못 믿으세요? 그런 거 필요 없는데요.

부모ㅣ믿고 안 믿고의 문제가 아니야. 사무실에서 왜 차단장치를 쓰는지 아니? 직원들을 믿지 못해서가 아니라 원치 않는 내용이 들어오는 것을 막기 위해서야.

데릭 | 아.

부모 | 차단장치에도 여러 종류가 있단다. 어떤 것은 차단 강도가 꽤 높은가 하면, 어떤 것은 이메일을 통해 들어오는 사진들을 차단하지. 어떤 것은 그림을, 어떤 것은 특정 단어를 차단 기준으로 삼아. 너랑 함께 살펴보고 고르고 싶은데, 어떤 것으로 결정하든 네 마음에 들었으면 해서 그래.

데릭 | 좋아요.

한평생 가장 행복한 사람들은 내면의 통제와 자기 절제를 믿는 사람들이다. 반면 가장 불행한 사람들은 외부의 통제와 간섭을 받으며 살아가는 사람들이다. 항상 아이들 옆에 앉아 지켜볼 수는 없다. 언젠가, 어디에선가, 어떤 방식으로든 아이들은 자기 내면의 목소리를 믿고 따르는 법을 배우게 될 것이다. 만약 부모가 일찍 이를 배울 수 있도록 독려해 준다면, 그 아이는 정말 행운아다.

아이는 부모의 말보다
행동을 보며 정직을 배운다

유치원을 다닐 무렵부터 초등학교 2학년 정도까지 대부분의 아이는 거짓말의 단계를 겪는다. 거짓말이 아주 서툴 수도 있고, 베테랑 영업사원처럼 능숙할 수도 있지만 거짓말이기는 마찬가지다.

부모들은 아이의 거짓말에 화가 나서 얼굴이 새빨개진다. 어떤 부모가 거짓말쟁이 아이를 기르고 싶겠는가? 그러나 아이의 말이 사실인지 아닌지 알 수 없기 때문에 많은 경우 부모가 불리하다. 아이가 거짓말을 하는 현장을 포착한다면 별 문제가 없다. 그러나 실제로 아이가 진실을 말하는 상황에서도 부모가 심증만 가지고 자꾸 캐물으면 아이가 거짓 고백을 하게 될 수도 있다. 한숨을 내쉬면서 이렇게 말할지도 모른다. "어쨌든 엄마는 제가 했다고 생각하니까 그랬다고 하는 게 낫겠네요."

아이가 거짓말을 하는 것 같을 때는 아이가 생각을 하게끔 해야 한다. 한 가지 효과적인 방법을 소개하면 이렇다. "지금 엄마가 널 믿는 것 같니, 못 믿는 것 같니?" 아이가 "하지만 전 사실대로 말하는 거예요"라고 대답한다면, 그때는 비난조의 말을 그쳐야 한다. 아이를 거짓말쟁이라고 부르는 것은 특수부대를 향해 수류탄을 던지는 것과 같다. 아이는 자신을 보호하기 위해 결백을 주장하며 저항할 것이다.

아이가 거짓말을 하고 있다는 생각이 들면 이렇게 말하는 편이 낫다. "네 말이 사실이고 내가 널 믿지 못한다면, 그건 우리 모두에게 슬픈 일이다. 하지만 네 말이 거짓말이고 내가 널 믿지 못한다면 그건 내게 두 배로 슬픈 일이야." 그것은 아이가 거짓말을 하고 있고, 주위 사람들의 신뢰를 받지 못하고 있기 때문이다.

많은 부모가 아이에게 "그 말 못 믿겠다"라고 말하는 것을 두려워한다. 그런 말이 상호신뢰의 끈을 끊어놓을까 우려하는 것이다. 그러나 그 말은 유용하다. 아이는 그 말에 대꾸하지 못한다. 그저 자신의 정직성을 옹호할 수 있을 뿐이다. 우리는 아이를 거짓말쟁이라고 부르는 게 아니다. 그저 아이의 말을 못 믿겠다고 말하는 것뿐이다. 그쯤 되면 아이가 생각을 하게 된다.

그러나 부모가 아이의 거짓말을 안다면, 거짓말의 현장에서 아이를 잡았다면 대화는 거기서 끝난다. "갈렙, 너는 브라이스의 얼굴을 때렸어. 네가 뭐라고 하든 엄마는 그것을 봤어. 이제 그 일을 어떻게 해결할 거니?" 일은 벌어졌고, 그 일은 아이가 저질렀다. 그 일을 어떻게 처리할 것인가? 이제 남은 질문은 그것뿐이다.

대개 아이는 부모의 말이 아니라 행동을 보며 정직에 대해 배운다. 부모는 물러서서 자신이 아이에게 어떤 본을 보이고 있는지 되짚어봐야 한다. 내가 아이에게 거짓말을 시키지는 않는가? 통화하기 싫은 사람한테서 전화가 왔을 때 아이의 귀에 대고 "엄마 집에 없다고 해"라고 속삭인 적은 없는가? 아빠가 아파서 출근을 못한다고 엄마가 아빠 직장에 전화하는 것을 아이가 본 적은 없는가? 단지 일하러 가기 싫다는 이유로 말이다. 궁색한 핑계(다른 말로, 거짓말)를 만들어 집에서 해야 할 일을 피한 적은 없는가? 물론, 그런 것들은 사소한 일일지 모른다. 그러나 부모가 정직에 대해 늘어놓은 어떤 잔소리보다 아이에게 더 큰 교훈을 남긴다.

아이가 사실대로 말할 때 사랑과 원칙이 있는 부모는 아이를 격려한다. 이런 말로 말이다. "솔직히 말해줘서 고맙다. 사실대로 말하는 게 힘들었을 거야. 자기 잘못을 인정하는 건 보통 일이 아니란다. 정말 마음이 아프지." 그리고 다시는 그 문제를 거론하지 않는다.

많은 부모가 아이에게 "사실대로 말하는 게 더 나아"라고 말한다. 그리고 아이가 잘못을 시인하면 그 일에 대해 벌을 준다. 길게 보면 사실대로 말하는 게 더 나을지 몰라도, 대부분의 아이는 삶을 그렇게까지 길게 보지 못한다. 자신이 털어놓은 '잘못'에 대한 처벌로 한 달 동안 외출 금지를 당한다면 사실대로 말하는 것이 나을 게 없다고 생각할 것이다.

  아이에게 화를 내기보다 아이를 위해 슬퍼해야 한다. 부모의 부적절한 처벌보다는 자연적인 행동의 결과가 아이에게는 교훈이 될 것이다.

아이는 입을 삐죽거리며
부모가 말을 걸어 주기를 기다린다

한 엄마가 하소연을 한다. "케이트에게 무슨 일을 시키려고 할 때나, 무슨 이야기를 좀 하려고 할 때마다 아이가 그 표정을 지어요. 어깨를 축 늘어뜨리고 고개를 살짝 기울인 채 호랑이도 놀라 도망갈 만큼 심술궂은 얼굴을 하지요. 그런 모습을 볼 때마다 화가 치미는데, 어찌해야 할지 모르겠어요."

불쾌한 신체 언어. 하기 싫은 일을 시키거나 듣기 싫은 말을 꺼낼 때 아이가 부모에게 보내는 짜증스러운 불만의 표시. 눈을 굴리거나, 역겹다는 표정을 짓거나, 발을 구르거나, 문을 쾅 닫고 나가는, 그런 태도들은 무언가를 말하고 있다. 그것이 무엇일까?

대부분의 부모는 아이가 반항을 한다고 생각한다. 즉 건방진 태도로 받아들인다. 그럴 때 부모로서 최선의 반응은 할 말만 하고 자리를 뜨는 것이다. 그러나 아이의 그런 행동이 계속되면 손을 써야 할 수도 있다. 그것은 부모 자신의 행동을 돌아보는 것이다. 아이가 눈을 치켜뜨기 직전 내가 어떤 말이나 행동을 했는가? 내가 아이를 비난했는가? 아이가 나의 비난에 반응하는 것뿐일까? 비난을 받으면 아이나 어른이나 똑같이 부정적으로 반응한다. 그러므로 감정이 가라앉고 부모나 아이 모두 기분이 풀어질 때까지 기다린 다음에 문제의 근원을 파악해 볼 수 있다.

엄마 | 얘, 케이트, 지금 이야기 좀 해도 될까?
케이트 | 예, 그러세요.
엄마 | 엄마가 무슨 말을 할 때마다 네가 짓는 표정이 있는데, 그게 무슨 뜻인지 모르겠어. 왜 있잖니, 어떤 애들은 마음이 상했거나 실망했는데도 편안하게 그렇다고 말할 수 없을 때 그런 표정을 짓거든. 기분이 안 좋을 때 그러는 애들도 있지. 엄마가 싫고 엄마가 하는 말이 듣기 싫어서 그러는 애들도 있어. 그 표정에 대해 생각해 본 적 있니?
케이트 | 아뇨.
엄마 | 아무 생각이 없다… 거기에 어떤 의미가 있는 거라면 엄마도 알고 싶구나. 생각 좀 해보지 않겠니? 엄마 행동 중에 네 기분을 나쁘게 하거나 너를 비난하는 것 같은 뭔가가 있는 게 아닐까 싶은데. 할 말이 떠오르거든 이야기해라. 엄마가 잘 들을게.

그런 다음 엄마는 다시 그 문제를 거론하지 말고 어떤 일이 벌어지는지 잘 살펴야 한다.

입을 삐죽거리는 것도 불만의 표시다. 아이는 입을 삐죽거리면서 부모가 말을 걸어 주기를 기다린다. 부모가 아이의 표정을 보고 무슨 일이냐고 묻거나 그런 표정 짓지 말라고 한다면, 아이가 던진 미끼를 무는 셈이다. 그때부터 부모는 싫어도 아이의 말을 들어야 하는 청중이 된다. 그럴 때는 이렇게 말하는 것이 효과적이다. "지금 뭐가 잘 안 풀리는 모양이구나. 네 생각을 말로 표현할 수 있을 정도로 정리가 되면 내게 와서 이야기해. 기꺼이 들을게." 그런 다음 아이한테서 눈을 떼고 하던 일을 계속한다.

아이가 불쾌한 신체 언어를 습관적으로 사용해 언제 그런 행동이 튀어나올지 충분히 예상할 수 있을 정도라면, 그 전에 아이에게 이렇게 말할 수도 있을 것이다. "케이트, 너한테 할 말이 있어. 내가 말을 마치면 늘 하는 그 표정을 지어도 좋아." 막상 하라고 멍석을 깔아주면 하기 어려운 법이다. 부모가 시킨 대로 하는 셈이니 말이다.

부모에게 불만이 있는 아이가 사용하는 다양한 표현들(부모를 무시하는 것부터 "지옥에나 가버려"라고 말하는 것까지)을 생각할 때 부모에게 눈을 부릅뜨는 것이나 싸늘하게 바라보는 것 정도는 그리 나쁜 일도 아니다. 오히려 그것은 아이에게 자존심을 세울 기회, 약간의 통제권을 확보할 여지를 주는 셈이다. 마음에 들지 않는 상황에서는 우리도 그 정도는 표현하지 않는가?

아이에게 선택권을 주면 자기 목소리에 귀 기울이게 된다

또래집단의 압력을 둘러싼 싸움은 서너 살 무렵부터 시작된다. 그러나 기저귀를 찬 아기가 내일 당장 머리를 빨갛게 물들여 가운데를 밀고 징이 박힌 폭주족 복장으로 문밖을 나서게 될 거라는 말은 아니다. 걸음마를 뗄 때부터 아이의 머릿속에는 여러 목소리의 힘겨루기가 시작된다는 뜻이다. 아이가 스스로 생각하지 못하고 또래 아이들의 목소리에 귀를 기울이는 것, 또래집단의 압력이 바로 그것 아닌가?

부모들은 외부에서 들리는 목소리를 아이가 잘 듣도록 가르친다. 그것은 부모의 목소리다. 그렇게 해서 아이는 뜻하지 않게 또래들의 말을 잘 듣도록 훈련받는다. 부모는 아이에게 이렇게 말한다. "내가 하라면 해. 시키는 대로 당장." 이 아이가 사춘기가 되면 생각의 중대한 변화가 일어난다. '난 이제 스스로 생각할 수 있어. 바깥에서 들려오는 큰 목소리를 들을 필요가 없다고.' 그래서 아이가 스스로 생각하기 시작하는가? 아니다. 아이는 11년 동안 부모의 목소리를 듣는 데 익숙해졌다. 그러나 이제는 더 이상 부모의 말을 듣지 않을 것이다(그러기로 결정했으니까). 그리고 자기 목소리도 듣지 못할 것이다(아무 생각이 없으니까. 부모가 그동안 모든 생각을 대신 해준 것이다). 그래서 아이의 마음에 새겨지는 목소리는 외부에서 들려오는 또 다른 목소리, 또래 아이들의 목소리뿐이다.

아이가 열두세 살이 되면 부모는 좌절감에 손을 들고 이렇게 말한다. "전에는 아이가 말을 잘 들더니 이제는 도무지 말을 안 듣네. 애가 변했나 봐." 그러나 틀렸다. 아이는 조금도 변하지 않았다. 아이는 여전히 외부의 목소리를 듣고 있다. 단지 그것이 부모의 목소리가 아닐 뿐이다.

아이가 앞으로 맞닥뜨리게 될 또래집단의 압력에 대처할 수 있도록 준비시키는 첫 단계는, 어릴 때부터 자기 머릿속의 작은 목소리를 듣게 해주는 일이다. 사소한 일에서부터 선택권을 주도록 하자. 초콜릿우유 마실래, 흰우유 마실래? 파란 외투, 아니면 빨간 외투? 장갑을 주머니에 넣을래, 아니면 낄래? 아이가 결정하게 해주면 아이 머릿속의 작은 목소리가 이야기를 한다.

부모는 아이에게 더 많은 선택권을 주고, 명령 대신 질문을 더 많이 하며, 싸움을 거는 말 대신 생각을 부르는 말을 더 자주 사용해야 한다. 그래야 나중에 아이가 또래 아이들에게 휘둘릴 가능성이 줄어든다.

그러나 또래집단의 압력은 결코 호락호락하지 않다. 사춘기 전후의 기간은 아이가 사람을 대하는 기술을 열심히 익히는 시절이고, 그래서 또래들 간의 우정이 매우 중요해진다. 그러나 충분한 준비를 하게 한다면, 아이 내면의 목소리가 또래집단의 압력을 이겨낼 가능성이 크다.

두 번째 단계는, 부모가 이따금 아이와 함께 청소년기의 어려움에 대해 대화를 나누는 것이다. 예를 들어 보자.

아빠 | 미란다, 아빠는 사춘기가 얼마나 어려운 시기이고 그때의 친구 관계가 얼마나 중요한지 안다. 엄마와 아빠는 너의 친구 문제나 네가 겪고 있을 여러 가지 일을 돕고 싶어. 아빠는 그런 일들을 겪으며 네가 성장하고, 친구들과 어울릴 때도 너 스스로 생각할 줄 알았으면 한다. 그래서 몇 마디 하고 싶은데, 괜찮겠니?

미란다 | 네, 괜찮아요.

아빠 | 아빠는 네가 너 자신이 되는 일에 대해 이야기하고 싶어. 네가 엄마 아빠와는 다른 존재가 되려고 애쓴다는 거 알아. 이제 네가 할 일은 친구들과 똑같이 되지 않고 너 자신이 되는 법을 배우는 거야.

"싫어"라고 말하는 법에 대해 대화를 나눠 보는 것도 유익할 것이다. 아이가 친구들에게 "싫어"라고 말할 수 있을까? 부모가 여러 해 동안 아이가 자기 목소리를 키우고 다듬도록 도와주었다면 아이는 그럴 수 있을 것이다. 부모는 아이에게 또래들의 제안을 거절하는 법을 가르쳐야 한다. 그것은 부모가 아이의 제안을 거절하는 법과 같다. 대안을 제시하는 것이다.

아이가 담배를 피워 보라는 또래들의 권유를 받았다고 가정해 보자. 이렇게 대답하면 무난하게 거절할 수 있다. "롤러스케이트를 타는 거나 쇼핑몰이나 분식점에 가는 건 좋아. 너희랑 같이 놀고 싶지만, 그게 담배 말고 다른 거라면 좋겠어." 막연히 싫다고 하고 또래들과 어울리지 못해 외톨이가 되는 것보다는 좀더 적극적인 대답을 할 수 있을 때 아이는 훨씬 자신감을 느낀다.

부모가 악역을 자처하는 것도 도움이 된다. 아이에게 이렇게 말하는 것이다. "친구의 제안을 거절해야겠는데 좋은 방법이 없을 때는 엄마 아빠 핑계를 대. 이렇게 말하는 거야. '안 돼, 그랬다간 엄마 아빠한테 죽을 거야!' 엄마 아빠가 도와줄게." 이것은 부모가 아이에게 줄 수 있는 보너스 무기다.

아이에게 애완동물을 맡기려면 뻔뻔해져야 한다

애완동물은 아쉬울 때 곁에 있어 주고 사랑을 준다. 그 동물들은 언제나 한결같고 기분 좋아 보인다(다만, 고양이는 좀 다르다. 누가 그 속을 알겠는가?).

애완동물은 아이가 책임감을 배울 수 있는 좋은 기회를 준다. 부모들은 아이가 돌본다는 조건하에 애완동물을 집에서 기르는 데 동의한다. 아이가 먹이와 물을 주고, 변을 치워 주며, 개집이나 새장이나 어항을 관리해야 한다. 그러나 결국 부모가 부삽을 들고 강아지 뒤치다꺼리를 하거나 금붕어를 다른 곳에 옮겨 놓고 어항의 물을 갈아 주는 경우가 허다하다.

애완동물을 돌보는 책임을 아이에게 맡기려면 부모가 뻔뻔해져야 한다. 두 딸을 둔 한 엄마는 "난 입 네 개만 먹인다"를 식사 시간 구호로 삼았다. 딸아이들이 오후 5시가 될 때까지 개와 고양이에게 먹이를 주지 않을 경우, 그 네 입은 엄마와 아빠, 개,

고양이가 되는 것이다. 엄마는 "오늘은 너희 저녁이 없다. 엄마가 프레드와 샤를마뉴를 먹이느라 진을 다 뺐거든." 그러고는 두 딸아이의 볼에 입을 맞추고 미소를 지으며 안아 준 뒤 이렇게 말하곤 했다. "내일 저녁 식탁에서는 꼭 보자."

그런 방법이 효과가 없을 경우, 애완동물의 새 주인을 구하는 것이 현명한 처사다. 아이를 나무라지 말고 부드러운 목소리로 이렇게 말한다. "버스터는 제시간에 밥을 먹여 줄 주인이 필요해." "버스터는 새장을 깨끗이 치워 줄 사람이 필요해." 그러고 나서 애완동물을 다른 사람에게 주면 된다.

부모가 직접 애완동물을 돌보는 것도 한 가지 방법이지만, 엄마가 스모키 밥을 주고, 아빠가 햄스터 나무토막을 갈아 줄 거란 것을 알면 아이는 더 이상 스모키나 햄스터 걱정을 하지 않을 것이다. 애완동물을 돌보는 일이 부모의 문제가 되는 순간이다. 선택은 부모에게 달려 있다.

아이의 장난감은
아이의 책임이 되어야 한다

2006년 초, 콜로라도에 사는 바비는 '거실 빨리 어지르기' 부문 비공식 세계 기록을 세웠다. 이 여섯 살짜리 악동은 45초 만에 열일곱 개의 곰인형을 계단에 늘어놓고 집짓기 블록 세 통, 대형 레고 두 세트, 64색 크레용 네 통, 다른 나라를 침공할 군대라도 만들 만큼 많은 장난감을 늘어놓았다. 큰누나의 500조각 퍼즐을 엎어 놓았을 때는 바닥의 카펫이 보이지 않을 정도였다. "1분 사이에 꽤 많은 일을 했군." 바비는 자기 손으로 한 일을 둘러보며 혼잣말을 했다. "하지만 여긴 너무 엉망이라 더는 놀 수가 없어. 베란다로 나가야지."

부모가 웬만큼 깔끔하게 해놓아도 아이가 자기 물건을 어지르게 내버려두면 신문 한 장 넘기기도 전에 방은 쓰레기장이 된다. 방을 정리하는 일은 누구의 몫일까? 부모다. 그것은 이중의 불행이다. 부모는 어질러진 방을 치워야 하고, 아이는 자기 물건을 정리하는 법을 배우지 못한다.

　부모가 본을 보이는 것이 자기 물건에 대한 책임감을 심어 주는 비결이다. 아이들은 부모가 하는 대로 하기 마련이다. 그러나 불행히도 장난감을 늘어놓는 아이를 나무랄 수 없는 부모들이 있다. 그들의 안방 의자에는 옷가지가 쌓여 있고, 다용도실에서 청소기를 찾으려면 두 시간은 족히 걸린다. 그런 부모들은 자기 물건을 정리할 줄 모른다. 아이가 자라 어른이 되고, 어른처럼 느끼고 싶은 나이가 되면 주위의 어른, 부모를 닮게 된다.

　자기 물건을 정리하는 부모의 본과 함께 혼잣말도 강한 교훈을 심어 준다. 자신에게, 또 배우자에게 물건을 말끔히 정리하면 정말 기분이 좋다고 말하는 것은, 아이에게 정리정돈의 즐거움을 가르치는 일이다. 제때 설거지하고, 물건을 제자리에 걸어 놓으며, 거실 청소를 하면서 참 기분이 좋다고 말하면 아이는 제대로 된 메시지를 받게 된다.

　아이가 유치원에 들어가기 전까지는 아이와 함께 장난감을 치워야 한다. 부모가 장난감을 하나 치우면 아이도 하나 치우고, 또 부모가 하나 치우면 아이도 하나 치우는 식이다. 그러나 그 나이가 지나면 아이의 장난감은 아이의 책임이 되어야 한다. 장남감에 어떤 일이 일어나든 그것은 아이의 몫이다.

　아이가 자기 방에서 늘어놓는 것까지는 크게 문제 삼을 필요가 없다. 그러나 부모가 거실에 들어설 때마다 장난감 트럭이 발에 걸린다면 그대로 넘길 수 없다. 한 부모는 그 문제를 이렇게 처리했다.

부모 | 카일, 오늘 네 물건이 집 안 곳곳에 널려 있구나. 다니는 데 방해가 될 정도야. 네가 치울래, 아니면 엄마가 치울까?
카일 | 엄마가 치워요.
부모 | 글쎄, 네가 치우면 장난감을 다시 볼 수 있겠지만, 엄마가 치우면 그 물건들을 다시 못 보게 될 거야. 그러니 어떻게 할지 잘 생각하는 게 좋을 거다. 하지만 서두를 필요는 없어. 이렇게 하자. 점심때까지 네 물건이 그대로 어질러져 있으면 엄마가 치워 달라는 뜻으로 이해할게. 장난감이 보이지 않으면 네가 직접 치우기로 한 걸 알 수 있겠지.

결국 부모가 아이의 물건들을 치우게 될 경우, 그것을 다시 아이에게 되돌려줘야 할까? 그것은 평소에 아이가 얼마나 책임감 있게 행동하는지에 달려 있다. 아이에게 기본적인 책임감이 있다면 이렇게 말하면 된다. "걱정마라. 네가 알아서 네 물건을 제자리에 갖다놓을 때마다 네가 잃어버린 장난감들을 하나씩 돌려받게 될 거니까." 그러나 아이가 대단히 무책임한 경우에는 부모가 치우는 장난감은 다시는 못 보게 된다는 것을 알려줘야 한다. 그렇다고 너무 가슴 아파하지는 말자. 대부분의 가정에는 아이가 감당할 수 없을 정도로 장난감이 차고 넘치니까.

때때로 아이에게 이렇게 말하는 것도 괜찮다. "네가 네 물건들을 소홀히 해서 정말 걱정이구나. 좀더 큰 다음에 네 물건을 갖게 해야 할 것 같아. 그러니 네가 물건을 잘 관리해서 걱정할 필요가 없어질 때까지 저 장난감들은 엄마 아빠가 갖고 있으려고 해. 나중에 다시 장난감들을 관리할 수 있게 해줄게. 하지만 걱정하지 마. 급할 거 없으니 천천히 생각해." 급할 게 없는 쪽은 물론 부모다. 부모로서는 장난감 걱정을 할 일이 없을 테니까. 하지만 아이는 장난감이 걱정될 것이고, 그로 인해 좀더 책임감 있게 행동하려고 노력할 것이다.

전문가를 찾는다고
자녀교육에 실패한 것은 아니다

문제가 많은 아이를 둔 부모들한테서 자주 듣게 되는 민감한 질문이 있다. "전문가의 도움을 언제 구해야 할까요?" 우선 전문가의 도움을 구하는 일이 자녀교육의 실패를 뜻한다는 편견에서 벗어나야 한다. 수많은 문제가 얽혀 있는 복잡한 현대 사회에서 아이들은 부모 세대가 접해 보지 못한 난관에 부딪히게 된다. 이는 매우 당연한 일이다. 예를 들면, 성공에 대한 압력은 초등학교 저학년 아이들까지 짓누르고 있다. 또래들의 압력에 밀린 아이들은 유명 브랜드의 청바지와 운동화를 사달라고 떼를 쓴다. 이제 겨우 유치원생에 들어간 아이들이 말이다. 심각한 문제로 고민하는 아이들이 그 어느 때보다 많고, 그런 문제들의 원인은 자녀교육의 방법이나 의도와는 별개의 것이다.

그러면 언제 전문가의 도움을 구해야 할까? 첫째, 사랑과 원칙의 기술을 충분히 이해하고 아이에게 적용해 본 후에도 여전히 큰 문제들이 생긴다면 전문가의 도움을 받아야 한다. 둘째, 3개월 이상 문제가 개선되지 않고 상황이 계속 악화된다면 전문가를 찾아야 한다.

여기서 조언 한마디. 전문가를 찾는다고 해서 반드시 오랜 기간 지속적인 상담을 받아야 하는 것은 아니다. 자기 분야를 정확히 파악하고 있는 훈련된 카운슬러를 만난다면 한 번의 상담으로도 충분히 문제를 해결할 수 있다.

방 청소는 아이의 나이와 책임감 정도에 달려 있다

거실에 아무도 없나 살피느라 두 눈이 이리저리 돌아간다. 조용하다. 안전한 것 같다. 문에는 경고문이 다닥다닥 붙어 있다. "출입 금지." "들어오지 마시오." "들어오다 다쳐도 책임지지 않음." 그러나 엄마의 손은 주저하며 천천히 문손잡이로 향한다.

엄마는 대의명분을 위해 신변의 위험을 감수해야 할 때가 있다. 그것이 호기심인 경우도 마찬가지다. 손잡이를 돌리고 기다린다. 아무 일도 없다. 아무것도 안 떨어진다. 경보음도 없다. 엄마의 목을 노리고 달려드는 닌자 거북이도 없다. 엄마의 입에서는 안도의 한숨이 새어나온다. 엄마는 조심조심 살그머니 문을 열고 만약에 대비해 손으로 눈을 가린다. 그러나 눈앞에 펼쳐진 엄청난 광경에 비명을 지르고 만다.

아이 방에 들어가는 일은 건강에 해로울 수 있다. 그 방이 너무 지저분하거나 건강에 해로울 만큼 불결하다면 부모와 아이 사이에 커다란 갈등이 생길 수도 있다. 돼지우리 같은 방을 정리하기 위해 부모가 얼마나 수고해야 하는지는 아이의 나이와 책임감 정도에 달려 있다.

유아나 유치원생의 경우에는 부모의 본을 보고 방 청소의 기쁨을 배울 수 있다. 부모가 아이와 함께 방 청소를 하며 책임을 다할 때의 기쁨을 가르치는 것이다. "스물다섯 개의 스누피 인형을 나란히 세워 놓으니까 정말 기분 좋지 않니?" "이제 네가 먼지 뭉치에 걸려넘어지지 않겠지? 훨씬 기분이 좋네."

부모가 개구쟁이 아이의 방 청소를 돕는다면, 아이는 거기에 일거리와 재미와 자신을 돕는 부모가 있다는 메시지를 받게 된다. 그러나 아이가 초등학교 3학년이 되면 부모는 한 발짝 물러서야 한다. 그때는 일거리와 재미는 있지만 부모는 없다. 부모는 통제권을 포기하고 아이의 방을 아이만의 공간으로 내준다. 그러나 무책임한 아이에게 방은 커다란 배움의 장이다. 아이가 마땅한 책임감을 갖추지 못했다면, 부모는 다시 아이의 상황에 개입해야 한다.

아이의 방 상태를 놓고 벌이는 힘겨루기는 부모가 이길 가능성이 크다. 그러나 아이의 방 상태를 문제 삼으며 아이에게 소리를 질러서는 안 된다. 부모는 아이에게 선택권을 주고 사랑과 원칙의 다른 기술을 활용하면 된다. 이번에도 부모는 아이에게 언제 방을 치우라고 말해서는 안 된다. 기한을 정하는 것이 훨씬 낫다. 아이와의 대화는 이렇게 이어질 것이다.

부모 | 우리 토요일 아침에 놀이공원에 가기로 했잖아. 그전에 방 청소를 해놓을 수 있겠니? 그때까지 자기 방을 치운 사람들만 갈 거거든.

아이 | 어, 제 방은 치우고 싶지 않은데요.

부모 | 그래도 괜찮아. 네 방을 직접 치울 필요는 없어. 아빠나 형에게 비용을 지불하고 청소를 부탁할 수도 있어. 다들 돈이 좀 아쉽거든.

아이 | 하지만 전 돈이 하나도 없어요.

부모 | 있잖니, 어른들은 돈이 없을 때 물건을 판단다.

아이 | 물건을 판다구요?

부모 | 팔 물건을 당장 결정할 필요는 없어. 토요일까지 말해주면 돼. 토요일 전까지는 네게 결정권이 있어. 그때까지 선택을 못하면 아빠가 선택할 거야. 누가 선택할지는 네가 결정하는 거야.

아이는 토요일 전까지 자기 방을 청소하기로 결정할 가능성이 크다.

말대꾸하는 아이에게는 같은 말을 반복한다

"네가 왜 엄마 말을 들어야 해? 그만 좀 해!" 아이의 입에서 터져 나오는 이런 고함을 들어 본 부모라면 순간 어떤 기분이 드는지 잘 알 것이다. 얼굴은 새빨개지고, 주먹은 꼭 쥐어지며, 입은 꽉 다물어진다. 회초리를 찾으러 정신없이 뛰어갈지도 모른다. 그리고 그 뒤에는 떠들썩한 소동이 일어난다.

버릇없는 아이는 감당하기 힘들다. 녀석은 말끝마다 받아치는 재주를 타고난 듯하다. 문제는 부모가 맞대응을 하여 불같이 화를 내면 실제로 아이의 말대꾸에 보상을 해주는 셈이 된다는 것이다. 아이는 부모가 흥분하면 신이 나는지 여유를 부리며 그 광경을 즐긴다. 그것이 인간의 본성이기도 하다.

사랑과 원칙이 있는 부모는 "내 아이가 그렇게 말하는 건 용납할 수 없다"며 존경에 대한 일장 연설을 늘어놓지 않는다. 대신 아이의 말대꾸에 흥분해서 덤벼들지 않으리라 다짐한다.

말대꾸하는 아이를 상대하는 방법은, 아이가 조용하고 차분하게 말할 수 있고 부모의 혈압도 안정될 때까지 아이와 잠시 떨어져 있는 것이다. 그렇다고 아이에게 나가라고 명령해서는 안 된다. 부모의 시야에서 사라질 방법을 아이가 선택하게 한다. "어디로 갈래? 네 방, 바깥, 아니면 베란다? 지금 엄마가 말하는 것처럼 차분하게 말할 수 있을 때 돌아와."

수잔이 버릇없는 아들 캘빈을 어떻게 다루는지 보자.

캘빈 | 내가 왜 엄마 말을 들어야 해? 그만 좀 해!

수잔 | 캘빈, 너한테 내 말을 들으라고 강요하는 사람은 없어. 그리고 지금은 우리 둘 다 서로의 말을 듣기 어려울 것 같구나. 잠시 동안 다른 곳에 가 있지 그러니?

캘빈 | 난 다른 곳으로 안 가요. 여긴 내 집도 된다고요. 게다가 엄마는 절대로 내 말 안 듣잖아요.

수잔 | 캘빈, 네가 냉정을 되찾으면 얼마든지 네 말을 들어 줄게. 하지만 지금은 네가 다른 곳으로 가는 게 너한테도 좋을 것 같구나.

캘빈 | 엄마는 내 말을 한마디도 안 들어요.

수잔 | 네가 다른 곳으로 가면 네 기분이 훨씬 나아질 거야.

캘빈 | 불공평해요!

수잔 | 그렇게 생각하다니 유감이다. 하지만 네가 다른 곳으로 가면 네 기분이 훨씬 나아질 거야.

말대꾸하는 아이에게는 고장 난 녹음기처럼 했던 말을 반복하자. 감정이 가라앉을 때까지 아이를 다른 곳으로 보내는 것이 좋다. 그러나 아이에게 약속한 대화를 잊어서는 안 된다. 기분이 가라앉은 다음 서로 얼굴 붉히지 않고 말할 수 있을 때 아이가 버릇없이 구는 이유를 찾아보자.

그때는 이렇게 말하는 것이 좋다. "캘빈, 넌 엄마가 뭘 시킬 때마다 험한 말을 하더라. 그게 네 본심은 아니겠지만, 네가 엄마에게 뭘 말하려고 하는 건지 모르겠다. 네가 하고 싶은 말이 뭐니? 엄마가 시키는 일이 번거롭다는 거니? 무시당하는 느낌이 드니? 아니면 아무것도 시키지 말라는 얘기니? 엄마가 싫다는 말인지, 그냥 어떻게 대답해야 할지 몰라서 그런 건지, 아니면 뭔가 다른 이유가 있는 건지 엄마는 모르겠다."

이런 말은 대부분 대화로 이어진다. 부모가 방어적인 태도를 취하거나 비판하지 않고 아이의 말을 들어 주는 것이 대단히 중요하다(대화 중에 감정이 고조되거든 다시 떨어져 있을 준비를 하라). "얘기해 줘서 고맙다"라고 말한다면 엄마의 반응에 신경 쓰기보다는 자기 행동을 더 돌아보게 될 것이다. 그리고 앞으로 상대의 말에 동의할 수 없을 경우에는 좀더 듣기 좋은 말을 찾으려고 노력할 것이다.

체벌은 죄책감에서
너무 쉽게 벗어나게 해준다

"아빠, 제가 엉덩이 한 대 맞고 끝내면 안 될까요?"

올리비아는 아빠가 신문을 읽고 있는 거실로 살며시 들어와서 간청했다. "친구들은 엉덩이 맞고… 놀러가면 된대요. 아빠가 엉덩이를 때리면 다신 길에서 놀지 않을게요. 아빠가 뭘 할 건지 기다리기 힘들어요."

그 말에 아빠는 이렇게 생각했다. '그렇지, 엉덩이를 맞는 게 기다리면서 자기 잘못에 대해 생각하는 것보다 훨씬 더 쉽지. 그 부모들은 잘못된 선택에 따른 책임을 져야 할 아이들에게 얼른 빠져나갈 길을 열어 주는 셈이군. 행동의 결과를 치르며 해결책을 고민하는 대신 잠깐 아픈 것으로 책임을 벗어 던지는 거야.'

아이에 대한 체벌을 피해야 하는 이유는 많다. 첫째, 체벌은 올바른 문제 해결 기술을 가르쳐주지 못한다. 둘째, 체벌은 부모가 원하는 바를 아이에게 가르쳐주지 못한다. 셋째, 체벌에는 분노·적개심·복수심 등 많은 부작용이 따른다. 하지만 그 중에서도 가장 나쁜 영향은, 그것이 아이의 양심의 발달을 저해한다는 것이다. 체벌은 죄책감에서 너무 쉽게 벗어나게 해준다. 잘못에 대한 대가를 이미 지불했다고 생각하는 아이는 그런 행동을 되풀이해도 괜찮은 것으로 느낀다.

아이들은 자신의 잘못된 선택에 대해 생각하기보다는 한 대 맞고 끝내는 쪽을 선호한다. 나짐는 예전에 한 학생이 상담 교사에게 비밀을 털어놓았을 때 이런 생각을 처음으로 하게 되었다. 훌륭한 그 교사는 아이에게 거꾸로 이렇게 물었다. "토니, 넌 정말 선생님들이 하라는 대로 해야 하니? 그냥 넘어갈 수도 있잖아."

토니가 소리쳤다. "아뇨, 안 돼요! 절대 안 돼요! 선생님들이 시킨 대로 해야 해요. 안 그러면 교장실에 가서 생각을 해야 해요! 전 그런 일 다시는 하지 않을 거예요! 절대로요!"

나는 이전 교장선생님과 달리 회초리를 쓰지 않았다. 교장실의 규칙은 간단했다. "아이가 일으킨 문제는 아이 스스로 해결해야 한다." 아이들은 차라리 때려 달라고 애원했다.

경기와 승부, 어디에 집중하느냐가 관건이다

부모들이 아이들에게 아주 어릴 때부터 스포츠 활동을 시키는 데에는 몇 가지 이유가 있다. 즉 운동이 되고, 사회성을 기를 수 있으며, 인격 형성에 도움이 되고, 팀플레이와 스포츠맨십을 배울 수 있기 때문이다. 따라서 이제 막 걸음마를 뗀 아이들이 자기가 뭘 하는지도 모르면서 축구공을 서로 잡으려고 육탄전을 벌이고 야구공을 골프공 얹는 데 올려놓고 후려치는 모습은 드문 광경이 아니다.

최근 연구 결과에 의하면, 우리 아이들은 불과 한 세대 전의 아이들보다 자유롭게 노는 시간이 절반밖에 안 된다고 한다. 그것은 요즘 아이들은 학교가 끝나면 축구·야구·수영 등을 하러 다녀야 하는데다, 부모가 어린아이가 한두 블록 떨어져 있는 친구네 집에 혼자 걸어가는 것도 불안해하게 되었기 때문이다. 가족이 함께 모여 식사하는 시간도 한 세대 전의 3분의 1밖에 안 된다. 상황이 이렇다 보니 사커 맘, 코치 대디라는 말이 생겨났고, 아이들은 스포츠와 관련하여 계획된 행사가 아니면 집 밖으로 잘 나오지 않게 되었다.

아이들이 시간을 보내는 방법이 달라지면서 스포츠에서는 사실상 두 개의 철학이 부딪혀 왔다. 즉 "이기고 지는 것이 문제가 아니다. 단지 어떤 경기를 하느냐가 중요하다"는 것과, "이기는 것이 전부가 아니다. 오직 이기는 것만이 있을 뿐이다"는 것이다. 문화적 변화와 더불어 (상위 5퍼센트의 아이들에게만 해당하는 일인데도) 자기 아이가 언젠가는 빅리그에서 뛰게 될 날을 꿈꾸는 부모들이 늘어나면서 아이들에게 엄청난 압박감을 주게 되었고, 그로 인해 결국 많은 아이가 고등학교도 가기 전에 운동을 그만두고 만다.

인격 형성, 협동심 배양, 체력 단련 같은 긍정적인 면을 주로 생각하고 '최고가 되겠다'는 경쟁과 욕구는 부수적으로 생각한다면, 아이들이 조직적인 스포츠에 참여하는 것은 정말 좋은 일이라고 생각한다. 운동 경기에 참여하게 되는 아이들은 어려운 것에 도전하고 새로운 기술을 연마하며 자신감을 얻을 수 있는 훌륭한 경기장을 얻게 된다. 아이가 경기에 참여하도록 부모가 격려하는 것도 좋지만, 부모가 아이를 팀의 스타로 만들고 싶어서가 아니라 경기가 즐거워 아이 자신이 뛰고 싶어해야 한다. 다른 문제들과 마찬가지로 스포츠에서도 사랑과 원칙의 기술은 본질적으로 부모가 아닌 아이의 선택을 권장한다.

다음 편지는 한 아버지가 자기 아들과 스포츠에 얽힌 사연을 보내 온 것이다.

아들과 저는 운동 경기가 끝나면 경기 내용을 놓고 자주 갈등을 겪었습니다. 아들은 아주 어릴 때부터 축구를 했고, 저는 지난 3년간 아들 야구팀의 코치를 맡아 왔습니다. 작년 겨울에는 아들이 '자기에게 맞지 않는다'는 이유로 농구를 그만두고 나머지 두 종목에만 집중하고 싶다고 했습니다. 저는 세 가지 종목은 뛰어야 한다고 여기던 시절에 자랐기 때문에 그 결정을 받아들이기가 쉽지 않았지만, 시대가 변했기에 저는 아이가 축구와 야구 기술의 연마에 더 열중할 수 있도록 돕겠다고 했습니다.

작년은 특히 힘든 해였습니다. 아들이 있는 축구 리그의 경쟁이 점점 더 치열해지면서 아이의 출전 기회가 점점 더 줄어들었죠. 아들과 저는 아들의 연습량이나 팀 감독에 대해, 그리고 운동을 계속해야 하느냐를 놓고 끝도 없이 충돌했습니다. 집으로 오는 길에 저는 이런저런 지도를 해주려고 노력했고, 아들은 점점 더 듣기 싫어했습니다. 아들과 저 사이에 틈이 벌어지고 있다는 느낌이 들었지만 어찌해야 좋을지 몰랐습니다. 아들이 운동을 그만두게 놔두지 않을 생각이었지만 아들이 뛰기 싫다면 제 생각이 소용없다는 것도, 제가 아이를 더 열심히 뛰게 만들 수 없다는 것도 잘 알고 있었습니다. 아이가 원해야 하는 거죠.

새 학기가 시작되고 새로운 축구 시즌이 개막하면서 상황은 나아지는 것 같았습니다. 아들의 새 감독은 아이를 더 자주 기용했고, 아들 녀석도 향상된 기량을 보였습니다. 그런데 2, 3주 전, 예전에 형편없이 뛰었던 그 경기장에서 시합을 하게 되었고, 아들이 뛰는 태도를 보니 예전의 좌절감이 엄습해 오는 것 같았습니다. 저는 너무 화가 나서 경기가 끝나자마자 승자와 패자에 대한 빈스 롬바르디 Vince Lombardi : 1958년 승률 10퍼센트인 미식축구팀 그린 베이 패커스 감독으로 취임해 1년 만에 승률을 60퍼센트로 끌어올린 명장으로, 슈퍼볼에 진출해 2년 연속 우승했음. 그의 리더십은 경기에서 1등 하는 것을 가장 중시한다__역주의 연설을 들어 아들을 심하게 나무랄 생각이었습니다.

하지만 최근 이 책을 읽으면서 아들도 이제 열두 살이나 되었으니 경기를 뛰는 문제는 아이가 결정해야지, 그렇지 않으면 곧 그만둘 거라는 것을 깨닫게 되었습니다. 그래서 어려운 방법을 택하기로 했습니다. 저는 입을 다물고 아이가 경기에 대해 말할 때까지 기다렸습니다.

차로 가는 동안 머리에서 어찌나 김이 나던지 운전대를 잡기 전에 진정할 필요를 느껴 잠깐 화장실에 들러야 했습니다. 집에 가는 동안 차 안에는 적막만 흘렀고, 아이에게 생각할 시간을 주려고 라디오도 틀지 못하게 했습니다. 집에 도착해서 보니, 아이가 경기 전후에 신는 샌들을 경기장에 두고 와서 다시 가야 했습니다. 다시 가는 동안에도 침묵만 흘렀는데, 반쯤 갔을 때 아들이 묻더군요. "친구가 넘어져 있는데 왜 저한테 계속 달려나가라고 소리쳤어요?" 아들 녀석이 상대팀 선수와 공을 다투고 있는데 한

275

친구가 잔디에 쓰러졌고, 사이드라인 밖에 서 있던 사람들은 모두 아들에게 공을 골대로 몰고가라고 소리를 질러댄 것이었습니다. 저는 아들에게 그 친구가 넘어진 것을 아빠는 못 보았다고 해명한 뒤에, 설령 그렇더라도 친구가 걱정되었으면 공을 경기장 밖으로 차내 심판이 타임아웃을 외치게 하고, 감독이 들어와 친구의 상태를 살필 수 있게 하는 게 옳았다고 말해 주었습니다. 그런 뒤에 너무 흥분한 것은 미안하다고 했습니다.

그후 아들의 초점이 외부의 문제(아빠라는 사람이 사이드라인에서 고함쳐댄 것)에서 내부의 문제(경기 내용에 대한 자신의 느낌, 바빠서 매번 경기에 오지 못했던 엄마 앞에서 정말 잘 뛰고 싶었던 심정)로 바뀌자, 마치 양파껍질이 하나하나 벗겨지는 것 같았습니다. 아들은 아빠가 원해서만이 아니라 자기가 축구를 좋아하기 때문에 더더욱 엄마에게 잘 뛰는 모습을 보여주고 싶었다고 말하더군요. 이번에도 아이가 맘껏 이야기하도록 내버려뒀지만, 이때는 화가 나는 게 아니라 아들이 자랑스러웠고 심지어 울컥 하기도 했습니다.

경기장에 도착해서 아들의 샌들을 찾은 뒤에 저는 아들과 이야기를 계속할 생각으로 음료수를 마시자고 했습니다. 음료수를 옆에 놓고 우리는 그날 경기에 대해 좀더 이야기했습니다. 아들이 왜 몸이 그리 무겁게 느껴졌는지(경기 전에 물을 너무 많이 마신 탓) 말했고, 심지어 그날 경기에서 아들이 느낀 문제점을 해결할 만한 몇 가지 충고를 해주자 열심히 듣기까지 했습니다. 그때가 아들과 대화를 나눴던 때 중 가장 값진 시간이었습니다.

그날 이후 저는 아이에게 자기 운동은 알아서 하도록 배려하고, 아들은 야구 시즌 준비를 위해 제게 캐치볼을 하지 않겠냐고 물어오기까지 했습니다. 그것은 아들의 진심이죠. 아버지와 아들이 캐치볼을 하는 광경에 대한 향수는 지금도 남아 있는 것 같습니다.

아들로 하여금 자기가 뛰는 운동의 주체가 되게 해주고, 부모가 운동에 대해 지나치게 감정적으로 굴거나 간섭하지 않으니, 세상이 완전히 달라 보입니다.

공허감이나 상실감을 느낄 때 아이는 도벽에 빠진다

아이들의 문제 중 도벽만큼 부모 속을 뒤집어놓는 일도 없다. 사유재산권은 우리의 도덕률 중에서 아주 중요한 위치를 차지한다. 부모는 아이가 자기 물건을 소중히 하고 자기 물건이 아닌 것에는 손대지 않기를 바란다. 그러나 때때로 아이들은 물건을 훔친다. 아이들의 도벽은 잔소리를 하거나 윽박지른다고 해서 고쳐지는 게 아니다. 도벽에 효과적으로 대처하기 위해서는, 우선 그런 행동 뒤에 감춰진 아이의 감정을 이해하고 고려해야 한다.

다행히 다섯 살에서 일곱 살 사이의 도벽은 거짓말의 경우처럼 통과의례적인 단계일 뿐이다. 부모가 너무 화내지 않고 차분하게 대처하면 대부분의 아이는 금세 도둑질을 그만두게 된다. 부모가 감정적으로 대응하면 상황이 오히려 악화된다. 아이가 방어 태세를 갖추고 통제권을 잡으려고 싸우기 때문이다. 다음 두 가지 접근법의 실례를 살펴보자.

다섯 살인 소피는 엄마의 보석함에서 귀걸이를 꺼내 간다. 엄마는 귀걸이가 없어진 것을 알고 소리를 지른다. "소피, 엄마 귀걸이 네가 가져갔니? 그렇게 쳐다보지만 말고 대답을 해. 엄마 보석함에 손대지 말라고 했지. 그럼 엄마 정말 화낸다. 당장 귀걸이 가져와. 그런 짓 다시 했단 봐라!" 소피의 엄마는 너무 흥분하는 바람에 자신도 모르게 아이에게 도둑질을 계속하도록 가르치고 있다. 아이는 안정감을 느끼지 못하고 일부러 엄마 속을 썩이기 시작할 것이다. 소피에게 도둑질은 한바탕 소란이 벌어지기만 할 뿐 아무런 뒷감당이 필요 없는 신나는 일이 된다.

반면 이 일을 좀더 현명하게 다루는 방법은, 엄마가 이렇게 말하는 것이다. "소피, 엄마는 네가 귀걸이를 가져가는 게 싫어. 이제 도로 보석함에 갖다 놓아라. (그 다음 아주 즐거운 듯) 그렇지, 도로 갖다 놔서 고맙다. 그 모습을 보니 엄마는 너무 행복하다. 착한 아이구나." 이런 방식은 귀걸이를 보석함에서 꺼내는 게 아니라 제자리에 갖다 놓는 것이 기분 좋은 일임을 아이에게 가르쳐 준다.

그러나 만성적인 도벽은 전혀 다른 문제다. 부모와 아이 사이의 힘겨루기가 원인일 수도 있고, 그보다 더 뿌리 깊은 다른 원인이 있을 수도 있다. 아이들은 공허감을 느끼거나 사랑받지 못한다고 느낄 때 어김없이 도둑질을 한다. 공허감은 아이에게 어느 날 갑자기 생길 수도 있지만 오랫동안 쌓여 온 문제의 결과일 수도 있다. 아이의 도둑질은 단지 사람들이 손톱을 물어뜯는 것 같은 습관일 수도 있다. 그런 아이들은 속으로 이렇게 생각한다. '난 정당한 내 몫을 못 받고 있어. 난 더 가져야 해.'

도벽의 원인이 초라한 자아상에 있든 억울함에 있든 근본적인 원인을 공략하는 것이 중요하다. (문제가 일어나지 않을 때) 아이와 대화를 하고, 아이의 자아상을 세워 주며, 아이에 대한 사랑을 표현하면 문제 해결에 큰 도움이 된다.

도벽은 그 자체를 직접적으로 공략해서는 해결이 안 되는 복잡한 문제다. 부모가 처벌이 아닌 공감과 이해, 신체 접촉, 눈맞춤, 포옹 등으로 도벽의 근원이 되는 아이의 상실감, 공허감 혹은 억울함을 감싸 줄 때 비로소 해결될 수 있다.

욕설이 들리지 않는 곳으로
아이를 보내라

한때 무릎 위에 앉혀 놓고 어르던 어린 아기, 할 줄 아는 말이라 곤 맘마와 엄마뿐이던 그 아기가 어느 날 쿵쿵거리며 문을 열고 들어와 뱃사람도 얼굴을 붉힐 만한 욕설을 내뱉을 때, 부모는 냉수욕을 한 것처럼 정신이 번쩍 든다. 때로 아이들은 학교 친구들 흉내를 내기도 하고, 부모의 목털이 쭈뼛 서는 것을 보려고 일부러 상소리를 하는 것 같을 때도 있다. 이유가 무엇이든 아이의 욕설은 부모에게 신경 쓰이는 일이 아닐 수 없다.

많은 경우 그것은 아이들이 성장하는 과정의 통과의례적인 단계일 뿐이다. 큰 아이들이 하는 욕설을 듣고 그들처럼 행동하고 싶어진 아이는 평범한 가정보다는 NBA 경기장에서 더 어울릴 법한 말들을 연마한다.

부모로서 아이의 욕설에 분개하며 아이를 나무랄 수도 있다. "누가 집에서 그런 못된 말을 쓰니! 고운 말을 써야 한다고 몇 번이나 말했어?" 아니면 입을 꽉 틀어막아 버릴 수도 있다. 그러나 그런 행동은 아이의 독립심을 부추길 뿐이다. 바람직한 반응은 욕설이 들리지 않는 곳으로 아이를 보내는 것이다. 화내지 말고 아이에게 이렇게 말하자. "네가 엄마 아빠에게 공손하게 굴고, 성숙하고 고운 말씨로 이야기할 수 있을 때 다시 보자."

　부모와 아이 모두 침착함을 되찾을 때 그 문제를 놓고 대화해야 한다. 아이의 자존감에 호소하는 것도 한 가지 방법이다. "자기 자신을 소중하게 생각하지 않는 사람들이나 그런 말씨를 쓴단다." 아니면 지적으로 접근할 수도 있다. "그런 말을 쓰는 사람들은 아는 단어가 많지 않아. 그래서 고루하고 지저분한 욕설을 쓰는 거야. 그런 말은 따로 배우지 않아도 되거든." 그런 다음에는 그 문제를 다시 거론해서는 안 된다. 아이는 차츰 자기가 쓰고 싶은 말을 쓰게 될 것이다. 부모가 흥분하게 되면 미성숙한 사람들이나 욕설을 쓴다는 사실을 깨닫는 시간이 그만큼 미뤄질 뿐이다.

20개의 젖니는
20개의 기회다

누구나 그렇듯 아이들도 다시 기회를 주면 좋아한다. 큰 실수를 하더라도 또 다른 기회가 있음을 알게 되면 그리 크게 실망하지 않는다.

 아이가 두 번의 기회를 갖게 되는 일, 즉 아이가 부모를 향해 환하게 웃을 때마다 그 기회가 부모의 눈에 들어온다. 그것은 20개의 기회, 바로 아이들의 젖니다. 아이는 양치질 연습을 할 수 있는 실기 도구를 한입 가득 받고 11, 12년 정도 연습하고 나면 완전히 새로운 치아 세트를 받는다. 그러나 아이가 그 기회를 소중히 여기게 하는 일은 여전히 골칫거리다. 아이는 식후마다 지긋지긋해하며 칫솔과 치약을 잡는다. 그 모습은 마치 우리가 매년 5월, 계산기와 소득세 신고서를 붙잡을 때와 같다. 아이는 이를 닦는 둥 마는 둥 칫솔로 몇 번 후다닥 문지르고는 욕실을 뛰쳐나간다.

부모는 아이에게 좋은 본을 보여야 한다. 양치질하는 모습을 아이에게 보여 주는 것도 효과적이고, 혼자서 큰 소리로 이렇게 말하는 것도 좋다. "밥을 다 먹었으니 양치질로 내 이를 보호해야지."

부모가 주고받는 말은 더 효과적이다. 한 아빠는 식사를 마칠 때마다 엄마에게 이렇게 말했다. "내 입속에 그 많은 사탕을 밀어넣고 그대로 놔둘 순 없지. 충치가 생기지 않게 이를 닦아야겠어." 그러고 나서 그는 욕실로 달려가 꼼꼼하게 양치질을 하고 돌아와서 다시 아내에게 말했다. "이를 닦고 나니까 정말 기분이 좋아. 2, 3분밖에 안 걸리는데 양치질을 하고 나면 너무 기분이 좋아." 그렇게 해서 아이는 부모의 말뿐만 아니라 양치질을 하고 난 후의 기분까지 본받는다.

부모 말을 엿듣는 아이 중 이런 말을 속 보인다고 생각하는 녀석은 없다. 아이는 들으면 안 될 것 같은 무언가를 엿듣는 듯 신이 나고, 부모에게 직접 들을 때보다 혼자서 시도해 볼 가능성이 더 커진다. 그러나 양치질의 '스릴'이 사라져 가면, 부모가 아이의 구강 위생 상태와 하고 싶은 일을 연결해 주어 스스로 이를 닦게 할 필요가 있다. 여기서도 생각을 부르는 말이 필요하다. "이를 닦고 나서 얼마든지 나가 놀아라." "이를 닦고 나서 마음껏 텔레비전을 봐라."

어떤 엄마는 간식을 나눠 주기 전에 이렇게 말했다. "이건 설탕이 든 간식이니까 양치질로 이를 보호하는 사람한테만 나눠 줄 거야." 그런 다음 그녀는 이름을 부르기 시작했다. "노엘은 이를 닦았고, 매캐일라도 닦았고, 클로디아는… 얘, 클로디아, 엄마가 네 이 걱정을 하지 않을 때까지 당분간 간식은 먹지 않는 게 좋겠다."

그날부터 가족들은 식후에는 꼭 욕실에서 양치질을 하는 클로디아의 모습을 보게 되었다.

전화 통화를 방해하는 것은 잘못된 일임을 알려라

어린아이들은 전화 예절이 뭔지 모른다. 뭔지 모르는 정도가 아니라 부모가 전화를 할 때에 꼭 맞춰서 질문을 하거나, 부탁을 하거나, 시선을 끌려고 한다. 통신기술이 아무리 발전했다 해도 두 사람에게 두 가지 일을 동시에 말한다는 것은 불가능하다. 아이가 통화를 방해할 경우 상대방은 이렇게 들을 수밖에 없다. "예, 보세루 씨, 캐슬먼 보고서에서 구체적으로 지적하고 있는 것처럼… 테일러! 바지 좀 그만 잡아당겨!… 죄송합니다, 하지만 이사분기의 수치는 분명히 늘었… 테일러! 지금은 안 돼!"

생각해 보면 통화중이라고 해서 전화기를 꼭 붙들고 있어야 하는 것은 아니다. 양해를 구하고 잠시 내려놓을 수도 있다. 부모가 조르는 아이를 능숙하게 다루며 "보세루 씨, 집에 일이 좀 생겼는데요. 잠시만 기다려 주실 수 있습니까?"라고 말한다고 해서 상대방이 그 부모를 얕잡아보지는 않을 것이다. 그런 다음 아이에게 가서 간단히 이렇게 말하는 것이다. "테일러, 5분만 네 방에 가 있어야겠다. 5분 후에는 다시 이리 와도 좋지만, 그때까지 아빠가 통화중이거든 입 다물고 있어야 한다."

아이가 싫다고 하면 이 문제를 좀더 적극적으로 다뤄야 한다. 통화 상대방에게 "금방 다시 전화해도 되겠습니까?"라고 말하면 그럴 기회가 생긴다. 그런 경우 상대방도 대개 이해해 준다. 그는 부모가 아이를 잘 다루고 있고 아이에게 휘둘리지 않는다는 것을 알게 된다. 게다가 인간 공습 사이렌 소리를 듣지 않아도 되는 것을 다행으로 여긴다.

그런 다음 전화벨이 울리지 않을 때를 골라 아이를 무릎에 앉혀 놓고 충분한 대화를 나눠 볼 수 있다.

아빠 | 테일러, 아빠가 전화할 때마다 네가 아빠와 얘기하고 싶어하는 것 같구나. 그 점에 대해 어떻게 생각하니?
테일러 | 아빠한테 신데렐라와 나쁜 언니들 색칠을 보여주고 싶었단 말예요.
아빠 | 그래, 테일러. 어디 한 번 볼까. 정말 예쁘게 색칠했구나. 하지만 아빠는 한 번에 한 가지밖에는 못 해. 아빠가 통화중일 때는 네 그림을 잠깐밖에 못 봐. 하지만 전화하지 않을 때는 오랫동안 볼 수 있지.
테일러 | 하지만 전 아빠가 통화중일 때 제 그림을 보여주고 싶었단 말예요!

아빠 | 글쎄, 아빠가 통화중일 때는 다른 사람이랑 이야기해야 하니까 그럴 수가 없잖아. 아빠가 네 그림을 많이 볼 수 있을 때 보여주고 싶니? 아니면 조금밖에 못 볼 때 보여주고 싶니?
테일러 | 아빠가 많이 볼 수 있을 때요.
아빠 | 좋아. 그럼 그게 언제일까?
테일러 | 아빠가 전화 안 할 때요.

이 방법은 부모 사이의 대화나 부모와 다른 어른의 대화를 방해하는 아이에게도 효과적이다. 아이에게 부모의 대화나 전화 통화를 방해하는 것은 잘못된 일이고, 당신도 그것을 싫어한다는 메시지를 전하자. 그런데도 아이가 똑같이 행동한다면 다른 장소로 보내 자기 행동에 대해 생각할 시간을 갖게 해야 한다.

어떤 엄마는 고집 센 아이가 이 방법에 반응을 보이지 않아 훈련 상황을 연출했다고 한다. 이 엄마는 친구에게 전화를 걸어 도움을 부탁했다. 아니나 다를까 아이가 전화 통화를 방해하자 엄마는 "미안해, 던. 지금 일이 좀 생겼어"라고 차분하게 말했다. 조용히 수화기를 내려놓은 엄마는 "저런~저런!" 기술을 동원했다. 아이는 곧장 자기 방으로 가야 했다. 엄마는 이렇게 말했다. "통화가 끝나면 만나자." 이 엄마는 필요하다면 이 훈련을 몇 차례 더 할 각오가 되어 있었지만, 한 번의 훈련으로 모든 것이 해결되었다.

부모의 관심만이 아이를 텔레비전으로부터 떼어놓을 수 있다

대중매체 이용에 관한 새로운 연구 결과가 나올 때마다 부모들은 불안해진다. 머리기사는 걱정스럽기만 하다. "어린이 평균 하루 다섯 시간 텔레비전 시청" 혹은 "전문가들은 어린이의 생활에서 텔레비전의 영향력이 가장 크다고 주장." 그런 보고를 접할 때면 아이가 텔레비전 앞에 심어 놓은 화초처럼 앉아 있는 거실을 걱정스러운 눈길로 바라보다 실망감에 고개를 가로젓게 된다. 텔레비전의 어떤 프로그램을? 얼마나? 언제? 보느냐를 놓고 부모와 아이 사이에 잦은 승강이가 벌어진다. 텔레비전을 둘러싼 갈등으로 말하자면 텔레비전에 비치는 유혈 장면 못지않게 끔찍하다. 부모들은 아이의 텔레비전 시청 시간을 줄이려고 끊임없이 전략을 구상한다.

적어도 음란물이나 폭력물만 못 보게 하면 괜찮을 거라 믿으며 아이가 몇 시간씩 텔레비전 앞에 앉아 있게 하는 부모들이 꽤 많다. 하지만 아이가 무엇을 보느냐보다 아이가 텔레비전을 본다는 사실 자체가 더 걱정이다. 특히 걱정스러운 것은 일곱 살 이전에 텔레비전을 보는 시간의 양이다. 네 살에서 일곱 살 사이는 아이의 뇌가 급격하게 발달하는 시기다. 아이가 두 발 자전거 타는 법을 배우기 전 단계인 이 시기는 행동으로 배우는 연령이다.

걸음마를 떼는 유아기와 아동기 초반의 장시간에 걸친 텔레비전 시청은 아이의 두뇌 발달과 집중력에 부정적인 영향을 끼친다. 텔레비전을 많이 보는 아이는 학업성취도가 떨어지는 경우가 많다. 아이가 학업에 산만한 모습을 보이면 부모는 주의력결핍 및 과잉행동장애를 의심하게 된다. 그러나 이는 부적절한 명칭일 뿐만 아니라 상황 파악에 혼란을 가져올 뿐이다. 그 아이의 주의력에는 아무 문제가 없기 때문이다. 실제로 주의력결핍 및 과잉행동장애를 보이는 아동도 마술쇼·비디오테이프·게임에 대한 주의력에는 아무 문제가 없다. 아이의 문제는 학업에 주의를 기울여야 할 때 나타난다. 대부분의 경우 이는 주의력 문제가 아니라 아이의 의사 문제일 뿐이다!

현명한 부모는 텔레비전 보는 문제로 아이와 힘겨루기를 하지 않는다. 다른 문제들과 마찬가지로 본을 보이는 것이 해결의 열쇠다. 아침 뉴스의 오프닝 음악과 함께 전원을 켜고 심야 토크쇼의 마지막 농담이 끝난 후에야 전원을 끄는 텔레비전광이 정작 아이가 텔레비전을 볼 때는 심하게 나무라는 것은 매우 부당한 일이다. 부모 자신의 텔레비전 시청 습관을 먼저 돌아보자. 부모가 텔레비전보다 자기 아이에게 더 관심을 기울인다면 아이도 부모와 함께하는 것을 더 좋아할 것이다. "우리 같이 새집 만들어 볼까?"라든가, "좋아, 엄마랑 다이아몬드 게임 한판 할래?"라든가, 혹은 "밖으로 나와 봐! 세상에서 제일 멋진 숯을 보여 줄 테니까!"라고 말을 건넨다면 아이를 텔레비전으로부터 떼어낼 수 있을 것이다. 사랑하는 사람과 하는 일이라면 아이는 텔레비전을 보는 것보다 무언가 하는 것을 선택할 가능성이 높다. 아이의 텔레비전 시청 습관을 바꾸려면 친구나 가족·취미·스포츠 등의 장점을 더 부각시키며 대안을 강조해야 한다.

텔레비전을 놓고 명령과 위협으로 아이와 힘겨루기를 하지 말자. 아이에게 끊임없이 잔소리를 하거나 시청 시간을 강제로 줄이면 아이가 반항할 수 있다. 반면 농담을 잘 사용하면 간접적으로 좋은 효과를 볼 수 있다. 텔레비전을 보고 있는 아이의 머리를 눌러 보며 "허허, 아직 흐물흐물한 정도는 아니군" 하고 말하게 되면, 텔레비전을 너무 많이 보면 뇌가 그렇게 된다는 인상을 심어 준다.

나^{포스터}는 아들 제리(그때 이 아이는 열두 살이었다)와 함께 신경외과의로서 집도했던 뇌수술에 대해 회상한 적이 있다. "지난번 뇌수술 환자 기억이 난다. 그 사람은 약간 멍한 상태로 들어왔어. 뭐가 잘못된 건지 모르겠더구나. 엑스레이로도 신통한 게 보이지 않았어. 그래서 그 사람을 수술대에 눕히고 마취를 한 후 머리에 구멍을 몇 군데 뚫었지. 그때 어떤 일이 벌어진 줄 아니?

뚫린 구멍들 사이로 뇌가 연한 치즈처럼 새어나오는 거야. 어찌된 일인지 알 수 없어 환자의 기록을 다시 확인해 봤더니 거기 분명히 나와 있더구나. 그 사람은 지난 6주 동안 매일 하루에 네 시간씩 텔레비전을 봤던 거야." 제리의 눈이 해적의 망원경처럼 튀어나왔다. 제리는 지난 6년 동안 매일 텔레비전을 하루에 네 시간씩 봐 왔기 때문이다.

언젠가 아이는 텔레비전을 너무 많이 보지 않겠다고 마음먹을 것이다. 아이에게 다른 할 일들이 생길 것이고, 텔레비전을 많이 보면 해롭다는 것을 스스로 판단하게 될 것이기 때문이다.

아이는 효력이 있을 때만 떼를 쓴다

아이들은 떼쓰기에 앞서 모종의 경고를 보낸다. 오만상을 찡그리다 새빨개지는 얼굴, 불끈 쥔 두 주먹, 일종의 준비 운동으로 입술이 약간 실룩거리기도 한다. 그 모든 예비 동작 덕분에 부모는 아이가 그 작은 입을 벌려 등골이 오싹해질 정도로 비명을 질러대기 전에 귀마개를 가지러 갈 몇 초의 여유를 벌게 된다.

모든 아이는 나름대로 떼쓰는 방식이 있다. 준비 단계로 땅바닥에 털썩 주저앉는 아이가 있는가 하면, 폭풍 속에서 나무줄기를 붙잡듯 부모의 다리를 붙들고 늘어지는 아이도 있고, 땅바닥에 벌렁 드러누워 발버둥치는 아이도 있다. 사실 남의 아이 같으면 우스울 수도 있는 상황이고, 시끄러운 거야 귀를 막으면 그만이다.

그러나 부모가 어떻게 해도 계속 떼를 쓴다는 게 문제다. 아이들은 누구나 한두 번씩은 떼를 쓴다. 불행히도 많은 부모가 아이가 떼쓰는 것을 두려워하고 지긋지긋해한다. 떼를 못 쓰게 하려고 온갖 조치를 취하고, 심지어 아이가 화산처럼 폭발할까 두려워 무조건 오냐오냐 하기까지 한다.

떼쓰는 아이에 대해 두 가지를 기억해야 한다. 첫째, 멀쩡한 아이라면 가끔 성질을 부려도 정상으로 볼 수 있다. 자기 고집대로 하려고 싸우지 않는 아이는 기가 꺾인 아이뿐이다. 둘째, 아이는 효력이 있을 때만 떼를 쓴다. 자기 방에 혼자 있을 때는 결코 비명을 지르거나 방바닥을 두들겨대지 않는다. 그 쇼는 확실한 청중이 있을 때에만 펼쳐진다.

현명한 부모는 아이가 떼쓰도록 그냥 내버려둔다. 떼쓰는 것을 멈추게 할 방법은 없다. 그러나 떼쓰는 아이를 다른 장소로 보낼 수는 있다.

한나 엄마는 울부짖는 한나에게 말했다. "그 정도면 진도 7.5는 되겠네. 세계 일류급은 아니지만 동네에서는 상당한 수준이야. 자, 엄마 귀가 아픈데 어디로 가서 떼쓸래?"

"와-아-아-아!" 한나는 바닥을 양손으로 쳐대고 허공에 발길질을 하며 비명을 지른다.

"이제 8.2에 도달했구나. 작은방에 가서 갈래, 아니면 네 방에 가서 할래?"

한나는 냉장고 옆에서 소리를 지르다가 이제는 냉장고를 머리로 들이받는다.

"아, 그건 확실히 작은방에서 해야겠구나. 잠깐 기다려, 엄마가 문 열어 줄게. 그건 그렇고, 작은방 불은 끌까 켜 놓을까?"

이쯤 되면 무슨 뜻인지 알 것이다. 아이에게 몇 가지 선택권을 주고 부모한테서 떼어놓는 것이다. 부모라는 이유로 학대에 가까운 아이의 투정을 모두 받아줘야 하는 것은 아니다. 그러니 아이를 다른 장소로 보냈다가 아이가 진정되면 다시 오게 한다.

부모가 평정을 잃고 아이에게 맞받아 소리치거나 "그래 계속 비명 질러 봐. 정말 비명 지를 일을 만들어 줄 테니까!"라고 말해서는 안 된다. 떼쓰는 아이를 다룰 때는 그 자리에서 아이를 설득하려 하지 말고 부드러운 목소리로 이렇게 말하면 된다. "그래 마음껏 떼써도 좋아. 하지만 엄마에게 보이지도 들리지도 않는 곳에 가서 해."

어떤 부모는 아이가 혼자서 떼쓰다가 다치기라도 하면 어쩌나 걱정하기도 한다. 물론, 위험하거나 값비싼 물건들은 아이 손이 닿지 않는 곳으로 치워야 한다. 보는 사람이 아무도 없는데도 아이가 난폭하게 구는 경우는 드물다. 아이가 떼쓰다가 다친다면 아이가 진정된 뒤 위로와 함께 왜 다쳤는지 분명하게 알려 준다 (아이가 떼쓰다가 다치는 일이 빈번한 가정이라면 전문가의 상담을 받아 보는 것이 좋다).

아이의 가치관은
아이가 보고 듣는 것으로 형성된다

하루가 멀다고 도덕적 가치의 실추를 보여 주는 사건이 벌어진다. 10대 임신이 급증하고, 선생님은 교사가 아니라 공무원에 가깝다. 심각한 물질만능주의가 초등학생들 사이에서도 추악한 얼굴을 쳐들고 있다. 이런 거북한 세태와 그에 따른 책임을 생각할 때 부모의 이마에는 주름이 잡히고 등에는 식은땀이 흐른다. "우리 아이가 올바른 가치관을 가졌으면 하지만, 그것을 어떻게 가르치지?"

"시키는 대로 안 하면" 운운하며 부모가 위협한다고 아이가 부모와 같은 생각을 하게 되지는 않는다. 부모의 주장을 납득하지 못하기 때문이다. 자녀교육은 아이에게 부모의 가치관을 전수하는 일이다. 우리는 아이가 정직하고, 다른 사람들을 존중하며, 노동의 신성함을 아는 사람이 되기를 바란다. 우리처럼 도덕적이고 윤리적인 생활을 중시하는 사람으로 자라기를 원한다.

가치관을 전수하는 문제에는 좋은 소식과 나쁜 소식이 있다. 나쁜 소식은 훈계라는 쉬운 길을 택할 수 없다는 것이다. 과거 부모 세대에는 통했을지 모르지만 이제 그런 방법은 역효과만 나기 쉽다. 하지만 다행히 우리에게는 좋은 소식이 남아 있다. 아직도 우리의 가치관을 아이에게 전수하는 일이 가능하다는 것이다. 그러기 위해서는 얼마간의 노력과 생각이 필요할 뿐이다.

가치관은 두 가지 경로로 아이에게 전수된다. 아이가 보고 듣는 내용과 부모와의 관계에서 겪는 경험이 그것이다. 아이는 부모의 정직한 모습을 보면서 정직에 대해 배운다. 부모가 아이에게 사랑과 존중을 담아 말할 때 아이는 다른 사람들에게 그렇게 말하는 법을 배운다.

부모는 '귀동냥 가치관 전수법'을 활용해 시범 교육의 효율성을 더욱 높일 수 있다. 귀동냥 가치관 전수법이란 아이가 들을 수 있는 거리에서 엄마 아빠가 가치관에 대한 이야기를 하는 것이다. 예를 들어 아이에게 정직을 가르치려면, 부모의 정직한 행동에 대해 들을 수 있게 한다. 배우자에게 이렇게 말하는 것이다. "여보. 오늘 재미있는 일이 있었어. 편의점에서 음료수 한 병을 사면서 5달러 지폐를 냈더니 14달러 50센트를 거슬러 주는 거야. 직원이 정신이 없었나 봐. 그래서 10달러를 다시 돌려 줬지 뭐. 모른 척하고 슬쩍 돈을 받을 수도 있었지만, 정직하게 말하고 돈을 돌려줬더니 기분이 좋네."

아이는 부모가 다른 사람에게 하는 말을 그대로 받아들인다.

아이가 받아들이는 말이 좋은 내용이라면 그야말로 좋은 일이다. 그러나 아이는 나쁜 말도 그대로 받아들인다는 사실을 기억하자. 부모의 부적절한 말과 행동도 아이에게 똑같은 영향을 끼친다. 부모가 늘 직장동료와 이웃들을 비난한다면 아이도 그렇게 비난하는 것을 배운다. 아이와 운동이나 게임을 할 때 부모가 속임수를 쓴다면, 학교에서 부정행위를 하다 들킨 아이에게 소리를 치며 "왜?"라고 물을 수 없다. 부모가 소파에 길게 늘어져 텔레비전을 보며 희희낙락한다면, 아이는 그것을 어른들이 노는 방식으로 생각하게 될 것이다. 그런 상황에서 아무리 고상한 이야기를 해봐야 아이에게 먹히지 않는다.

부모가 아이를 어떻게 대하는가, 이것도 아이의 가치관에 영향을 미치는 또 하나의 방법이다. 부모가 아이를 대하는 방식대로 아이는 다른 사람들을 대하는 것이다. 부모가 아이를 존중하는 것은 아이에게 다른 사람을 존중하도록 가르치는 일이다. 부모에게 존중받는 아이는 친구와 교사들을 존중하려고 한다.

아이들에게도 나름의 생각이 있다. 독립심을 발휘하고, 스스로 생각하고 싶어한다. 강요하는 것은 떨치려 하고, 믿고 싶은 것을 받아들인다. 아이에게 가치관을 전해주고 싶다면, 아이가 받아들일 수 있는 방식으로 즉 말과 행동으로 보여줘야 한다. 아이의 가치관은 아이가 보고 듣는 것으로 형성된다. 아이는 결코 부모가 잔소리하며 주입하려는 것은 받아들이지 않는다.

컴퓨터 게임에 대한 일방적 통제는 승산 없는 싸움을 부른다

아이의 텔레비전 시청 시간을 통제하듯이 아이가 컴퓨터 앞에 앉아 나쁜 놈들에게 총질을 하고 추격전을 펼치는 시간도 제한할 수 있다. 부모의 말을 잘 듣는 아이라면, 적어도 집 안에서는 컴퓨터 게임 시간을 통제할 수도 있다. 하지만 집 밖에서까지 아이의 게임 시간을 통제하려 하면 승산 없는 싸움에 휘말릴 수 있다. 또 부모가 아이의 게임 시간을 통제하게 되면, 본질적으로 "너는 스스로 절제할 능력이 없다"라고 말하는 셈이 된다. 이런 외부의 통제가 필요할 때도 있지만, 아이의 독립적인 결정 능력과 자기 제어 능력은 떨어질 수밖에 없다. 이는 정말 안타까운 일이다. 이 두 가지 능력은 아이가 자라서 운전·친구·약물·성性에 관한 선택을 해야 할 때 꼭 필요한 것들이기 때문이다. 시간을 제한하는 것은 집 안에서만 통할 뿐이므로 다른 방법을 우선 시도해 보자. 아이가 스스로 제한선을 정하게 해보자. 약물이나 성 문제보다는 컴퓨터 게임처럼 실수했을 때의 대가가 비교적 가벼운 것부터 시작하는 것이 이상적이다.

어느 현명한 아버지가 아들과 함께 컴퓨터 게임에 대해 이야기하는 것을 들어 보자. 이 아버지는 아이에게 직접적인 영향이 미치는 일을 다룰 때 필요한 사랑과 원칙의 단계를 따르고 있다.

- 먼저 대화하기에 좋은 시간인지 확인한다.
- 호기심과 관심을 보이고, 수용하는 모습을(꼭 찬성할 필요는 없다) 보인다. 아이의 생각을 알아내기 위해 신중하게 고른 질문들을 던져 본다.
- 당신의 생각과 의견을 말해도 좋은지 물어 본다.
- 길게 잔소리하지 말고 간단명료하게 사랑을 담아 당신의 생각을 전한다. 괜찮다고 판단되면 질문을 이어간다.
- 들어줘서 고맙다고 하고, 아이가 당신의 의견을 생각해보기를 바란다는 말로 끝맺는다.

아빠 | (아이의 어깨너머로 유혈이 낭자한 화면이 보인다) 롭, 실력이 대단한데! 어떻게 돼 가니?

롭 | 좋아요, 아빠! 저 벌써 레벨 4예요. 그리고 벌써 적들의 소대 하나를 다 쓸어 버렸어요.

아빠 | 정말 기분 좋겠구나! 몇 시간째 전투 중이니?

롭 | 오늘은 한 시간 반째고요, 어제는 두 시간 했어요.

아빠 | 와, 오래했네. 어떤 게 제일 재미있니?

롭 | 적들보다 한 수 앞서 나가는 게 신나요. 이 최신 게임은 너무나 리얼해요. 처음에는 먹혔던 작전이 그 다음에는 안 먹히기도 해요. 나쁜 놈들이 경험으로 학습하는 거죠! 인공 지능 프로그래밍이라니까요.

아빠 | 그래, 진짜 재밌겠다. 너 혼자 싸우는 거니, 아니면 한 소대를 이끄는 거니?

롭 | 둘 다요. 제가 어떻게 설정하느냐에 따라 둘 다 가능해요.

아빠 | 그거 재미있구나… 그런데 우리 잠깐 이야기하는 동안 잠시 멈춰도 되겠니?

롭 | 그럼요, 아빠(아이가 부모의 명령·요구·비난을 받기보다 의견·아이디어·생각을 나누는 일에 익숙하면 부모의 이야기를 듣고 싶어한다).

아빠 | 나는 늘 네게 진정한 리더의 자질이 있다고 생각해 왔어. 또 네가 세상을 바꿀 힘도 있고, 사람들이 네가 정한 법칙을 따르게 될 거라는 생각도 했지.

롭 | 무슨 말이에요, 아빠?

아빠 | 전투가 정말 신나겠지만, 사실 너는 재능 있는 컴퓨터 기술자와 프로그래머들이 만든 세상에서 놀고 있을 뿐이란다. 그들이 많은 사람이 즐기고 싶어하는 가상 세계를 만들어 낸 거지.

롭 | 그렇긴 하지만 게임을 하면서 결정을 내리는 건 전데요.

아빠 | 그래, 네가 훌륭한 결정을 내릴 거라는 걸 잘 안다. 네가 원하는 거면 아무거나 할 수 있니?

롭 | 아뇨, 아무거나는 아니에요.

아빠 | 그래? 나무에 기어 올라가는 건 안 되니?

롭 | 안 돼요.

아빠 | 평화 협정을 맺는 건?

롭 | 아빠, 이건 평화랑은 상관없는 게임이에요.

아빠 | 글쎄, 아빠가 하고 싶은 말이 그거야. 너무 제한적이잖아. 그러니까 프로그래머들이 짜 놓은 방식대로 해야 다음 단계로 올라갈 수 있는 거지?

롭 | 그렇다고 볼 수 있죠.

아빠 | 기분 나쁘게 듣지는 마라. 네가 게임 하는 걸 보니까, 게임 하는 사람들은 다른 사람이 정해 놓은 규칙에 따라 움직여야 하는 것 같구나. 그러니 사람들과 어울리는 게 어때? 가상 현실에서 벗어나 사람들과 어울려 보내는 시간이 많아질수록 소통의 기술도 발전할 테고, 다른 사람이 아닌 너만의 세상을 창조해 나갈 수 있을 거야.

롭 | 무슨 말씀인지 알겠어요, 아빠.

아빠 | 그래, 너는 잘할 거야. 아무튼 이 문제에 대해 생각해봐 줘서 고맙다.

부모들은 컴퓨터 게임 문제 때문에 아주 힘든 결정의 순간을 맞기도 한다. 한편으로 부모들은 아이가 스스로 선택할 수 있기를 바란다(예를 들어, 컴퓨터 게임을 얼마나 할 것인지). 하지만 그렇게 했다가 아이가 잘못된 선택을 할 경우에는 중독에 빠질 수도 있다. 사랑과 원칙의 기술은 아이의 건강을 해치지 않는 한 아이가 스스로 결정을 내리도록 허용하는 것이다. 사랑과 원칙이 있는 부모는 유능한 치료 전문가처럼 아이를 격려하고 상담 상대가 된다. 하지만 정말 중독 증세가 나타나 아이의 생활이 위기에 처하면 아이와 힘겨루기도 불사해야 한다. 물론, 이 문제를 아주 간단하게 해결하는 부모들도 많다. 아이가 어릴 때부터 집에 일체 컴퓨터 게임을 들여놓지 않는 것이다. 그런 부모들에게 박수를 보낸다.

조르지 않는 아이는
이빨 빠진 호랑이다

아침 10시, 노란은 쿠키가 먹고 싶어진다. 이 시간에는 쿠키를 먹을 수 없다는 것을 알지만 처음부터 포기할 노란이 아니다. 한 번도 그런 적이 없었고 지금도 마찬가지다. "엄마, 쿠키 먹고 싶어요." 노란은 고사리 손으로 엄마의 바지를 붙들고 징징거린다.

"노란, 점심시간 외에는 간식 못 먹는다는 거 너도 알고 있지. 자, 가서 놀아."

"그래도 엄마, 하나만 주세요." 노란은 엄마의 대답에도 포기하지 않는다.

"점심때 하나 줄게."

"엄마, 하지만 참을 수가 없어요. 지금 먹고 싶어요."

"글쎄, 안 된다니까."

그때 일이 터진다. 아이의 우는 소리를 참다못한 부모가 마침내 똑같이 우는 소리를 하는 것이다. "제발 우는 소리 좀 그만 할 수 없니? 엄마는 네가 그렇게 징징거리는 게 싫어!"

노란이 우는 소리에 프로급인 것은 당연한 일이다. 훌륭한 선생님한테 배웠기 때문이다. 아이에게 간청하는 데 많은 시간을 허비하는 부모들은 아이에게 간청하는 기술을 가르치는 셈이다. 끝도 없이 징징거리는 소리를 그치게 하려고 그들은 아이에게 항복하고 마지못해 쿠키를 넘겨준다. 그러면 아이는 우는 소리가 효과가 있다는 교훈을 배우게 된다.

어떤 교사는 학생들의 징징거림을 선다형 질문으로 퇴치한다. "네가 징징거릴 때와 징징거리지 않을 때 선생님이 언제 네 말을 더 잘 알아들을 것 같니? 네 책상으로 가서 생각해보지 않을래? 답을 알게 되면 다시 와라."

부모들도 이와 똑같이 할 수 있다. "네 목소리가 엄마처럼 차분해지면 그때 너와 이야기할게." 이 말은 우는 소리의 본질인 아이의 어조를 문제 삼고 있다. 노란이 쿠키를 먹을 수 있는지의 여부는 나중에, 노란의 콧소리 나는 감상적인 간청이 그친 후에 다시 언급하게 될 것이다. 조르지 않는 아이는 이빨 빠진 호랑이다. 때로는 "우는 소리 하면 네 말 안 들을 거야"라는 말에 아이가 오히려 힘을 얻어 더 징징거리는 경우도 있다. 그 말 자체가 우는 소리에 대한 반응이 된 때문이다. 그럴 때는 어떻게 해야 할까?

아이를 다른 곳으로 보내도 소용이 없고 오히려 아이에게 말려들었다 싶을 때는 우는 소리를 완전히 무시해야 이길 수 있다.

그러나 이 방법을 사용하기 전에 미리 설명을 해줘야 한다. 감정이 가라앉았을 때 아이를 앉혀 놓고 이렇게 말하자. "노란, 앞으로 엄마 아빠가 네 말이 안 들리는 것처럼 행동할 수 있는데, 그건 정말 네 말이 안 들려서 그런 게 아니야. 네 말이 들리지만 네가 올바로 말하기 전에는 네 말을 듣고 싶지 않아서 그런 거란다. 네가 떼쓰듯 말하면 엄마 아빠는 네 물음에 대답하지 않을 거야. 그렇지만 지금 엄마처럼 네가 얌전하게 말할 때, 그때는 대답을 해줄 거야." 결국 아이는 자기가 예의바르게 말할 때에만 부모가 귀를 기울인다는 사실을 깨닫게 될 것이다.

부록 A

부모의 세 가지 유형

헬리콥터형	훈련관형	컨설턴트형
이들은 아이의 머리 위를 맴돌다가 적대적인 세상으로부터 아이를 구출해 낸다.	이들은 아이에게 명령을 내리고 아이의 삶을 진두지휘한다.	이들은 사랑과 원칙이 있는 부모로서 아이 삶의 안내자가 되며 조언을 아끼지 않는다.
인간 개개인의 나약함과 하찮음에 대한 메시지를 준다.	인간 개개인의 하찮음과 저항에 대한 메시지를 준다.	인간 개개인의 강인함과 가치에 대한 메시지를 준다.
아이를 위한 변명을 만들어 내지만, 책임을 다하지 못했을 때는 불평한다.	아이에게 요구가 많고, 아이의 책임 완수에 대한 기대치가 높다.	책임에 대해서는 거의 언급하지 않는다.
아이가 해야 할 일을 떠맡는다.	아이가 자기 일을 어떻게 해야 하는지 일일이 말한다.	스스로 본이 되어 아이가 자기 일을 어떻게 해야 하는지 직접 보여 준다.
아이가 그 어떤 부정적인 느낌도 받지 않게 보호한다.	아이가 어떻게 느껴야 하는지 일일이 말한다.	아이의 행동과 책임에 대한 느낌을 공유한다.
아이를 위해 직접 결정한다.	절대적인 명령을 한다: "너는 이렇게 해야 해!"	여러 가지 대안을 제시하고 따져볼 수 있도록 돕고, 아이가 스스로 결정하게 한다.

어떤 논리도 제시하지 않고 불평만 한다: "내가 너를 위해 이렇게 애썼는데…."	어떤 일이나 책무를 당장 해내라고 요구한다.	아이가 맡은 일을 완수할 수 있도록 일정 기간을 준다.
우는 소리를 하고 죄책감을 이용한다: "도대체 언제쯤 달라지려고 그래? 내가 계속 쫓아다니면서 치워야 하잖니."	명령과 위협을 일삼는다: "지금 당장 네 방 안 치우면…."	자기 일을 잘하고 마무리와 청소까지 한 뒤 기분 좋아하는 모습을 아이에게 보여 준다.
책임감 없는 아이 때문에 자기가 할 일이 너무 많다며 우는 소리를 하고 불평한다.	문제를 해결하라고 윽박지르고 명령함으로써 문제의 책임자를 자처한다.	문제는 아이의 것임을 분명히 하고, 아이가 스스로 문제를 해결하도록 돕는다.
아이에게 능력이 없다거나 책임감이 없다는 의미의 말과 행동을 자주 한다.	행동으로 보여주지는 않고 심한 말만 많이 해댄다.	주로 행동으로 보여 주고, 말은 아낀다.
아이가 자연적인 결과를 통해 배울 기회를 막고, 죄책감을 통해 배우게 한다.	체벌·고통·모욕을 통해 배우게 한다.	삶의 자연적인 결과를 경험하도록 개입하지 않는다.

부록 B

실천을 부르는 말의 기술

비효율적인 기술	사랑과 원칙의 기술
제발 앉아. 지금 먹을 거라고.	네가 앉으면 먹을 거야.
제발 조용히 해. 네가 같이 떠들면 형이 하는 이야기를 들을 수가 없잖니.	형 이야기가 끝나면 네 이야기도 잘 들어 줄게.
장보러 가게 얼른 방 치워.	방 깨끗이 치우면 너랑 같이 장보러 갈게.
조용히 하지 않으면 너랑 공놀이는 안 할 거야.	네가 조용히만 하면 너랑 얼마든지 공놀이할 수 있어.
책 읽어 주는 중간에 말 좀 하지 마.	네 이야기가 끝나면 다시 책 읽도록 하자.
숙제 다 해놓기 전에는 못 놀러갈 줄 알아.	숙제 다 하고 나면 얼마든지 놀러가도 돼.
나한테 소리치지 마.	나는 소리치지 않는 사람 말을 더 잘 듣는단다.
집중 좀 해.	네가 들을 준비가 된 것 같으면 다시 이야기할게.
누나 좀 귀찮게 하지 마.	누나를 귀찮게 안 한다고 약속하면 우리와 함께 있어도 좋아.
아무거나 만지지 좀 마.	아무거나 만지지 않겠다고 약속하면 우리와 함께 다녀도 좋아.

제시간에 네 할 일을 끝내지 않으면 외출금지야.	네가 할 일을 다 끝내면 친구들과 나가 놀아도 좋아.
엄마한테 그런 말투로 말하지 마!	엄마처럼 차분하게 말할 때 네 이야기를 들어 줄게.
너 태도가 그게 뭐니!	네가 예의 바르게 행동하면 기꺼이 의논 상대가 되어 줄게.

옮긴이 **김현수**

고려대학교 한문학과 졸업. 다년간 방송작가로 일하다 영어가 좋고 책이 좋아 번역일을 하게 되었다. 현재 성균관대학교 번역대학원에서 번역학 석사 과정을 밟으며 '바른번역' 번역가로 활동하고 있다. 하루하루 커가는 딸아이와 함께 항상 새로운 것을 배우고자 하는 엄마이기도 하다.

아이는 책임감을 어떻게 배우나

초판 1쇄 __ 2010년 9월 10일
지은이 __ 포스터 클라인, 짐 페이
옮긴이 __ 김현수
펴낸이 __ 심현미
펴낸곳 __ 도서출판 북라인
출판 등록 __ 제4-381호
주소 __ 서울시 마포구 동교동 159-6 파라다이스텔 1402호
전화 __ (02)338-8492   팩스 __ (02)338-8494
이메일 __ bookline@empal.com
ISBN 978-89-89847-54-0

· 잘못 만들어진 책은 바꾸어 드립니다.
· 값은 뒤표지에 있습니다.